Studien zur Kritischen Psychologie

Pahl-Rugenstein

Studien zur Kritischen Psychologie

Herausgegeben von Karl-Heinz Braun und Klaus Holzkamp
Band 16

Band 1–2
Klaus Holzkamp/Karl-Heinz Braun (Hrsg.)
Bericht über den I. Kongreß Kritische Psychologie in Marburg
vom 13. bis 15. Mai 1977

Band 3
Klaus Holzkamp
Gesellschaftlichkeit des Individuums
Aufsätze 1974–1977

Band 4
Karl-Heinz Braun
Einführung in die Politische Psychologie

Band 5
Peter Keiler/Michael Stadler (Hrsg.)
Erkenntnis oder Dogmatismus?
Kritik des psychologischen „Dogmatismus"-Konzepts

Band 6
Eckart Leiser
Einführung in die statistischen Methoden der Erkenntnisgewinnung

Band 8
W. Friedrich u. a.
Zur Kritik des Behaviorismus

Band 9
M. Jäger/K. Kersten/E. Leiser/W. Maschewsky
Subjektivität als Methodenproblem

Band 12
Karl-Heinz Braun
Kritik des Freudo-Marxismus
Zur marxistischen Aufhebung der Psychoanalyse

Band 13
Dieter Pilz/Siegfried Schubenz (Hrsg.)
Schulversagen und Kindertherapie
Die Überwindung von sozialer Ausgrenzung

Pjotr J. Galperin

Zu Grundfragen der Psychologie

Studien zur Kritischen Psychologie

Pahl-Rugenstein

П[етр] Я[ковлевич] Гальперин
Введение в психологию
Издательство Московского университета
Москва 1976

Übersetzer: Klaus Krüger

*Diese Übersetzung erschien zunächst
beim volkseigenen Verlag Volk und Wissen Berlin/DDR 1980,
als Band 4 der Reihe „Beiträge zur Psychologie“,
herausgegeben von Willi Forst, Wolfgang Kessel, Adolf Kossakowski
und Joachim Lompscher.*

*Studien zur Kritischen Psychologie 16
Pahl-Rugenstein Verlag, Köln 1980*

*Printed in the GDR
ISBN 3-7609-0460-2*

Inhaltsverzeichnis

Contents

Vorwort

von Gisbert Keseling

Die psychologischen Untersuchungen von *Galperin* und seinen Mitarbeitern wurden in der BRD vor allem im Zusammenhang mit lern- und unterrichtstheoretischen Überlegungen rezipiert[1]). Denn im Gegensatz zu den meisten bürgerlichen Theorien zum Lernen, deren Hypothesen in erster Linie durch Labor-Versuche überprüft wurden[2]), geht es in *Galperins* Theorie der etappenweisen Ausbildung geistiger Handlungen und Operationen, der sogenannten Interiorisationstheorie, auch um die Lösung praktischer Probleme, und die in ihr enthaltenen Theoreme wurden – zumindest zu einem Teil – explizit zur Verbesserung der Bedingungen schulischen Lernens formuliert[3]). Dieser praxisbezogene Teil der Theorie enthält unter anderem die folgenden Annahmen: 1. wenn man mit *Wygotski* und *Leontjew* davon ausgeht, daß menschliche Fähigkeiten nicht heranreifen, sondern daß der Erwachsene sie aus dem gattungsgeschichtlich angehäuften Wissen dem Kind vermittelt[4]), dann kann es für den Lernerfolg nicht gleichgültig sein, wie der Erwachsene dabei verfährt, das heißt welche Orientierungshilfe er dem Kind dabei gibt, ob er zum Beispiel die zu erlernende Handlung lediglich vorführt, auf weitere Hinweise jedoch verzichtet, das heißt den Lernenden einem Versuchs- und Irrtumsverhalten überläßt (Orientierungsgrundlage I), ob er außer dem Muster noch Hinweise zum Transfer auf andersartige Aufgaben mit neuem Material liefert (Orientierungsgrundlage II), oder ob er dem Schüler eine „planmäßige Unterweisung in der Analyse neuer Aufgaben" gibt, „die es gestattet, die Stützpunkte, die Voraussetzungen für die richtige Ausführung der Aufgaben herauszuarbeiten"[5]) (Orientierungsgrundlage III). Nur die dritte Orientierungsgrundlage, die in gewissem Sinne eine Orientierungshilfe für die selbständige Orientierung ist, gewährleistet nach Galperin einen dauerhaften Lernerfolg. 2. Wenn man – ebenfalls mit *Wygotski* – annimmt, daß geistige, also im Kopf ausgeführte Handlungen genetisch aus äußeren, mit materiellen Gegenständen ausgeführten Handlungen hervorgehen, dann sollte im Unterricht die „psychologische Aufeinanderfolge der Widerspiegelungsformen" berücksichtigt werden und die Handlung zuerst in einer materiellen oder materialisierten Form mit realen Gegenständen oder deren Repräsentationen („Schemata, Diagramme, Zeichnungen, Modelle oder einfache Notizen"), dann in der Form der „gesprochenen Sprache ohne gegenständliche Stütze" und erst zuletzt – nach einer Zwischenstufe der „äußeren Sprache für sich selbst" – in der „inneren Sprache", das heißt in wirklich geistiger Form ausgeführt werden[6]). 3. Mit dieser Umwandlung der Handlung nach ihrer Widerspiegelungsform hängen nun noch zwei weitere Umwandlungen zusammen: im Verlauf der Aneignung wird die Handlung zunehmend automatisiert und verkürzt; das heißt das Bewußtsein ist nicht mehr oder nur noch zum Teil beteiligt, und bestimmte Teilhandlungen werden faktisch nicht mehr ausgeführt; bei einer Addition werden zum Beispiel nicht mehr Mengen abgezählt, vereinigt und anschließend wiederum abgezählt, sondern der gesamte Prozeß erfolgt automatisch und jenseits der Bewußtseinsschwelle. Dadurch, daß Handlungen etappenweise angeeignet und ausgeführt werden, daß der geistigen, verkürzten und automatisierten Form die entfaltete, zuerst materialisierte und dann sprachliche Form vorausgegangen ist, ist es möglich, die gedanklichen Formen jederzeit in die entfaltete und noch nicht automatisierte Ursprungsform zurückzuverwandeln[7]). Dies sei immer dann erforderlich, wenn bei der gedanklichen Ausführung Hindernisse auftauchen, zum Beispiel wenn sich die Aufgabe als zu komplex erweist.

Die verschiedenen, speziell gegen die *Galperin*-Theorie als Lern- und Unterrichtstheorie vorgetragenen Einwände faßt *Schmitz* wie folgt zusammen: „Zum einen würden die jeweiligen spezifischen historischen Merkmale sowohl der Lerngegenstände wie auch des Lernens selbst nicht berücksichtigt. Zum anderen würde die natürliche und gesellschaftliche Realität in doktrinärer Weise als widerspruchsfreie und unveränderliche Gegebenheit dem Schüler aufgezwungen; und kreative Spontaneität beim Lernen werde unterdrückt. Beide Vorwürfe treffen sich offenbar in der Vorstellung, als wäre der prozessuale Charakter der Realität und der Einfluß der menschlichen Praxis darauf in der Lerntheorie eliminiert“[8]). Konkret heißt dies: Spätestens dann, wenn man die Theorie auf Lernen und Lehren unter kapitalistischen Verhältnissen überträgt, werde die Rolle des Lehrens und der Vermittlung bereits vorhandener Inhalte überbewertet und der Lernprozeß auf eine Reproduktion dieser Inhalte reduziert; diese in unserem Schulsystem ohnehin angelegte Gefahr werde durch das Aneignungskonzept noch verstärkt, indem der Doppelcharakter, den Wissen, Erkenntnisse und Erfahrungen in Klassengesellschaften zwangsläufig haben müssen, nicht berücksichtigt werde. Insbesondere werde ein Weiterdenken und potentielles Verändern der Inhalte und der Bedingungen ihrer Aneignung verhindert; fehlende Motivation, Beschränkung des Lernprozesses auf die kognitiven Aspekte und Vernachlässigung der daran beteiligten Gefühle und Affekte sei dann eine zwangsläufige Folge, da in dieser einseitig auf Reproduktion der Gesellschaft angelegten Lernkonzeption weder die Bedürfnisse noch die konkreten Möglichkeiten der Schüler berücksichtigt werden.

Bleibt diese Kritik auch nach der Kenntnisnahme von *Galperins* neuem Buch, in dem er zusammenhängend die psychologischen Grundlagen seiner Theorie darstellt[9]), berechtigt? Vorab ist dazu das folgende festzustellen: Um Fragen eines effektiven Unterrichts, der Aufbereitung und Organisation von Lerninhalten, eine geeignetere oder ungeeignetere Orientierungsgrundlage, die Rolle von Materialisierungen, der Transformation materieller Handlungen in sprachliche und/oder geistige usw., das heißt genau die Probleme, die in der *Galperin*-Rezeption durch Pädagogen und Sprachwissenschaftler der BRD im Mittelpunkt standen, geht es in dieser Arbeit gerade nur am Rande. Auch die Zusammenhänge mit dem Aneignungskonzept von *Leontjew*, auf die im ersten Kapitel des Buchs „Sprachlernen" so viel Wert gelegt wurde[10]), also die Spezifik des menschlichen Lernens als Wieder-Aneignung bereits gemachter Erfahrungen und akkumulierten Wissens, werden zwar an etlichen Stellen erwähnt und vorausgesetzt, jedoch nicht in extenso expliziert. Im Mittelpunkt steht demgegenüber gerade die psychologische Seite der Theorie, genauer eine Bestimmung der Sache und des Begriffs Orientierung; den Titel „Grundfragen der Psychologie" trägt das Buch insofern zu Recht, als *Galperin* die These aufstellt und begründet, daß der Gegenstand der Psychologie die Orientierungstätigkeit ist. Einerlei, ob man dieser Einschränkung des Gegenstandsbereichs zustimmt oder nicht, erlauben die grundsätzlichen Ausführungen über Orientierung, genauer zwischen der „Interiorisationstheorie selbst und ihrer Anwendung in der Didaktik (den Unterrichtsvorschlägen und Experimenten) zu unterscheiden". Sie erlauben es auch, präziser die Fragen zu stellen, ob der Vorwurf, die Theorie beschreibe nur die Reproduktion akkumulierter Erfahrung und sei daher schon von ihrem Ansatz her fortschrittsfeindlich, auch für die zentralen psychologischen Aussagen gilt, oder ob die in der BRD bislang unzureichend zugängliche Theorie nur verkürzt angewendet und umgesetzt würde, wobei nicht auszuschließen ist, daß solche Verkürzungen tendenziell bereits in einigen Unterrichtsexperimenten der *Galperin*-Schule angelegt sind[11]). Eine Lektüre des Buches unter diesen Gesichtspunkten ergibt dann unter anderem folgendes:

1. Gegenstand der sogenannten Interiorisationstheorie ist die

Genese und Funktionsweise der menschlichen Orientierung, wobei sowohl phylogenetische wie ontogenetische Aspekte einbezogen sind. Im Gegensatz zu den bisher übersetzten Arbeiten steht in den „Grundfragen" die Phylogenese sogar im Vordergrund. Anders als *Leontjew*[12]) geht es *Galperin* allerdings nicht primär um eine Rekonstruktion der Entstehung des Psychischen beziehungsweise der Orientierungstätigkeit, sondern eher um eine Herausarbeitung der speziell für den Menschen charakteristischen Momente, wobei diese Aufgabe nach *Galperin* nur unter Einbeziehung der entwicklungsgeschichtlichen Vorstufen zu leisten ist. *Galperins* Vorhaben deckt sich so gesehen mit dem methodischen Ansatz sowohl *Leontjews* wie der kritischen Psychologie *Holzkamps* und seiner Mitarbeiter[13]).

2. Das allgemeinste Kennzeichen des Psychischen – sowohl beim Menschen wie auch beim Tier – ergibt sich aus der mobilen Lebensweise: die sich ständig ändernde Umwelt erfordert einen „Hilfsapparat" für das Verhalten, der es gestattet, auf die Umwelt und ihre Veränderungen nicht nur wie zum Beispiel die Pflanzen vermöge direktem, physischem Kontakt zu reagieren, sondern bereits vor dem Zusammentreffen mit anderen Körpern deren Eigenschaften vorauszusehen und zu berücksichtigen. Allgemeinstes „Organ", das diese Funktion übernimmt, ist der Orientierungsreflex einschließlich der damit zusammenhängenden physiologischen und psychologischen Funktionen; beim höheren Tier kommt eine spezifische Form der psychischen Widerspiegelung hinzu, nämlich die Fähigkeit, die Realität abzubilden und auf der Grundlage der Abbilder die Umwelt zu untersuchen. Beim Menschen wird daraus das Bewußtsein.

3. Damit die Orientierung ihren Zweck erfüllt, muß der Organismus Veränderungen der gewohnten Umwelt, die Gefahr bedeuten können, sofort erkennen bzw. auf sie reagieren. Es genügt nicht, daß das Subjekt bereits bekannte Objekttypen (etwa Nahrung) wiedererkennt, sondern zum Überleben ist es wichtig, daß es sich auch in neuen und unbekannten Situationen zurechtfindet. Nach *Pawlow*, *Sokolow*, *Anochin* und anderen wird dies dadurch gewährleistet, daß Widerspiegelungen von geglückten, ursprünglich auf der Grundlage von bedingten Reflexen ausgeführten Handlungen im Zentralnervensystem als Muster („Ner-

venmodelle") gespeichert werden; mit ihnen werden die aktuellen Signale verglichen und lösen bei Übereinstimmung die bedingt-reflektorische und weitgehend automatisierte Tätigkeit aus. „Bei Nichtübereinstimmung werden diese Mechanismen blockiert, und die Erregung wird auf die Zentren der orientierend-untersuchenden Tätigkeit umgeschaltet", die im Gegensatz zum bedingten Reflex gerade nicht konstant, stereotyp und automatisch abläuft. Wird also in die Handlungsbedingungen „etwas Neues hereingetragen, das zu einem Mißlingen der stereotypen Reaktionen führen kann, so gilt es, sie zu verändern oder zumindest aufzuhalten und zuvor zu klären, worin dieses Neue besteht und welche Bedeutung es besitzt" (S. 69). Die Fähigkeit, auf Neues zu reagieren und die Umwelt vor der praktischen Tätigkeit zu erforschen, ist also bereits auf relativ frühem Entwicklungsniveau verankert.

4. Bereits beim höheren Tier enthält die Orientierung die folgenden Komponenten: a) ein Abbild der Situation mit denjenigen Merkmalen, die für die künftige Handlung wesentlich werden können, wozu auch das Verhältnis (zum Beispiel die räumliche Position) des Subjekts zu den Gegenständen seiner potentiellen Handlung gehört und damit auch das Subjekt selbst; b) eine Widerspiegelung der als Handlungsstimuli fungierenden Bedürfnisse, Empfindungen (Schmerz, Lust usw.), wobei die letzteren sich von den ersteren dadurch unterscheiden, daß Schmerz und Lust innere Zustände anzeigen, die durch „nicht reguläre Einwirkungen hervorgerufen werden" (S. 75) (das heißt die Mangel- oder Überschußerscheinungen können in diesen Fällen nicht automatisch durch bedingte oder unbedingte Reflexe, sondern nur durch bewußtes, aktives Handeln beseitigt werden); c) die orientierend-untersuchende Tätigkeit, die nach *Galperin* darin besteht, „sich vor allem in einer Situation mit dem Signalmerkmal der ‚Neuartigkeit' zurechtzufinden" und die eine „mehr oder weniger klare Festlegung einer Abfolge von Aufgaben voraussetzt: Untersuchung der Situation, Bestimmung des aktuellen Bedürfnisobjekts, Klärung des Weges zum ‚Ziel', Kontrolle und Korrektur, das heißt Regulierung der Handlung während der Ausführung" (S. 85).

5. Die Orientierung ist eine aktive Tätigkeit oder umfaßt zu-

mindest Momente von aktivem, suchendem Handeln (s. Punkt 3 c). Dies impliziert, daß es im Tätigkeitsfeld höherer Tiere und erst recht des Menschen Gegenstände und Beziehungen zwischen diesen gibt, die keine streng konstanten Reaktionen zur Folge haben. Charakteristisch ist für sie vielmehr, daß mit ein und demselben Objekt entsprechend der Situation und der sich daraus ergebenden Aufgabe die unterschiedlichsten Handlungen ausgeführt werden können. Oft gibt es hier keine konstanten Bedeutungen; zumindest „ändern sich die Details der ablaufenden Handlung ständig. Daher verlangt die Ausführung der Handlungen eine nicht erlahmende, aktive Orientierung: wo und in welchem Abstand befindet sich das nächste Objekt, wie kann man an dieses heran, was ist zu tun, es sicher zu packen – alles muß an Ort und Stelle vorgezeichnet, muß schnell und sofort anhand dieses Entwurfs realisiert werden" (S. 101).

Die Vermutung, daß zwischen der Theorie selbst und ihrer Weiterführung und Anwendung in Hinblick auf organisiertes Lernen in der Institution Schule unterschieden werden muß, scheint sich damit zu bestätigen. Die Kritik, daß bereits in der Grundkonzeption der Theorie Lernen schwerpunktmäßig als Reproduktion des Erbes bzw. beim Tier als Verstärkung von Reiz-Reaktionsschemata aufgefaßt ist, läßt sich angesichts der von *Galperin* ausgeführten Gedanken nicht länger halten. Das Gegenteil gilt: Zentrales Anliegen *Galperins* ist gerade nicht die Herausarbeitung der (gewiß nicht zu unterschätzenden) Rolle der Erfahrung und ihrer phylogenetischen Vorstufen, sondern der Orientierung auf die neue, sich aus unbekannten oder partiell unbekannten Situationen ergebende Aufgabe, wobei die Erfahrung und auf menschlichem Entwicklungsniveau die organisierte Weitergabe von Erfahrungen nicht Selbstzweck, sondern Mittel zum Zweck ist.

Die Kritik wird sich daher zunächst mit einer Prüfung der zentralen Aussagen der Theorie selbst zu befassen haben. Dabei muß der Fragenkomplex, ob und in welchem Ausmaß sich *Galperins* Ausführungen auch auf den Menschen und insbesondere den in kapitalistischen Verhältnissen lebenden Menschen übertragen lassen, wie sich also gesellschaftlich organisierte Arbeit, Werkzeuggebrauch, Arbeitsteilung, Trennung von Hand-

und Kopfarbeit usw. zu den auf organismischem Entwicklungsniveau angesiedelten Eigenschaften verhalten und wie die letzteren in der Orientierungstätigkeit des heutigen Menschen aufgehoben sind, den Anwendungsproblemen vorgelagert sein. Das gleiche gilt für das Problem, wie denn – begrifflich – die auf organisiertes Lernen in der Schule zugeschnittene Interiorisationstheorie auf *Galperins* allgemeine Orientierungstheorie, so wie sie jetzt vorliegt, bezogen ist: Wie verhält sich „Orientierung" zu „Orientierungsgrundlage"? Welche Funktion hat dabei der Erwachsene und speziell der Lehrer? Sind die Nervenmuster und die anderweitig (wie?) im Gehirn gespeicherten Erfahrungen des höheren Tieres, die ja nach *Galperin* auch in die Abbilder aktueller Handlungssituationen eingehen, vergleichbar mit den immer gesellschaftlich vermittelten Erfahrungen des Menschen? Erst nachdem solche mehr die Theorie selbst betreffenden Fragen geklärt sind, können praxis- und anwendungsbezogene Fragen überhaupt sinnvoll gestellt werden.

Anmerkungen

1) Zum Beispiel *M. Geier/A. Hasse/P. Jaritz/G. Keseling/H. Kroeger/U. Schmitz:* Sprach-Lernen in der Schule. Die Funktion der Sprache für die Aneignung von Kenntnissen und Fähigkeiten. Köln 1976. – *A. Vielau:* Ausbildung fremdsprachlicher Begriffe. Ein Unterrichtsmodell auf Basis der Interiorisationstheorie Galperins. In: Linguistische Berichte H. 37 (1975), S. 77 ff. – *B. Wilhelmer:* Konsequenzen aus einer materialistischen Lernpsychologie. In: Argument-Sonderband 15 (1977), S. 48 ff.

2) Für die ältere Lernpsychologie gilt dies durchgängig; aber auch in neuerer Zeit bleiben unterrichtsbezogene Untersuchungen die Ausnahme. Mit den Unterrichtsexperimenten der *Galperin*-Schule sind vergleichbar zum Beispiel *H. Aebli:* Grundformen des Lehrens. Ein Beitrag zur psychologischen Grundlegung der Unterrichtsmethode. Stuttgart 1961. – *H. Aebli:* Psychologische Didaktik. Didaktische Auswertung der Psychologie von Jean Piaget. Stuttgart 1973. – *J. S. Bruner:* Entwurf einer Unterrichtstheorie. Berlin 1974.

3) Grundlegend: *P. J. Galperin:* Die Entwicklung der Untersuchungen über die Bildung geistiger Operationen. In: *H. Hiebsch* (Hrsg.): Ergebnisse der sowjetischen Psychologie. Stuttgart 1969, S. 367 ff. Die Experimente sind dargestellt in: *P. J. Galperin/A. N. Leontjew* u. a.: Probleme der Lerntheorie, Berlin 1972; *J. Lompscher:* Probleme der Ausbildung geistiger Handlungen. Neuere Untersuchungen zur Anwendung der Lerntheorie Galperins. Berlin 1972.

4) Zum Beispiel *A. N. Leontjew:* Probleme der Entwicklung des Psychischen. Berlin 1971, insbesondere S. 216 ff.

5) *Galperin,* in *Hiebsch* a. a. O., S. 377.

6) Ebd., S. 388 f.

7) Auf das Problem, daß – nach *Galperin* – bei jeder Widerspiegelungsform, also nicht nur bei der gedanklichen Ausführung, spezifische Verkürzungen und Automatisierungen auftreten und die Frage, wie sich diese zueinander verhalten, kann hier nicht eingegangen werden.

8) *U. Schmitz:* Interiorisation und Widerspruch. Zur Diskussion der Galperinschen Lerntheorie. In: Argument-Sinderband 15 (1977), S. 65 ff.

9) Beide Aspekte, Lerntheorie und theoretische Grundlagen zur Orientierung und insbesondere zur Funktion von Abbildern, sind ausführlich abgehandelt in: *P. J. Galperin:* Die Psychologie des Denkens und die Lehre von der etappenweisen Ausbildung geistiger Handlungen. In: *Budilowa/Schorochowa* u. a.: Untersuchungen des Denkens in der sowjetischen Psychologie. Berlin 1973, S. 81 ff.

10) *Geier/Hasse* u. a., a. a. O., S. 10 ff.

11) Besonders sichtbar wird dies vielleicht dann, wenn mit der Interiorisationstheorie nicht nur elementare Fähigkeiten wie Schreiben, Rechnen, Begriffe aus Physik, Mathematik, Chemie etc., sondern auch gesellschaftswissenschaftliche Gegenstände vermittelt werden, wie zum Beispiel in dem Vorschlag von *M. I. Sabolotnjew:* Die Herausbildung von historischen Begriffen und von Verfahren zur Analyse historischer Erscheinungen bei Schülern. In: *Lompscher* (Hrsg.), a. a. O., S. 169 ff.

12) Vgl. Anm. 3

13) Zum Beispiel *K. Holzkamp:* Sinnliche Erkenntnis. Historischer Ursprung und gesellschaftliche Funktion der Wahrnehmung. Frankfurt/M. 1973.

Vorwort des Autors

Im vorliegenden Buch wird der Versuch unternommen, die positive Beantwortung einiger schwieriger Fragen der Psychologie von heute zu skizzieren. Anlaß dazu war, erstens, daß die „offene Krise" (im ersten Drittel unseres Jahrhunderts) die prinzipiellen Schwierigkeiten der bürgerlichen Psychologie ans Tageslicht brachte, sie jedoch weder beseitigte noch ihre gemeinsame Ursache aufdeckte. Die Ursache, der ontologische Dualismus von „Physischem und Psychischem", verzerrte die Vorstellung vom Gegenstand der Psychologie und von der Rolle des Psychischen im Leben der damit ausgestatteten Wesen hoffnungslos.

Der dialektische Materialismus, der diesen Dualismus radikal beseitigt, öffnet damit den Weg zum konkreten Wissen. Er ersetzt jedoch nicht die konkreten Wissenschaften und nimmt es nicht einmal auf sich, sie auch nur mit Grundbegriffen auszurüsten. *Lenin* unterstrich (in seinem Buch „Materialismus und Empiriokritizismus") die gewaltige Bedeutung des Unterschieds zwischen dem philosophischen und dem physikalischen Materiebegriff, hat zu Beginn unseres Jahrhunderts doch gerade ihre Vermischung zur methodologischen Krise der Physik geführt. Den Inhalt der Grundbegriffe einer Wissenschaft müssen die Wissenschaften selbst bestimmen; in welchem Maße sie dazu in einer jeden Periode ihrer Entwicklung imstande sind, das ist bereits eine andere Frage.

Ein weiterer Anlaß für die Abfassung dieser Arbeit besteht darin, daß im zweiten Viertel unseres Jahrhunderts – sowohl in der Psychologie selbst als auch in anderen Wissenschaften (der Physiologie der Sinnesorgane, des höheren Nervensystems, der Informationstheorie und der Kybernetik) ohne wechselseitigen Zusammenhang und oft in subjektiver und ihrer objektiven Bedeutung direkt entgegengesetzten Interpretation – Fakten festgestellt und Konzeptionen verfaßt wurden, die es gestatteten, die klassischen Vorstellungen der bürgerlichen Psychologie von der Natur der materiellen und psychischen Prozesse, vom Zusammenhang und vom Unterschied der Prozesse der höheren Nerventätigkeit und des Psychischen sowie von der Rolle des Psychischen im Verhalten grundlegend zu verändern. Von diesen neuen Positionen aus werden „Psychisches und Physisches" bereits nicht mehr als absolut verschiedene Seinsarten dargestellt, sondern zwischen ihnen wird ein qualitativer „Sprung" in einer ganzen Reihe von vielen anderen Sprüngen in der Entwicklung der Materie gedacht; nicht als der erste unter ihnen und, vielleicht, sogar nicht einmal als der wichtigste. Die von *Lenin* gestellte Aufgabe, „eingehend zu untersuchen, wie die angeblich überhaupt nicht empfindende Materie sich mit einer Materie verbindet, die aus den gleichen Atomen (oder Elektronen) zusammengesetzt ist, zugleich aber eine klar ausgeprägte Fähigkeit des Empfindens besitzt" (1973, S. 37 f.), die noch vor kurzem in weiter Ferne lag, wird nun zu einer völlig konkreten Aufgabe der Wissenschaften von der Gehirntätigkeit, jener Wissenschaften, deren Vertreter es auch heute noch nicht mit dem Psychischen zu tun haben wollen (das sie sich weiterhin dualistisch und folglich als etwas vorstellen, das die Wissenschaft und die wissenschaftliche Untersuchung ausschließt).

Für die Psychologen ist entscheidend, daß es diese neuen Fakten und Konzeptionen ermöglichen, den Gegenstand der Psychologie neu zu interpretieren. In der (im Hegelschen Sinne) „aufgehobenen“ Form bewahrt diese neue Interpretation das „Körnchen Wahrheit“ der früheren, vereinigt sie das Subjekt der gegenständlichen Tätigkeit und der Bewußtseinserscheinung zu einem funktionalen System, das im Prinzip die Art und Weise der Beteiligung des Psychischen am Verhalten erklärt, zeigt sie dessen Entstehungsbedingungen und rechtfertigt sie dessen Entwicklung in der biologischen und gesellschaftshistorischen Evolution. Zugleich wird die psychische Tätigkeit Gegenstand der experimentellen Untersuchung, nicht der psycho-physiologischen oder logischen, sondern der eigentlich psychologischen Untersuchung, die die Wege der spontanen und der planmäßigen Herausbildung des seelischen Lebens erklärt.

Aufgabe der Psychologie von heute ist es, diese vereinzelten und auf verschiedene Wissenschaften verstreuten Kenntnisse zu vereinigen. Die von den Vorurteilen der idealistischen und mechanistisch-materialistischen Weltanschauung freie sowjetische Psychologie verfügt dazu über die besten Möglichkeiten. Aber diese sind zugleich auch Verpflichtung. Ihrer bestmöglichen Erfüllung soll insbesondere auch die vorliegende Arbeit dienen.

Leider mußten wir uns auf eine kurze, stellenweise sogar schematische Darstellung beschränken, und der Anhang am Ende des Buches mildert diesen Mangel nur in geringem Maße und nur in bezug auf einige Fragen.

Kapitel 1
Zum Gegenstand der Psychologie

1.1. Die heutige Bedeutung der Frage nach dem Gegenstand der Psychologie

Die Frage nach dem Forschungsgegenstand ist nicht nur eine erstrangige und heute vielleicht die schwierigste unter den großen theoretischen Fragen der Psychologie, sie ist zugleich auch von aktueller praktischer Bedeutung. Die bisher vorgeschlagenen und akzeptierten Vorstellungen vom Gegenstand der Psychologie haben sich als falsch erwiesen. Und für eine psychologische Wissenschaft ist allein der Hinweis auf die psychischen Prozesse – auf die des Denkens, des Gedächtnisses, der Phantasie, der Gefühle – völlig unzureichend. Diese Prozesse werden nicht allein von der Psychologie, sondern von vielen Wissenschaften untersucht, und in diesen Prozessen selbst sind die Bereiche der verschiedenen Wissenschaften voneinander nicht abgegrenzt. Es bedarf eines klaren Kriteriums, um deutlich unterscheiden zu können, was in ihnen der Psychologe untersuchen kann und muß und was in die Kompetenz der anderen Wissenschaften gehört, welche Aufgaben der Psychologe zu lösen berufen ist und welche nur psychologisch zu sein scheinen, dies in Wirklichkeit aber nicht sind, also vom Psychologen nicht gelöst werden können und dürfen.

Wenn es kein Kriterium dafür gibt, was allein zur Psychologie gehört, wird der Gegenstand der Psychologie leicht durch den Gegenstand anderer Wissenschaften wie der Physiologie, der Erkenntnistheorie, der Logik, der Ethik usw. ersetzt. Hieraus ergibt sich entweder die faktische Liquidierung der Psychologie, was uns dem eigenen Psychischen gegenüber hilflos werden läßt, oder auch eine ungerechtfertigte Psychologisierung von Erscheinungen, die zu anderen Wissensgebieten gehören (die Psychologisierung gesellschaftlicher Erscheinungen, der Geschichte, der Erkenntnistheorie, der Logik, der Sprachwissenschaft, der Pädagogik usw.). Infolge dieser Vermengung wird die Erklärung der psychologischen Erscheinungen außerhalb der Psychologie gesucht, und die Erklärung der nichtpsychologischen Erscheinungen in der Psychologie. In beiden Fällen werden falsche Erklärungen gegeben und die Bemühungen, sie zu verstehen und zu beherrschen oder unerwünschte Erscheinungen zu beseitigen, auf einen falschen Weg gelenkt.

Die Frage nach dem Forschungsgegenstand der Einzelwissenschaft ist von großer theoretischer Bedeutung, wenn auch nicht immer und nicht auf jeder Entwicklungsstufe einer jeden Wissenschaft gleichermaßen wichtig. Wir dürfen uns keinesfalls dadurch beruhigen lassen, daß viele exakte Wissenschaften wie Mathematik, Physik, Chemie und Biologie angeblich ohne Definition ihres Gegenstands „wunderbar auskommen", daß die moderne Psychologie eine experimentelle Wissenschaft geworden ist, weite Verbreitung gefunden hat und in verschiedenen Bereichen des praktischen Lebens angewendet wird, ohne sich mit der Bestimmung ihres Gegenstands aufzuhalten oder auch dadurch, daß die Erklärung des Gegenstands einer Wissenschaft mehr eine Sache der Philosophie ist. In der Mathematik, der Physik, der Chemie und vielen anderen Wissenschaften ist das System des exakt bestimmten Wissens so umfangreich und so präzis ausgearbeitet, daß sich der Neuling bei dessen Aneignung den Gegenstand dieser Wissenschaften intuitiv erklärt und sich eine eindeutige Konzeption für die nächsten Aufgaben macht. Hier ist die Frage nach dem Gegenstand tatsächlich eher eine philosophische Frage, die für die Wissenschaftsmethodologie und Weltanschauung in höherem Maße von Bedeutung ist als für die gerade durchzuführende Untersuchung.

In der modernen Psychologie liegt jedoch eine andere Situation vor. Die zu einer experimentellen Wissenschaft gewordene Psychologie fand vielfältige und extensive Anwendung in der Praxis, und das ist in der Tat eine große Errungenschaft. Aber das wirklich psychologische Experiment steckt in den wichtigsten Abschnitten und Richtungen noch in den Kinderschuhen. So ist es zum Beispiel in der Lehre von den Bedürfnissen, den Gefühlen, vom Willen, in der Psychologie der Überzeugungen und in der Persönlichkeitspsychologie erst in Anfängen entwickelt; und auch in anderen Bereichen sind die Erfolge der experimentellen Untersuchungen im Grunde noch bescheiden. Berücksichtigt man das Ausmaß und die Verbreitung der psychologischen Untersuchungen, die großen Anstrengungen, die täglich auf diesem Gebiet unternommen werden, sowie den gesamten Zeitraum der Anwendung des Experiments in der Psychologie überhaupt (der bereits über ein Jahrhundert beträgt) und vergleicht dies alles mit den erreichten Ergebnissen, erscheinen diese verhältnismäßig gering und, was wohl noch wichtiger und seltsamer ist, überraschend vereinzelt. Und welche Illusionen, großen Hoffnungen und tiefen Enttäuschungen waren mit den Möglichkeiten der verschiedenen experimentellen – ja, nicht spekulativen, sondern experimentellen! – Richtungen in der Psychologie verknüpft! Die relativ geringe Anzahl und der gleichsam zufällige Charakter der wichtigsten Resultate, das so häufige Aufsteigen und Fallen theoretischer Konstruktionen – dies alles zwingt letzten Endes doch zu der Fragestellung: gehen die Anstrengungen vieler und zweifelsohne hervorragender Forscher nicht in eine falsche Richtung? Ist nicht auch die jetzt bei bürgerlichen Wissenschaftlern so verbreitete Überzeugung falsch, daß sich die streng empirische Forschung, ausgerüstet mit einer vervollkommneten Apparatur und mit mathematischen Methoden der Materialbearbeitung, ohne theoretische Vorstellungen von ihrem

Gegenstand erfolgreich entwickeln kann? Derartige „empirische“ Forschungen lehnen die mehr oder weniger speziellen Hypothesen ab und halten zugleich an eben dieser allgemeinen falschen Orientierung fest. Es geht also nicht darum, den Gegenstand der Psychologie zu erklären, sondern darum, ihn herauszuheben und zum Gegenstand einer wirklich wissenschaftlichen Forschung zu machen.

Was die breite praktische Anwendung der Psychologie betrifft, so ist es auch hier angebrachter, sich direkter Schlußfolgerungen über ihre wissenschaftliche Fundiertheit und tatsächliche wissenschaftliche Bedeutung zu enthalten. Ein nicht geringer Teil der praktischen Arbeit, die im westlichen Ausland als psychologische Arbeit ausgegeben wird, ist in Wirklichkeit der Ideologie zuzurechnen; ohne Zweifel ist sie den Auftraggebern von Nutzen, aber zur Psychologie hat sie im Grunde nur eine entfernte Beziehung. Außerdem kann in der Psychologie, ebenso wie in jedem anderen Bereich, die Praxis zunächst in recht großem Umfang mit der sogenannten „Lebenserfahrung“ ohne Hilfe der Wissenschaft im eigentlichen Sinne des Wortes auskommen. Als praktische Psychologen arbeiten (keineswegs erfolglos!) Ärzte, Soziologen, Ingenieure, Physiologen, Pädagogen und viele andere. Die Frage ist die, ob die Fachpsychologen mehr erreichen als die Nichtfachleute.

Es gibt noch einen weiteren Aspekt der Frage nach dem Gegenstand der Psychologie, der sofort ihre aktuelle Bedeutung zeigt, nicht nur für die theoretische, sondern für jede psychologische praktische Untersuchung. Es ist dies die Frage, worin die Mechanismen der psychologischen Erscheinungen bestehen und wo diese Mechanismen zu suchen sind. Natürlich kann man sich einen Gegenstand nur dann in höherem Maße aneignen, als es Erfahrung und Praxis ohne Theorie ermöglichen, wenn man diese Mechanismen kennt; einzusehen ist auch, daß jede psychologische Untersuchung auf die Erforschung der Mechanismen der psychologischen Erscheinungen gerichtet sein muß. Aber wo sind diese Mechanismen zu suchen? Die Mehrzahl der Psychologen vermutet sie heute in der Physiologie des Gehirns. Da die objektive Realität aber im Psychischen widergespiegelt wird und sich das Subjekt in seiner Tätigkeit von dieser Widerspiegelung leiten läßt, suchen viele Psychologen die Mechanismen der psychischen Tätigkeit in den Gesetzen, die die Dinge lenken, insbesondere in der Logik als der Lehre von den allgemeinen Beziehungen zwischen den Objekten. Daraus ergibt sich also, daß die Psychologen bisher die Mechanismen der psychischen Erscheinungen entweder in der Physiologie oder in der Logik und im allgemeinen außerhalb der Psychologie suchen.

Nimmt man jedoch an, daß eine solche Orientierung der psychologischen Forschung richtig ist, würde dies bedeuten, daß die psychischen Erscheinungen keine eigentlich psychologischen Mechanismen besitzen und daß die Psychologie allein auf „Erscheinungen" beschränkt ist. Daraus würde aber folgen, daß die Psychologie keine selbständige Wissenschaft ist, da keine Wissenschaft lediglich Erscheinungen untersucht (d. h. nur beschreibt). Die Wissenschaft untersucht im eigentlichen Sinne nicht Erscheinungen, sondern das, was ihnen zugrunde liegt und sie hervorruft, was das „Wesen" dieser Erscheinungen ausmacht, das heißt ihre Mechanismen. Wenn wir annehmen, daß die Physiologie tatsächlich gewisse psychische Erscheinungen erklären kann, müssen wir uns, wollen wir sie untersuchen und beherrschen, dem entsprechenden Abschnitt der Physiologie zuwenden; wenn wir der Ansicht sind, daß die Logik tatsächlich die psychischen Prozesse erklärt (z. B. die Psychologie des Denkens und seine Möglichkeiten auf den verschiedenen Entwicklungsstufen), müssen wir die genetische Entwicklung der Logik im Denken der Menschen, die Herausbildung der zuerst prälogischen und dann auch der verschiedenen logischen Konstruktionen im Bewußtsein des Kindes, in der Entwicklung der menschlichen Gesellschaft untersuchen. Im ersten Falle werden wir zu Physiologen, im zweiten zu Logikern, dabei nicht einfach zu Logikern, sondern zu genetischen Logikern. In beiden Fällen erweist sich die psychische Tätigkeit jedoch als ein Bereich allein der Erscheinungen und nicht als ein selbständiger Forschungsgegenstand. In diesem Fall ist es inkonsequent, wenn wir sagten, daß wir uns mit Psychologie beschäftigen oder daß eine solche Wissenschaft wie die Psychologie überhaupt existiert. Bei vielen Psychologen existiert ein Widerspruch zwischen theoretischen Überlegungen und wirklichen Überzeugungen. Sie behaupten im Grunde etwas, was zur Negierung der Psychologie als Wissenschaft führt, halten aber intuitiv an der Überzeugung fest, daß sie existiert. Solche theoretischen Überlegungen sind jedoch nicht bedeutungslos. Wieviel Psychologen wandern in die Physiologie oder in die „genetische Logik" ab! Sie tun das nicht, um die Prozesse und Gesetze der Physiologie oder der Logik zu untersuchen, sondern in der naiven Überzeugung und Hoffnung, daß sie in ihnen die Lösungen für die Probleme der Psychologie finden.

Das ist es, was die Psychologie ihre ausweichende Haltung gegenüber der Frage nach ihrem Gegenstand kostet! Diese theoretische Frage ist heute die dringendste, praktischste und wichtigste Frage, die vor unserer Wissenschaft steht. Die moderne Psychologie hat kein „stabiles Skelett" des Wissens, das so konstruiert ist, daß sein Studium spontan zu einer intuitiv richtigen Vorstellung von ihrem Gegenstand und ihren Aufgaben führt. Alle bisher vorgelegten Definitionen, Beschreibungen und Hinweise auf den Gegenstand der Psychologie erwiesen sich nicht nur als unzureichend, sondern auch einfach als unhaltbar (vgl. 1.2.). Zugleich befindet sich die Psychologie im Mittelpunkt vieler und brennender Fragen der Menschheit von heute, Fragen, die sowohl im Zusammenhang mit der wissenschaftlich-technischen Revolution als auch durch die Zuspitzung der ideologischen Konfrontation der neuen und der alten Welt entstehen. Diesen großen Aufgaben gegenüber ist die psychologische Praxis ohne Theorie wenig effektiv. Wollen wir nicht Blinde bleiben, die im Dunkeln umhertappen und dabei zuweilen auf bedeutende, aber vereinzelte Fakten stoßen, müssen wir zuerst klären (natürlich, indem wir aus den Fehlern lernen und die einzelnen großen Errungenschaften berücksichtigen), worin denn eigentlich der Gegenstand der psychologischen Forschung besteht.

1.2. Die Unhaltbarkeit der traditionellen Vorstellungen vom Gegenstand der Psychologie

Läßt man die unwesentlichen Varianten, die mehr die Art und Weise der Darlegung als den objektiven Inhalt betreffen, unberücksichtigt, gab es in der gesamten Geschichte der Psychologie nur drei grundlegende Auffassungen von ihrem Gegenstand. Sie betreffen die Seele, die Erscheinungen des Bewußtseins und das Verhalten.

Die Seele als Gegenstand der Forschung. Die Seele wurde bis zum Beginn des 18. Jahrhunderts allgemein als Gegenstand wissenschaftlicher Betrachtung akzeptiert, bevor sich die grundlegenden Vorstellungen und dann auch das erste moderne System der Psychologie herausbildeten. Die Vorstellungen von der Seele waren hauptsächlich idealistisch. Es gab aber auch materialistische Theorien, die von *Demokrit* ausgingen. Sie beschrieben die Seele als feinste Materie, als Pneuma, deren Teilchen – rundlich, glatt und äußerst aktiv – zwischen die größeren und weniger beweglichen Atome drangen und, indem sie diese anstießen, sie in Bewegung setzten. Die Seele galt als Ursache aller Körperprozesse und schloß auch die eigentlichen „seelischen Bewegungen" mit ein.

Der prinzipielle Mangel dieser primitiven materialistischen Vorstellung von der Seele bestand darin, daß sie als eine besondere Ursache, als die primäre Ursache dieser Bewegungen angesehen wurde. Das bedeutete: alle Einwirkungen auf den Körper waren für die Seele nur Anlässe, auf die sie antworten konnte, „wie sie wollte". Und warum sie so oder anders reagierte, hing nur von ihr selbst, von ihrer „Natur" ab und unterlag keiner weiteren Erklärung. Auf diese Weise verletzte die Annahme der als primäre Ursache sogar materiell vorgestellten Seele radikal und systematisch die Kausalzusammenhänge nicht nur innerhalb des Körpers, sondern auch in der Umwelt. Als sich am Ende des 17. Jahrhunderts in der Naturwissenschaft die streng kausale Weltanschauung festigte, wandten sich die Gelehrten von den Spekulationen über die „Natur der Seele" ab, und die Seele als die erklärende, aber selbst unerklärbare Kraft, die hinter den zu beobachtenden Erscheinungen verborgen ist, wurde aus der Wissenschaft verbannt.

Die Erscheinungen des Bewußtseins als Gegenstand der Psychologie. Den Platz der Seele nahmen Erscheinungen ein, die wir faktisch beobachten, „in uns" finden, wenn wir uns unserer „inneren seelischen Tätigkeit" zuwenden. Es sind unsere Gedanken, Wünsche, Gefühle, Erinnerungen usw., die ein jeder aus eigener Erfahrung kennt und die zweifellos vorhanden sind. *Locke*, den man als den Begründer dieser Interpretation des Gegenstands der Psychologie betrachten kann, hatte recht, wenn er darauf verwies, daß die Erscheinungen des Bewußtseins zum Unterschied von der Seele nicht etwas Vermutetes, sondern etwas tatsächlich Gegebenes sind und in diesem Sinne ebensolche unbestreitbaren Fakten der inneren Erfahrung darstellen, wie es die von den übrigen Wissenschaften untersuchten Fakten der äußeren Erfahrung sind.

Zu Beginn des 18. Jahrhunderts wurden aus den Erscheinungen des Bewußtseins ihre mehr beständigen Teile – die Abbilder der äußeren, gegenständlichen Welt – herausgehoben. Sie wurden in ihre einfachsten Elemente, in die Empfindungen, zerlegt. Später wurden Bedürfnisse und Gefühle ebenfalls als Widerspiegelung der inneren Zustände des Organismus, als Verknüpfungen der Organempfindungen und der Gefühle wie Wohlbehagen – Mißbehagen, dargestellt. Der universelle „Mechanismus" der Assoziationen erlaubte es, die verschiedenen Empfindungen zu komplizierteren Abbildern und Gefühlen zu vereinigen, sie mit physischen Bewegungen zu sogenannten willkürlichen Bewegungen und Gewohnheiten zu koordinieren. So wurde das gesamte seelische Leben zunächst im gnostischen Bereich und dann im Bereich der Gefühle und des Willens (natürlich nur spekulativ) als auf der Grundlage der Assoziationsgesetze sich vollziehende Prozesse der Entstehung und Auflösung immer komplizierterer Abbilder und ihrer Verknüpfungen mit Handlungen dargestellt. So entstand im 18. Jahrhundert in der für die Geschichte der Psychologie denkwürdigen Arbeit von *Hartley* (1791) die erste wissenschaftsgemäße Form der Psychologie – die sogenannte englische empirische ‚Assoziationspsychologie' (vgl. *Meschtscherski* 1967; *Ribot* 1870; *Priestley* 1934). Ihre historische Bedeutung bestand darin, daß die Psychologie hier erstmalig als (relativ) selbständiger Wissenschaftszweig auftrat, der alle Seiten des seelischen Lebens erfaßte, die bis dahin in den verschiedenen Teilgebieten der Philosophie (allgemeine Seelenlehre, Erkenntnistheorie, Ethik), Rhetorik (Lehre von den Affekten) und Medizin (Lehre von den Temperamenten) betrachtet wurden. Das Hauptverdienst dieser Psychologie bestand darin, daß sie die naturwissenschaftliche (aber mechanistische!) Weltanschauung auf das „Gebiet des Geistes" ausdehnte und die demokratische Idee von der Herausbildung aller psychischen Fähigkeiten in der individuellen Erfahrung, wenn auch in naiver Form, verteidigte.

Schon bald nach der Vollendung ihrer allgemeinen Konstruktion kamen den Anhängern der Assoziationspsychologie die ersten Zweifel an ihrer wissenschaftlichen Haltbarkeit (vgl. *Troizki* 1883). Die Zweifel betrafen verschiedene Seiten des Systems, entscheidend war letztlich jedoch die Frage nach der Möglichkeit einer objektiven Erforschung der Bewußtseinserscheinungen. Diese Frage wurde bereits zu Beginn des 19. Jahrhunderts heftig diskutiert. Wie es schien, gab es damals eine günstige Lösung auf zwei Wegen. Die einen akzeptierten den Gedanken von *Brown* von der „virtuellen Analyse", die lediglich in Vergleich und Unterscheidung der Bewußtseinserscheinungen besteht, aber die Geltung einer tatsächlichen Analyse besitzt (da in den „Erscheinungen" auch nichts über das hinaus enthalten sein kann, was erscheint) (*Troizki* 1883, Bd. I, S. 135 ff.). Andere, wie *Herbart*, hofften darauf, das Fehlen von Experiment und tatsächlicher Analyse durch ein bedingtes Messen von Vorstellungen und durch die anschließende Errechnung ihrer Wechselwirkung zu ersetzen. Die Vorstellungen wurden dabei als Kräfte betrachtet, deren Größe anhand des Ergebnisses ihrer Wechselwirkung, anhand ihrer Stellung im Feld des klaren Bewußtseins, des unklaren Bewußtseins oder außerhalb der Bewußtseinsschwelle bestimmt wurde (vgl. *Herbart* 1824/25 und *Troizki* 1883, Bd. II, S. 291 ff.).

All diese Versuche scheiterten an der Unmöglichkeit, die Ausgangsdaten objektiv zu bestimmen, das heißt, exakt die Bewußtseinserscheinungen abzugrenzen, ihre Komponenten zu bestimmen, ihre Intensität, die Wechselwirkung der Vorstellungen usw. zu definieren. Die Schwierigkeiten waren derart groß, daß Mitte des 19. Jahrhunderts der engagierte Anhänger der Assoziationspsychologie *Mill* zu folgenden Schlußfolgerungen gezwungen war: 1. Die prinzipiell auf die Selbstbeobachtung beschränkten Bewußtseinserscheinungen sind einer objektiven

Analyse nicht zugänglich. Selbst wenn wir die Eigenschaften der Abbilder exakt unterscheiden würden (was in Wirklichkeit nicht der Fall ist), würde auch dies die Situation nicht retten, da es neben der äußeren Vereinigung, der „physischen Vermengung" der Elemente, die „psychische Chemie" gibt, in deren Ergebnis die Teile und Eigenschaften einer abgeleiteten Erscheinung durchaus nicht den Teilen und Eigenschaften der Ausgangsmaterialien ähnlich sind. Es ist eine reale und keine virtuelle Analyse vonnöten – eine reale Analyse der Bewußtseinserscheinungen ist jedoch unmöglich. 2. Die Bewußtseinserscheinungen dienen ebenso wie ihre Veränderungen als Hinweise für die Arbeit des Gehirns, folglich ist die Erforschung der Bewußtseinserscheinungen keine selbständige Wissenschaft. Sie kann lediglich als bedingtes Kennzeichen der physiologischen Prozesse, als Hilfsmethode für die „wirkliche Physiologie des Gehirns" dienen.

Da eine solche Physiologie zur Zeit *Mills* noch nicht existierte, erkannte auch er die Psychologie als ihre notwendige, jedoch nur zeitweilige Vertretung an (vgl. *Mill* 1877). Diese pessimistischen Schlußfolgerungen *Mills* waren durchaus berechtigt, sie eröffneten jedoch keine neuen Möglichkeiten. Durch die neuen Perspektiven der psychologischen Forschung, die sich Mitte des 19. Jahrhunderts abzeichneten, wurden sie auch bald in den Hintergrund gedrängt. Die neuen Möglichkeiten kamen von außen in die Psychologie, durch die Einführung des Experiments in die Psychophysiologie der Empfindungen. Wenn dies auch anfangs im Grunde ein physiologisches Experiment war, in dem die Empfindungen nicht so sehr Untersuchungsgegenstand als vielmehr Kennzeichen des zu untersuchenden physiologischen Prozesses waren, schien es doch bald nur eine Frage der Zeit zu sein, die physiologischen Untersuchungen dicht an jene zentralen Nervenprozesse heranzuführen, die die unmittelbare Grundlage der Bewußtseinserscheinungen bilden. Auf diese Weise wollte man, sozusagen von unten, vom Gehirn her an die objektive Erforschung der psychischen Prozesse selbst herankommen. Die Perspektive einer bis dahin als unmöglich geltenden experimentellen Erforschung des Psychischen begeisterte die Forscher derart, daß sich unter dem Banner der „physiologischen Psychologie" (*Wundt*) bald in der ganzen Welt ein Netz von physiologischen, neurophysiologischen, psychophysiologischen und dann auch eigentlichen psychologischen experimentellen Forschungen entwickelte.

Aber je größer die aus diesen Forschungen gewonnene Erfahrung wurde, desto mehr wuchs die Enttäuschung. Die Exaktheit der physiologischen Methodiken scheiterte an der Unexaktheit der subjektiv-psychologischen Angaben und der Uneinigkeit in ihrer Interpretation. Ohne Vergleich mit den „unmittelbaren Bewußtseinstatsachen" besaßen die physiologischen Kennziffern jedoch keinen psychologischen Wert.

Die Entwicklung dieser neuen Richtung verlief folgendermaßen: die Bewegung zur Schaffung einer „physiologischen Psychologie" begann mit den 60er Jahren des vergangenen Jahrhunderts; Mitte der 70er Jahre entstanden experimentalpsychologische Laboratorien und bald auch ganze Institute. Aber bereits nach 25 bis 30 Jahren, um die Mitte der 90er Jahre, wurden Stimmen der Enttäuschung über die wissenschaftlichen Möglichkeiten einer solchen Psychologie laut (vgl. *Grot* 1897). Und nach 15 Jahren, zu Beginn des zweiten Jahrzehnts unseres Jahrhunderts, vereinten sich diese Stimmen zur offenen und lauten Feststellung einer „Krise der Psychologie".

Das größte historische Verdienst der „physiologischen Psychologie" bleibt die Einführung des Experiments in die Psychologie. Aber in jener Form, in der es in der „physiologischen Psychologie" angewendet wurde, stützte sich das Experiment auf die falsche Idee vom psychophysischen Parallelismus. So konnte es die Psychologie natürlich nicht von den Fesseln des Subjektivismus befreien. Die Orientierung auf eine solche Erforschung der psychischen Prozesse war falsch: sie wurde von der subjektiv-idealistischen Vorstellung vom Psychischen diktiert und zerbrach daran. Gerade durch die Einführung des Experiments wurde die prinzipielle Fehlerhaftigkeit der „physiologischen Psychologie" offenkundig.

Die Krise der Psychologie schien zunächst auch recht produktiv zu sein: die neuen Richtungen zeigten nicht nur die wesentlichen Mängel der „physiologischen Psychologie", sondern wiesen auch der psychologischen Forschung neue Wege. Für die Frage nach dem Gegenstand der Psychologie war der Behaviorismus – „die Psychologie als die Lehre vom Verhalten" – von prinzipieller Bedeutung. Die Behavioristen traten für eine Veränderung des Gegenstands der Psychologie ein. Sie forderten, von der Erforschung der Bewußtseinserscheinungen abzugehen und allein das Verhalten als objektiven Prozeß mit ausschließlich objektiven Methoden zu untersuchen.

Das Verhalten als Gegenstand der Psychologie. Ursprünglich entstand der Behaviorismus in der Tierpsychologie. Bereits in den 90er Jahren des vergangenen Jahrhunderts gingen die Forscher von der naiven Deutung des Tierverhaltens in Analogie zum Menschen zu einer systematischen Beschreibung des Verhaltens unter Versuchsbedingungen über, in denen die Tiere verschiedene Aufgaben zu lösen hatten: sie lernten, Käfigverschlüsse zu öffnen, in einem Labyrinth den Weg zum Futternapf oder den Ausgang zu finden, verschiedene Hindernisse zu umgehen oder zu beseitigen, zu diesem Zweck verschiedene Mittel zu verwenden usw. Die Aufgaben konnten ihrem Charakter und ihrer Schwierigkeit nach breit variiert werden; man konnte verschiedene Aktivitäten und unterschiedliche Bedürfnisse des Tieres hervorrufen; auf verschiedene Weise „Belohnung" und „Strafe" anwenden, auf bestimmte Sinnesorgane einwirken oder einige von ihnen ausschließen, auf die verschiedenen Bewegungsmöglichkeiten der Tiere eingehen usw. Die Abhängigkeit des Lernens und des Verhaltens der Tiere von den objektiven Bedingungen konnte man objektiv beschreiben, ohne erraten zu müssen, was das Tier fühlt, denkt oder will. Das Material war umfangreich, vielfältig und interessant. Es schien der objektive Weg zur Untersuchung dessen gefunden, was unbestreitbar zur Psychologie gehört und für sie äußerst wesentlich ist.

Als die tiefe Enttäuschung über die wissenschaftlichen Möglichkeiten der „physiologischen Psychologie" immer größer wurde, stand man vor der Frage, eine Methode auf den Menschen zu übertragen, die sich bereits in dem (für die objektive Erforschung) weitaus schwierigeren Gebiet der Tierpsychologie (wie es damals schien) bewährt hatte, das heißt, auch in der Erforschung des Menschen von den Bewußtseinserscheinungen zur objektiven Verhaltensforschung überzugehen. So entstand im zweiten Jahrzehnt unseres Jahrhunderts die letzte, die dritte Interpretation: das „Verhalten" als Gegenstand der Psychologie.

Das Verhalten von Mensch und Tier ist von solch großer und offensichtlicher Bedeutung für das Erfassen ihrer Psyche (das wurde von allen und zu allen Zeiten anerkannt), daß der Behaviorismus, als er das Verhalten zum wahren Gegenstand der Psychologie erklärte und dazu noch die Möglichkeit einer streng objektiven Untersuchung versprach, überall mit Begeisterung aufgenommen wurde. Nach den Worten eines Historikers wurden für eine gewisse Zeit fast alle Psychologen mehr oder weniger zu Behavioristen (vgl. *Boring* 1929); mehr oder weniger in dem Sinne, daß sie bei Anerkennung des Verhaltens als Hauptforschungsgegenstand durchaus nicht alle und nicht in gleichem Maße die Erforschung der Bewußtseinserscheinungen ablehnten.

Dieser Theorie, die das Verhalten als Gegenstand der Psychologie sah, widerfuhr jedoch das gleiche, was der von den Bewußtseinserscheinungen ausgehenden geschehen war. Ihre Unhaltbarkeit wurde auf zwei Ebenen deutlich.

1. Wenn auch das Verhalten etwas unbestreitbar Objektives darstellt, so erwies sich sein psychologischer Inhalt jedoch als der objektiven Registrierung ebenso unzugänglich wie die Bewußtseinserscheinungen. Mit Hilfe der Filmaufnahme, des Kinogramms, des Elektromyogramms, des Elektroenzephalogramms usw. können lediglich physische und physiologische Veränderungen registriert werden, etwa die Bewegungen des Körpers und seiner Organe, die Muskelkontraktionen, ihre Bioströme, die Bioströme des Gehirns, die Gefäßreaktionen, die sekretorischen Reaktionen u. a. m. Aber Bewegungen (und erst recht alle anderen Veränderungen des Organismus) sind noch kein Verhalten. Natürlich zeugen sie auf gewisse Weise von Verhalten, aber dieses Zeugnis ist indirekt. Die Bewegungen müssen gedeutet werden, müssen zu den Verhaltenszielen sowie zu der Art und Weise in Beziehung gebracht werden, in der das Subjekt die Umgebung, die Wege und Mittel zur Erlangung seiner Ziele erfaßt. Physische und physiologische Veränderungen allein stellen kein Verhalten dar. Sie erscheinen lediglich dem

naiven Beobachter als solches, der es gewohnt ist, seine unmittelbare Deutung von Erscheinungen als deren direkte Wahrnehmung zu betrachten. Wenn jedoch eine streng wissenschaftliche Forderung erhoben wird – Verhalten zu zeigen und nicht nur Bewegungs-, Gefäß-, sekretorische, elektrische und sonstige Reaktionen – erweist sich sofort, daß der Behaviorismus außer diesen Reaktionen nichts zeigen kann. Und dies nicht etwa wegen der Unzulänglichkeit der technischen Mittel und der Untersuchungsmethodiken, sondern infolge jener Interpretation der Objektivität, mit der er selbst auftritt.

Die Unmöglichkeit, physisch, stofflich etwas mehr zu zeigen als die verschiedenen Körperreaktionen, führt nicht nur dazu, daß die Vertreter des Behaviorismus keine psychologische Analyse des Verhaltens geben können, sondern auch dazu, daß sie sie nicht von jenen Reaktionen unterscheiden können, die in psychologischem Sinne bereits nicht mehr Verhalten sind, das heißt von den Reaktionen der inneren Organe (Magen und Darm, Herz und Gefäße, Leber und Nieren usw.), von den Bewegungen physikalischer Körper, der Arbeit der Maschinen. Wenn Verhalten als ein Komplex von physischen Reaktionen gesehen wird, dann sind die Reaktionen der inneren Organe ebenfalls verschiedene Arten von Verhalten. Von diesem Gesichtspunkt aus kann man auch die Arbeit technischer Anlagen als Verhalten bezeichnen. Vertreter der exakten Wissenschaften verwenden das Wort „Verhalten" gern zur Bezeichnung der Arbeit dieser verschiedenen Systeme und Anlagen. Sie wissen sehr wohl, worum es in Wirklichkeit geht, und für sie ist das Wort „Verhalten" nicht mehr als eine Metapher, eine Verschönerung der Rede. Aber für die psychologische Theorie stellt eine solche Metapher eine ernste Gefahr dar, da der Psychologe eben auch nicht weiß, was Verhalten über das hinaus ist, was an und für sich und im genauen Sinne des Wortes nicht Verhalten ist. Wenn jede Bewegung und sogar Veränderung Verhalten ist, kann es nicht Gegenstand der Psychologie sein; und wenn im Verhalten als dem Gegenstand der Psychologie noch etwas über die Bewegungen und Veränderungen des Körpers hinaus enthalten ist, was ist es dann?

2. Ein weiterer, wohl grundlegender Mangel des Behaviorismus

zeigte sich darin, daß seine Vertreter in dem Wunsch, das Verhalten ohne die Bewußtseinserscheinungen zu untersuchen (die angeblich die Objektivität der Untersuchung radikal stören), vor einer schweren Entscheidung standen. Sie hatten die Wahl, entweder zur Erforschung der physiologischen Mechanismen des Verhaltens überzugehen, das heißt, Physiologen zu werden und zu sagen: es gibt keinerlei Psychologie, selbst keine behavioristische, es gibt nur eine Verhaltensphysiologie, oder die Verhaltensmechanismen ohne die Physiologie, das heißt nur als Wechselbeziehung von Stimuli und Reaktionen, zu erforschen. Bekanntlich wählten bereits die Begründer des Behaviorismus den zweiten Weg. Es war jedoch nicht leicht, die physiologischen Mechanismen, die unbestreitbar am Verhalten beteiligt sind, unberücksichtigt zu lassen. Der Ausschluß des zentralen physiologischen Mechanismus aus der Verhaltensanalyse mußte irgendwie gerechtfertigt werden. Die gewünschte Rechtfertigung wurde in Form der bekannten behavioristischen Hypothese von der Arbeit des Gehirns nach dem Prinzip des Umschaltens der schwächeren Nervenprozesse auf die Wege der gleichzeitig verlaufenden stärkeren Prozesse gefunden. Nach dieser sogenannten „Bedingungshypothese"[2] brauchte der behavioristische Psychologe nicht mehr unbedingt zu wissen, auf welchen Wegen die Erregung vom schwachen (indifferenten) Stimulus verläuft und wie sie auf den Weg des stärkeren Prozesses übergeht, der durch den unbedingten Erreger oder durch einen bedingten Erreger mit bestimmter Bedeutung hervorgerufen wurde. Wichtig ist nur eines: dieses Umschalten erfolgt stets vom schwachen Nervenprozeß zum stärkeren, in dessen Ergebnis der Erreger die ursprünglich nicht mit ihm verbundene Reaktion (auf den stärkeren Erreger) hervorruft. Ist die Stärke der wirkenden Erreger bekannt und berücksichtigt man die frühere Erfahrung des „Probanden", kann man in einem solchen Fall das Lernen, die Entstehung von Verhalten, untersuchen, ohne dessen physiologische

[2] Die „Bedingungshypothese" unterscheidet sich grundlegend von *Pawlows* Lehre von der Bildung bedingter Verbindungen. In der „Bedingungshypothese" fehlt der Hinweis auf die Signalbedeutung der bedingten Erreger und auf die Verstärkung, sie ist physikalistischen und antibiologischen Charakters (was in diesem Fall mechanistischen Charakters bedeutet).

Mechanismen zu ergründen; ihre Erforschung kann man den Physiologen überlassen. Die Entstehung neuer Verhaltensformen stellt jedoch ein gesondertes Forschungsgebiet dar, sie ist Gegenstand der Verhaltenspsychologie.

Das war die grundlegende Position des „klassischen" Behaviorismus. Aber sehr bald, bereits in den 20er Jahren, wurde offensichtlich, daß man weder das Verhalten des Menschen noch das Verhalten des Tieres allein durch die Verknüpfung von vorhandenen Stimuli mit der früheren Erfahrung erklären kann. Ebenso deutlich wurde, daß in dem Intervall zwischen Stimuluswirkung und Verhaltensreaktionen eine gewisse aktive Verarbeitung der eintreffenden Information erfolgt, die man nicht auf den Einfluß von Spuren einer früheren Erfahrung reduzieren kann, und daß dies gewisse aktive Prozesse sind, ohne deren Berücksichtigung die Reaktion des Tieres (nicht einmal die des Tieres) auf die vorhandenen Stimuli nicht erklärt werden kann. So entstand der „Neobehaviorismus" mit seinem wichtigsten Begriff der „intervenierenden Variablen" (oder Zwischenvariablen) (vgl. *Tolman* 1932), und die Grundthese des ursprünglichen Behaviorismus (der jetzt nicht selten als naiv bezeichnet wird) wurde zurückgenommen.

Aber auf welche Weise kann sich der Neobehaviorismus, wenn er diese intervenierenden Variablen akzeptiert, gegen die Gehirnphysiologie abgrenzen? Der Ausweg fand sich in der Erklärung der intervenierenden Variablen. Es stellte sich heraus, daß sie unsere alten Bekannten sind: „Zeichen", „Zeichenstruktur" (einer Situation), „Erwartung einer Zeichenstruktur", „Erwartung kennzeichnender Merkmale" (eines Objekts), „Erwartung der Beziehungen der Mittel zum Ziel", „Schluß" (Schlußfolgerung) u. a. m. Dies sind offensichtlich alles psychologische Charakteristika, jedoch wird uns die ganze Zeit versichert, daß dies in Wirklichkeit, das heißt im Gehirn, nichts „Psychologisches", sondern etwas „Physiologisches" ist. Für eine Scheinobjektivität wird ein ganzes Wörterbuch einer neuen Terminologie erfunden, mit dessen Hilfe diese psychologischen „Variablen" in eine neue, nicht sofort verständliche Form gekleidet werden.

Es steht außer Zweifel, daß der psychologische Inhalt der intervenierenden Variablen eine eigene physiologische Grundlage hat. Solange dies jedoch nur physiologische Prozesse bleiben, müssen sie auch physiologisch untersucht werden, aber dann sind sie weder „Zeichen“ noch „Erwartung“ noch „Schlußfolgerung“. Treten sie jedoch als psychische Prozesse auf, erfordern sie als psychische Widerspiegelung von Situationen eine neue und nun bereits eine psychologische Untersuchung und Erklärung. Mit anderen Worten, die Notwendigkeit, die intervenierenden Variablen zu berücksichtigen, stellt die Vertreter des Neobehaviorismus erneut vor die Wahl: entweder nur Physiologie, aber dann sind die psychologischen Charakteristika der intervenierenden Variablen nicht geeignet; oder nicht nur Physiologie, sondern auch Psychologie. Aber wo liegen denn dann die neuen Möglichkeiten der eigentlichen psychologischen und dabei objektiven Untersuchung?

Die intervenierenden Variablen werden von den Neobehavioristen im Ergebnis einer sozusagen illegalen und theoretisch ungerechtfertigten psychologischen Verhaltensanalyse postuliert. Obgleich der Neobehaviorismus weiterhin in der Theorie die Bedeutung des Psychischen negiert, ist er in der Praxis gezwungen, den realen Anteil des Psychischen am Verhalten anzuerkennen und seine psychologischen Charakteristika zu benutzen. Mit einem Wort, als neue Lehre vom Gegenstand der Psychologie erwies sich der Behaviorismus als doppelt unhaltbar: er konnte den psychologischen Inhalt des Verhaltens nicht bestimmen und war nicht in der Lage, das Verhalten ohne die Hilfe der traditionellen psychologischen „Variablen“ zu erklären.

Die Behavioristen negierten das Psychische und seine Untersuchung aus Furcht vor dem subjektiven Faktor und einer prinzipiell unwissenschaftlichen Betrachtungsweise. Wie *Rubinstein* richtig zeigte, erklärt sich dieser Umstand dadurch, daß der Behaviorismus nur jene Vorstellung vom Psychischen kannte und akzeptierte, die er für die Wissenschaft als annehmbar betrachtete (vgl. *Rubinstein* 1969, S. 231 ff. und 1977, S. 26). Natürlich war das keine Besonderheit allein des Behaviorismus. Diese Vorstellung vom Psychischen teilte der Behaviorismus mit der gesamten bürgerlichen Psychologie und Philosophie. Wahrscheinlich wurde es dadurch den Vertretern des Behaviorismus auch gar nicht bewußt, daß nicht die Annahme des Psychischen an sich unwissenschaftlich ist, sondern ihre falsche Vorstellung vom Psychischen, und daß nicht das Psychische aus der Wissenschaft auszuschließen ist, sondern eben diese unwissenschaftliche und denaturierte Vorstellung vom Psychischen.

1.3. Die Entwicklung von Ansichten über die psychische Tätigkeit in der sowjetischen Psychologie

Gegenstand der Psychologie und psychische Tätigkeit sind nicht identisch, die Vorstellungen über sie sind jedoch eng miteinander verknüpft. Die in den Arbeiten der sowjetischen Psychologen theoretisch und experimentell erarbeitete Interpretation der Natur und der Erscheinungsformen der psychischen Tätigkeit trug entscheidend zur Herausbildung jener Konzeption des Gegenstands der Psychologie bei, die wir im vorliegenden Buch darzulegen versuchen.

Der Frage nach ihrem Gegenstand wurde in der sowjetischen Psychologie allerdings keine besondere Aufmerksamkeit gewidmet. In der komplizierten und schwierigen Anfangsperiode ihrer Entwicklung (den 20er Jahren) wurde der Kampf für den Materialismus und gegen den Idealismus geführt, der vor der Revolution die offizielle Psychologie bestimmte. Lediglich auf dieser allgemein-methodologischen Ebene wurde die Frage diskutiert, ob die subjektiv-idealistische Psychologie durch die Reflexologie oder Reaktologie zu ersetzen sei. Selbst in der Diskussion der Jahre 1971/72 (vgl. *Bassin* 1971, 1972; *Jaroschewski* 1971; *Ponomarjow* 1971; *Wetrow* 1972), die den Gegenstand der Psychologie direkt betraf, ging der Streit nicht darum, was diesen Gegenstand tatsächlich bildet, sondern darum, welcher Teil des traditionell verstandenen Gegenstands der Psychologie unter dem Druck der numerischen Mathematik und der Elektronenrechenanlagen erhalten bleiben kann, da diese eine immer größere Anwendung finden und die Gefahr besteht, daß sie in der Perspektive die Psychologie aus der Analyse der Erkenntnisfunktionen verdrängen werden.

Nach dem I. Allunionskongreß zur Erforschung des menschlichen Verhaltens (1930) wurden in der sowjetischen Psychologie als Gegenstand der Psychologie „... unsere Gefühle, Vorstellungen, Gedanken, Strebungen und Wünsche, die jedem Menschen aus eigener Erfahrung gut bekannt sind", erklärt (*Teplow* 1960, S. 9).[3] Äußerlich ähnelt dies der Definition des Gegenstands der Psychologie, die von den Anhängern der empirischen und der physiologischen Psychologie vertreten wird. In der sowjetischen psychologischen Wissenschaft beinhaltete dieser Verweis jedoch etwas anderes. Im Lichte der grundlegenden Thesen des dialektischen und des historischen Materialismus zum Psychischen, seiner Beziehung zum Gehirn und zur menschlichen Tätigkeit wurde trotz des Verweises auf „unsere Gedanken, Gefühle, Wünsche usw." die ausschließliche Betrachtung des Psychischen als des Subjektiven und die Beschränkung der Analyse psychischer Erscheinungen auf die Introspektion (Selbstbeobachtung) von vornherein ausgeschlossen. In den Untersuchungen der „Gedanken, Wünsche usw." berücksichtigte man deren objektiven Inhalt und objektive Erscheinung, ihre objektive Funktion, die physiologischen Grundlagen usw. Ihr gleichzeitig subjektiver Charakter wurde lediglich als eine Erscheinungsform und nicht als hauptsächliches Merkmal dieser Prozesse betrachtet. In den konkreten Untersuchungen konnte umfangreiches und verschiedenartiges Material gesammelt werden, das diese psychischen Prozesse von verschiedenen Seiten aus charakterisierte.

Für die allgemeine Interpretation des Psychischen war in der sowjetischen Psychologie die Lehre des historischen Materialismus von der Rolle des Bewußtseins in der menschlichen Tätigkeit von besonders großer Bedeutung (vgl. *Teplow* 1947 und *Petrowski* 1967, Kap. 3.3.). In der bürgerlichen Psychologie wurde Bewußtsein erstens als eine gewisse allgemeine Eigenschaft aller bewußt wahrgenommenen Erscheinungen, gleichsam als Licht, in dem sie alle auftreten, bezeichnet, und zweitens als

3 „Es sind unsere *Wahrnehmungen, Gedanken, Gefühle,* unsere *Strebungen, Absichten, Wünsche* usw." (*Rubinstein* 1977, S. 17).
„Das Wahrnehmen ..., mein Wunsch ..., meine Erinnerung ..." – diese Erscheinungen „wurden unter Bezeichnungen wie ‚Wahrnehmung', ‚Gedächtnis', ‚Denken', ‚Wille', ‚Gefühl' usw. in Gruppen zusammengefaßt, die in ihrer Gesamtheit das darstellen, was wir als ... das Psychische ... betrachten" (*Petrowski* 1976, S. 21).

das Bewußtsein der Gegenwart dieser Erscheinungen, gleichsam das Miterleben der eigenen psychischen Tätigkeit. Zum Unterschied hiervon erklärt der historische Materialismus das Bewußtsein als eine spezifische Besonderheit des Psychischen beim Menschen, das sich im System der gesellschaftlichen Beziehungen, in der Arbeit, auf der Grundlage der Sprache und der Aneignung verschiedener Formen des gesellschaftlichen Bewußtseins herausbildet. In den grundlegenden Thesen des historischen Materialismus wird ferner nicht nur die Bedingtheit des menschlichen Bewußtseins durch das gesellschaftliche Sein betont, sondern auch die aktive Rolle des Bewußtseins in der menschlichen Tätigkeit, seine Bedeutung bei der Interpretation der objektiven Bedingungen und der Aufgaben der menschlichen Tätigkeit, was *Lenin* wie folgt ausdrückte: „Das Bewußtsein des Menschen widerspiegelt nicht nur die objektive Welt, sondern schafft sie auch" (1973 b, S. 203). Die Interpretation des Bewußtseins als einer notwendigen Komponente der aktiven Tätigkeit „mit entsprechenden Veränderungen" wird auf alle Formen des Psychischen, einschließlich der psychischen Tätigkeit der Tiere, ausgedehnt. Bei den Tieren beschränkt sich diese Tätigkeit natürlich nur auf die Anpassung an die Umwelt. Dies ist jedoch eine aktive und keine passive Anpassung (die nur durch die Verknüpfung von Stimuli und fertigen Mechanismen des Reagierens bestimmt wird).

Diese allgemeine Interpretation des Psychischen, die von der Position des dialektischen und des historischen Materialismus ausgeht, wird in der sowjetischen Psychologie in immer größerem Maße theoretisch und experimentell verwirklicht. Für ihre theoretische Begründung waren die Lehre von *Wygotski* (vgl. 1956; 1960) über die Entstehung und die Natur der höheren psychischen Funktionen und die Lehre von *Leontjew* (vgl. 1975) und *Rubinstein* (vgl. 1969; 1970; 1973) über das Verhältnis des Psychischen zur gedanklich gesteuerten äußeren gegenständlichen Tätigkeit, die die Bezeichnung „Problem der Tätigkeit in der Psychologie" erhielt, von besonders großer Bedeutung.

Der grundlegende Gedanke der Lehre *Wygotskis* bestand darin, daß sich die psychische Tätigkeit nach dem Muster der äußeren Tätigkeit aufbaut. Beim Menschen ist sie durch die Anwendung von Werkzeugen und durch gesellschaftlich determinierte, objektiv vorgegebene Verfahren zu ihrer Verwendung gekennzeichnet, während die Tätigkeit bei den Tieren durch angeborene, instinktive Mechanismen und durch die unmittelbare Wechselwirkung mit dem äußeren Milieu bestimmt wird. Die nur dem Menschen eigenen höheren psychischen Funktionen entstehen nach Ansicht *Wygotskis* aus den Formen der sprachlichen Kommunikation zwischen den Menschen, denen Zeichen als „Werkzeuge" dienen. Dies sind vor allem Sprachzeichen, die sich im Lernprozeß, das heißt in der gemeinsamen Tätigkeit von Kind und Erwachsenem entwickeln. Daher ist der Unterricht, ob er nun organisiert oder unorganisiert ist, die allgemeine Aktivitätsform, in der sich die psychische Entwicklung vollzieht, und die psychische Tätigkeit ist ein von der äußeren gegenständlichen Tätigkeit abgeleiteter und sie unterstützender Prozeß.

Diese allgemeinen Thesen *Wygotskis* konnten in den experimentellen Untersuchungen *Leontjews* (vgl. 1931) zur Entwicklung des mittelbaren Einprägens und der Aufmerksamkeit überzeugend bestätigt werden. In diesen Versuchen mit Kindern wurde folgende grundlegende Tatsache festgestellt: Probanden der jüngsten Altersgruppe sind nicht in der Lage, zur Organisierung ihrer psychischen Tätigkeit Zeichen zu verwenden. Probanden der mittleren Gruppe können diese Mittel bereits verwenden, jedoch nur unter der Bedingung, daß sie sich vor ihren Augen befinden, und nur die Probanden der ältesten Gruppe sind nicht mehr vom Vorhandensein äußerer Mittel abhängig, da sie diese systematisch durch eigene „Vorstellungen" ersetzen. Die Anwendung dieser „psychologischen Instrumente" erhöht die Effektivität der Aufmerksamkeit und des Einprägens rapid. Werden diese Effektivitätskennziffern graphisch dargestellt, erhält man das bekannte Bild des „Parallelogramms der Entwicklung der Mittel der Handlung".

Zum Unterschied von der französischen soziologischen Schule, in der ebenfalls angenommen wurde, daß die gesellschaftlichen Vorstellungen interiorisiert und zu Vorstellungen des einzelnen Menschen werden, setzte *Wygotski* nicht die Vorstellungen an den Anfang, sondern die objektiven Formen der sprachlichen Kommunikation im Prozeß der realen, gegenständlichen, gemeinsamen Tätigkeit. Die Wortbedeutungen bilden die ideelle Seite der formalen Sprachstrukturen. Sie werden vom Kind selbst nach und nach in der realen Tätigkeit bestimmt. Das Kind arbeitet mit den Erwachsenen zusammen, und seine psychische Entwicklung verläuft zusammen mit der Erweiterung und Vertiefung seiner Beziehungen zur Umwelt.

In der bürgerlichen Psychologie galt das „Psychische" stets als etwas ursprünglich Innerliches. Daher sahen viele progressive Vertreter dieser Richtungen den einzigen Weg zur Untersuchung der psychischen Erscheinungen in der Untersuchung der parallel verlaufenden physiologischen Prozesse. *Wygotski* behauptete etwas grundlegend anderes: die objektiven, äußeren Formen der menschlichen Tätigkeit werden zu Formen der psychischen Tätigkeit; es existiert ein besonderer Prozeß – der Prozeß der Verwandlung der intersubjektiven, objektiven Formen in intrasubjektive, „subjektive" Formen oder auch „Subjektformen"; schließlich wurde der Weg dieser Verwandlung – „das Hineinwachsen von außen nach innen" – skizziert (dies zwar nur in den allgemeinsten Zügen, was aber gleichsam als Aufforderung zur weiteren Untersuchung zu verstehen war). Diese Thesen brachen mit der jahrhundertelang herrschenden subjektiv-idealistischen Konzeption des Psychischen, sie stellten neue Aufgaben und zeichneten einen neuen Weg für die Entwicklung des theoretischen Denkens in der experimentellen Forschung.

Im „Problem der Tätigkeit" wurde die andere, nur in den Arbeiten *Wygotskis* aufgeworfene Seite der prinzipiellen Frage nach der Beziehung der psychischen Tätigkeit zur äußeren, gegenständlichen Tätigkeit des Subjekts tiefgehend weiterentwickelt. Zum Unterschied vom Behaviorismus wurde in der sowjetischen Psychologie die gedankliche Durchdringung (осмысленность)[4] der menschlichen Tätigkeit betont und nicht nur ihr subjektiver als vielmehr ihr objektiv-gesellschaftlicher Charakter hervorgehoben; das Denken des Kindes nähert sich dieser gedanklichen Durchdringung nur nach und nach.

[4] Der Terminus „осмысленность" hat in der deutschen Sprache keine direkte Entsprechung. Man trifft mit Ausdrücken wie „gedankliche Durchdringung", „gedankliche Steuerung", „Bewußtheit" der Handlung etwa den gemeinten Sachverhalt.

Leontjew und *Rubinstein* unterstrichen, daß die psychische Tätigkeit nicht nur aus den Formen der Kommunikation, sondern auch aus anderen Formen der menschlichen Tätigkeit entsteht. Sie beschränkten sich dabei nicht nur auf ihre Entstehung, sondern schlossen auch die weitere Existenz, sozusagen innerhalb der äußeren Tätigkeit als ihren eigentlichen psychologischen Mechanismus, mit ein. Außerdem betonten sie die unterschiedliche Abhängigkeit des Psychischen von diesen gegenständlichen Formen der äußeren Tätigkeit. Die allgemeine These lautete, daß sich die psychische Tätigkeit nicht nur nach den Mustern der äußeren gegenständlichen Tätigkeit aufbaut, sondern im wesentlichen auch ihre besondere Variante bleibt, die in dieser äußeren Tätigkeit enthalten ist, durch ihre Interessen lebt, bei ihr ihre Möglichkeiten entlehnt (insbesondere die der instrumentalen Vermittlung) und sowohl hinsichtlich der Funktion als auch hinsichtlich der Entwicklung von der Stellung in der Struktur dieser äußeren Tätigkeit abhängt.

Dem vielseitigen theoretischen und experimentellen Beweis dieser Thesen waren die Bemühungen zahlreicher sowjetischer Psychologen der 30er bis 60er Jahre gewidmet. So faßte während einer ganzen Generation unter den sowjetischen Psychologen immer fester der Gedanke Fuß, daß die Interpretation der psychischen Tätigkeit gerade in ihren Beziehungen zur äußeren gegenständlichen Tätigkeit zu suchen ist.

Die Konkretisierung der grundlegenden Thesen des dialektischen und des historischen Materialismus zum Psychischen wurde durch die Sammlung umfangreichen Faktenmaterials in zahlreichen experimentellen psychologischen Untersuchungen gefördert. Diese Fakten kann man der Bedeutung nach, die sie für unser Problem – für die Erklärung des Gegenstands der Psychologie – besitzen, in drei Gruppen einteilen.[5]

1. Daten über die erstaunliche Ähnlichkeit der Bedingungen,

[5] In diesem kurzen schematischen Abriß dessen, was in der Entwicklung der sowjetischen Psychologie die Interpretation ihres Gegenstands beeinflußt hat, ist es nicht möglich, selbst nur die Namen aller Autoren aufzuzählen. Eine gute, wenn auch nicht vollständige Zusammenstellung der Untersuchungen sowie bibliographische Angaben sind in dem Buch „Die psychologische Wissenschaft in der UdSSR“ (*Smirnow* 1959/1960) enthalten.

von denen der Erfolg sowohl der psychischen Prozesse als auch der äußeren Tätigkeit abhängt. Das bezieht sich besonders auf jene psychischen Funktionen, deren Mechanismen anscheinend am wenigsten mit irgendeiner äußeren Tätigkeit in Verbindung gebracht wurden, zum Beispiel bei den Erscheinungen des Gedächtnisses (wie sie in den Untersuchungen von *Leontjew, P. I. Sintschenko* und *Smirnow* dargestellt sind), bei der Ausbildung von Fertigkeiten (in den Untersuchungen von *Schwarz, Asnin* und *Sokolow* und besonders in einer Reihe von Arbeiten von *Saporoshez* und *Elkonin* sowie ihren zahlreichen Mitarbeitern).

2. Auf verschiedenen Gebieten gewonnene Daten, die die sofort eintretende und schnelle Reduzierung der ursprünglich entfalteten psychischen Tätigkeit nachweisen. Diese Reduzierung führt dazu, daß die zunächst inhaltlich und in ihren Mechanismen voll verständliche geistige Tätigkeit, die deutlich eine ebensolche äußere Tätigkeit reproduziert, infolge der Reduzierung (sofern man diesen Vorgang nicht kennt) zu etwas nicht Wiedererkennbarem und Unverständlichem wird. Die verblüffende Feststellung derartiger Veränderungen wurden in den unter *Teplow* und *Schewarjow* durchgeführten Untersuchungen gemacht. Im Prozeß einer solchen Reduzierung zeichneten sich folgende Stufen ab: a) die entfaltete äußere Handlung, b) ihre mehr oder weniger entfaltete Reproduzierung „im Kopf" und c) ihre reduzierte und automatisierte Ausführung, von der in der Selbstbeobachtung nur das unbestimmte Gefühl eines gewissen Prozesses und sein Resultat bleiben. Bei einer derartigen Gegenüberstellung dieser aufeinanderfolgenden Formen drängt sich der Gedanke nach der Herkunft dieses „äußerst eigenartigen" psychischen Prozesses aus einer ihrer Funktion nach gleichartigen, ihrem Inhalt nach aber völlig verständlichen, äußeren, sinnvollen, gegenständlichen Tätigkeit von selbst auf.

3. Daten, die denselben Prozeß (die Bildung einer konkreten psychischen „Erscheinung") direkt vom „Übergang von außen nach innen" her beleuchteten. Diese Fakten bestanden darin, daß neue Aufgaben anfangs leichter in äußerer Form, durch Operationen „an den Gegenständen selbst" zu erfüllen sind, schwieriger in Form des lauten Überlegens und am schwierigsten in Form von inneren, „geistigen" Operationen. Diese drei Schwierig-

keitsstufen sind auch die drei aufeinanderfolgenden Aneignungsstufen, die im Vorschulalter und im frühen Schulalter besonders prägnant sind. Später sind diese Beziehungen weniger streng zu differenzieren, die mittlere Stufe – das laute Überlegen – entfällt meist oder erweist sich als unwesentlich. Damit verliert der ganze Prozeß den genetischen Zusammenhang und mit diesem auch seine prinzipielle Bedeutung.

Für die nachstehend in diesem Buch entwickelte Interpretation des Gegenstands der Psychologie waren die Untersuchungen von *Leontjew* (über die Umwandlung der subsensorischen Reize in sensorische), die Untersuchungen von *Saporoshez* (über die Organisation der Orientierungstätigkeit bei der Herausbildung physischer und später auch perzeptiver Handlungen) sowie die Untersuchungen von *Elkonin* (über die Ausbildung der verschiedenartigen „geistigen Handlungen") von besonderer Bedeutung.

In den Untersuchungen *Leontjews* (zur Entwicklung der Lichtempfindlichkeit der Haut der Handflächen und des „absoluten Gehörs" bei Menschen mit schlechtem Hörvermögen) gab es stets zwei determinierende Bedingungen: die grundlegende praktische Handlung (das Ertasten einer Metallkugel in einem dunklen Kasten, das Nachsingen eines vorgegebenen Tones) und das Suchen eines orientierenden Merkmals (eines Signals, das davor warnt, daß sich die Kugel unter Strom befindet, das Vergleichen des vorgegebenen und des reproduzierten Tones), das heißt die eigentliche psychische Tätigkeit. Sie führte auch zum Auftreten der Sensibilität gegenüber zuvor nicht empfundenen Reizen. Die Wechselbeziehung zwischen der äußeren gegenständlichen Tätigkeit und der psychischen Tätigkeit, die die erstere unterstützt und die sich ihren Bedürfnissen entsprechend entwickelt, tritt in diesen Versuchen mit großer Deutlichkeit auch an kritischem Material zutage (vgl. *Leontjew* 1964, Kap. I).

Ende der 40er und im Laufe der 50er Jahre führte *Saporoshez* mit einer Gruppe von Mitarbeitern einen Zyklus von Untersuchungen durch, die außerordentlich anschaulich und überzeugend zeigten, daß die Ausbildung neuer Handlungen in entscheidendem Maße davon abhängt, wie beim Kind die Orientierung über Bedingungen und inhaltlichen Prozeß der Handlung organisiert wurde. Es konnte deutlich gezeigt werden (und der Autor spricht direkt davon), daß im Orientierungsteil nicht nur der ganze Operationsinhalt der Handlung vertreten ist, sondern auch all das enthalten sein muß, was zu berücksichtigen ist, soll die Handlung richtig und ohne Abweichungen ausgeführt werden. Der Orientierungsteil ist umfassender als der Ausführungsteil und enthält Hinweise sowohl auf die positiven als auch auf die negativen Bedingungen (vgl. *Saporoshez* 1960).

Von den seinerzeit unter der Leitung von *Saporoshez* durchgeführten Untersuchungen ist für uns die Arbeit von *W. P. Sintschenko* zur Entwicklung einer perzeptiven Handlung von besonderem Interesse, in der es um das visuelle Verfolgen eines Weges in einem Labyrinth geht (vgl. 1960, S. 70–115). Allgemein betrachtet laufen ihre Ergebnisse darauf hinaus, daß das Kind zuerst lernt, den Weg im Labyrinth mit dem Finger unter visueller Kontrolle zu verfolgen, und erst danach ergibt sich für das Kind die Möglichkeit, nur visuell an die Erfüllung der analogen Aufgabe zu gehen. Die Evolution einer perzeptiven Handlung ist von prinzipiellem Interesse. Anfangs kopiert sie den Weg der Hand, dann beginnt sie immer größere Teile des Labyrinths „abzuschneiden", indem sie „schräg" (durch die Wände) geht, und schließlich endet sie mit der „Blickbewegung" direkt vom „Eingang" zum „Ausgang". Bei etwas verlangsamter Bewegung ist der Proband hierbei jedoch in der Lage festzustellen, ob die Struktur des Labyrinths nicht verändert wurde, was eine Veränderung des früheren Weges erforderlich machen würde. Bei dieser Untersuchung verdient der Umstand besondere Aufmerksamkeit, daß die abschließende Form der perzeptiven Handlung ihrer Ausgangsform überhaupt nicht ähnlich ist und noch weniger ihrem materiellen Prototyp. Kennt man nicht ihre Entwicklung und ihre auf diese Weise erfolgte Umgestaltung, kann man in der abschließenden Form der ideellen Handlung weder ihren wirklichen Inhalt noch (und dies noch weniger) ihre Entstehung erkennen.

Von den zahlreichen Untersuchungen *Elkonins* möchten wir hier kurz auf zwei eingehen. Die erste ist seine bekannte Methode des Erstleseunterrichts. Das Wesen dieser Methode besteht darin, daß das zu lesende Wort durch eine Abbildung des Gegenstands (den es bezeichnet) dargestellt wird und daß für die Analyse des Lautbestandes des Wortes unter der Abbildung ein Schema vorgegeben ist, das aus einer horizontalen Reihe von Kästchen (entsprechend der Anzahl der Laute) besteht. Die Laute werden nacheinander aus dem Wort herausgelöst und die Kästchen werden mit den Buchstaben gefüllt. Unmittelbar danach wird der mittlere Vokal durch einen anderen ersetzt, danach durch einen dritten usw. Das Kind liest jetzt diesen neuen Laut im Zusammenhang mit den verbliebenen. Das Schema unter der Zeichnung des Gegenstands wird zu einem Mittel der lautlichen Analyse und der Synthese (vgl. *Elkonin* 1956 und 1962).

Die zweite hier zu betrachtende unter der Leitung von *Elkonin* durchgeführte Untersuchung von *Gameso* betraf die Entwicklung des Vermögens, „eine geographische Karte zu lesen". In diesem Prozeß traten die grundlegenden Entwicklungsetappen der neuen Fähigkeit und damit des neuen Abbilds deutlich zutage: das vorausgehende Kennenlernen der Aufgabe, das materielle Reproduzieren des Objekts (sein Modellieren aus feuchtem Sand), danach die verbale, aber sorgfältige Erörterung der Besonderheiten der Örtlichkeit einschließlich ihres Charakters, dann die Ausführung des gleichen Prozesses bereits in Form des Sprechens „für sich selbst", aber noch in einzelnen Abschnitten, und schließlich die Ausführung aller Operationen auf „geistiger Ebene" bei Äußerung nur der endgültigen Schlußfolgerungen (vgl. *Gameso* 1972).

Faßt man die Ergebnisse der angeführten Untersuchungen zusammen, so bilden sie einen beträchtlichen Teil dessen, was später die vereinbarte Bezeichnung „etappenweise Ausbildung geistiger Handlungen und Begriffe" erhielt und bereits mit meinen eigenen Untersuchungen und denen meiner Mitarbeiter zusammenhing. Diese Untersuchungen wurden Ende der 40er Jahre begonnen und werden bis heute fortgesetzt.

Die Aufnahme dieser Arbeiten resultierte aus der Enttäuschung über die traditionellen Methoden der Untersuchung des sogenannten „schöpferischen Denkens". Ich kam zu dem recht trivialen Schluß: die Möglichkeiten der vernünftigen (und um so mehr der schöpferischen) Lösung von Aufgaben hängen wesentlich von der Qualität der früher erworbenen Kenntnisse und Fähigkeiten ab. Folglich besteht die erste Aufgabe darin, die Entwicklung dieser „Kenntnisse und Fähigkeiten" mit den gewünschten Eigenschaften zu gewährleisten. Die Realisierung dieser Forderung führte zu einer Veränderung des gewohnten Untersuchungsganges: statt den Prozeß unter diesen oder jenen Bedingungen oder bei einer bestimmten Veränderung der Bedingungen zu registrieren, verfolgten wir die Strategie, diese Bedingungen so zu gestalten, daß sie die Entwicklung von vorgegebenen Handlungen (und mit ihnen der Vorstellungen und Begriffe von den Objekten dieser Handlungen) mit zuvor bestimmten Eigenschaften gewährleisteten.

Das Bedingungssystem, das die Entwicklung der „Kenntnisse und Fähigkeiten" mit den vorgegebenen Eigenschaften gewährleistet, erwies sich als recht kompliziert, als inhomogen und als System, das eine exakte, geordnete Methodik seiner Realisierung erfordert. Im Vergleich dazu wirken die heute sogar bei Laboruntersuchungen eingehaltenen Bedingungen wie isolierte, vereinzelte, ungenügend zusammenhängende Teile. Bei einem kompletten System notwendiger Bedingungen verläuft der Entwicklungsprozeß weitaus leichter und schneller, und die Streuung hinsichtlich des Lernerfolgs wird geringer bei gleichzeitiger Leistungssteigerung. Kenntnisse und Fähigkeiten werden in einer weitaus früheren Altersstufe erreichbar; dadurch verändert sich die Wechselbeziehung zwischen Unterricht und geistiger Entwicklung, und die geistige Entwicklung selbst erscheint in einem neuen Licht.

Es zeigte sich weiterhin, daß auch das vollständige Bedingungssystem, das die Entwicklung neuer Kenntnisse und Fähigkeiten gewährleistet, auf unterschiedliche Weise kombiniert und im individuellen oder frontalen Unterricht realisiert werden kann. Anstelle einer einheitlichen Entwicklung von „sinnlichen Abbildern, Begriffen, geistigen und perzeptiven Handlungen" wurden die drei grundlegenden Typen dieses Prozesses bestimmt, von denen einer den Weg zur systematischen Anwendung des sogenannten „Problemunterrichts" eröffnet; und sie alle zusammen skizzieren außerdem die Hauptmotivationstypen des Lernprozesses (vgl. *Galperin* 1967; 1967 a).

Was sich in diesen Untersuchungen direkt auf den Gegenstand des vorliegenden Buches bezieht, wollen wir hier kurz resümieren. Als Abbilder sollen alle jene psychischen Widerspiegelungen bezeichnet werden, in denen sich vor dem Subjekt die Gegenstände und Beziehungen der objektiven Realität auftun. Die Abbilder entdecken dem Subjekt die Umwelt und die Möglichkeit, sich in ihr zu orientieren. Diese beiden Funktionen gilt es hervorzuheben, denn durch die Abbilder werden dem Subjekt erstens die Objekte selbst (noch vor der folgenden physischen Begegnung mit ihnen) entdeckt, und zweitens erlauben es die Abbilder dem Subjekt, sich in den Eigenschaften und Beziehungen der Umwelt zu orientieren.

Will man neue Kenntnisse und Fähigkeiten entwickeln, so vereinigen sich diese zwei Funktionen der Abbilder entweder auf ein einziges Objekt (der Wahrnehmung, der Vorstellung, des Begriffs) – dann sind sie schwer zu unterscheiden –, oder sie teilen sich zwischen dem Objekt und dem Wissen über dieses. Aber das Wissen fungiert als Invariante in bezug auf die Möglichkeiten seiner Verwendung, in bezug auf seine Orientierungsfunktion. Die letztere gehört gänzlich zur psychischen Tätigkeit, und unter diesen Bedingungen ist sie ebensowenig faßbar wie in allen anderen Fällen. Offensichtlich ist damit auch die im Grunde paradoxe Tatsache zu erklären, daß die Entwicklung von Kenntnissen und Fähigkeiten in der Lebenserfahrung, im Schulunterricht und in den Laboruntersuchungen es bisher nicht erlaubte, den prozessualen Gehalt dieser psychischen Tätigkeit zu bestimmen.

Eine wesentlich andere Situation ergibt sich bei der Entwicklung neuer Kenntnisse und Fähigkeiten, neuer Abbilder und „geistiger Handlungen“, wenn der Prozeß unter Berücksichtigung des vollständigen Systems der notwendigen Bedingungen (vollständig für Probanden mit den notwendigen „vorausgehenden Kenntnissen und Fähigkeiten“) und in Verbindung mit einer „etappenweisen Abarbeitung“ der zu entwickelnden Erscheinungen organisiert wird. Die Mittel und Verfahren des Umgangs mit den Objekten (um diese zu erkennen, zu untersuchen und umzuwandeln) können auf Kärtchen geschrieben oder dargestellt werden. So können diese Hinweise nach kurzer vorausgehender Erklärung unmittelbar in der Handlung angewendet werden. Und dies eröffnet die Möglichkeit, erstens sehr komplizierte Handlungen auszuführen, die man ohne eine solche äußere Stütze kaum in der richtigen Reihenfolge derart vollständig, exakt und klar ausführen könnte; zweitens wird ein solches Orientierungskärtchen dazu benutzt, eine Reihe speziell zusammengestellter Aufgaben entsprechend dem Verfahren der etappenweisen Ausbildung zu lösen, und es wird der Weg zur Aneignung ihres Inhalts ohne vorausgehendes Einprägen frei. Aber vielleicht ist es von noch größerer Bedeutung, daß hierbei eine genaue Trennung der beiden Abbildfunktionen erfolgt: die Darstellung des Handlungsobjekts und die Darstellung der Mittel zur Orientierung in diesem Objekt. Damit wird eine aktive Orientierung erreicht. Die Orientierungstätigkeit erscheint als ein selbständiger Prozeß, der die Möglichkeit einer zielgerichteten Steuerung der verschiedenen gegenständlichen Handlungen eröffnet.

Wenn der Proband das Orientierungskärtchen (d. h. das zur aktiven Orientierung dienende Kärtchen) für die Lösung eines Systems von verschiedenartigen, speziell zusammengestellten Aufgaben verwendet und der sogenannten etappenweisen Ausbildung folgt (vgl. *Galperin* 1967; 1967 a), hört er bald auf, das Kärtchen zu benutzen, reproduziert aber dessen Inhalt zunächst noch mündlich. Dann wird diese mündliche Äußerung verkürzt und der Proband reproduziert ihren Inhalt nur „im Geiste" (auf den Inhalt verweist der Versuchsleiter, indem er die Nummer der nächstfolgenden Vorschrift nennt). In der letzten Etappe, in der auch diese Hinweise wegfallen, beginnt das differenzierte Erinnern an den Inhalt des Orientierungskärtchens schnell kürzer zu werden; gegen Ende erfolgt bereits beim Kennenlernen des neuen Materials dessen schnelle Analyse, an die sich „unmittelbar" das „Verstehen" des Materials und die entsprechende Handlung anschließen.

Schließlich wird die eigentliche Orientierungstätigkeit, die bei der Ausbildung neuer Handlungen und Abbilder so notwendig ist, verkürzt, und der Prozeß wird automatisiert. Das bringt große praktische Vorteile mit sich, und äußerlich sichtbar bleibt nur das Endergebnis des Prozesses. Dies kann entweder ein bestimmtes Abbild sein (z. B. das Ergebnis einer Rechnung „nach Formel", das bestimmte Sehen eines Bildes) oder eine bestimmte Handlung (z. B. das Schreiben eines Wortes, das Zersägen eines Brettes, das Befeilen eines Einzelteils). Sowohl für die äußere Beobachtung als auch für die Selbstbeobachtung stellt sich in diesem Endstadium der Prozeß so dar, als würde die übernommene Aufgabe das eine oder andere Ergebnis unmittelbar hervorbringen. Der eigentliche psychologische Gehalt dieser sichtbaren Resultate bleibt unklar, und ihre psychologischen Mechanismen treten nicht zutage. Es entsteht die Illusion der unmittelbaren Erzeugung des konkreten Produkts (der psychischen Erscheinung oder physischen Handlung) durch die nervalen Gehirnmechanismen.

Diese Illusion wird nur unter folgenden Bedingungen zerstört: 1. wenn wir die gesamte Entwicklung dieses Endproduktes, die „Entstehungsgeschichte" der Orientierungstätigkeit selbst, die dem neuen Aufgabentyp entspricht, und auf der Grundlage der Orientierungstätigkeit sowie zusammen mit ihr den Entstehungsprozeß der äußeren Handlung und ihres Endproduktes genau kennen; 2. wenn wir alle Differenzierungen sowohl des Orientierungsteils als auch des Ausführungsteils der Handlung sowie alle Umgestaltungen kennen, die sie beim Übergang von der einen Etappe auf eine andere durchmachen, und auf diese Weise die Möglichkeit haben, die Rolle der Orientierungstätigkeit des Subjekts auf jedem Schritt dieses Prozesses zu berücksichtigen und zu werten; 3. wenn wir die aufeinanderfolgenden Veränderungen der Orientierungstätigkeit im Entwicklungsprozeß und danach in der Anwendung der entstandenen Handlungen und Abbilder verfolgen (und das ist nur bei exakt organisierter etappenweiser Ausbildung deutlich sichtbar). Nur unter Berücksichtigung aller dieser Daten erhalten wir die Möglichkeit, den eigentlichen psychologischen Inhalt eines solchen „vielseitigen" Objekts, wie es die psychische Tätigkeit darstellt, die Frage nach dem Gegenstand der Psychologie, zu bestimmen.

Folglich wird im Prozeß der „gelenkten Ausbildung geistiger Handlungen", besonders in den Anfangsetappen dieses Prozesses, klar und deutlich eine besondere Tätigkeitsart sichtbar – die Orientierung des Subjekts in der Problemsituation. Diese charakteristische Tätigkeit stützt sich auf psychische Widerspiegelungen, sie hängt deutlich von deren Qualität ab, reduziert sich jedoch nicht auf sie oder ihre Kombinationen, sondern, im Gegenteil, bestimmt selbst Form und Maß der Beteiligung einer jeden von ihnen am gesamten funktionalen System dieser Tätigkeit. Nicht die „psychischen Erscheinungen" bedingen die Orientierungstätigkeit, sondern umgekehrt, die Orientierungstätigkeit bestimmt deren Auswahl und Kombinationen, deren Weiterentwicklung und, wie die Versuche *Leontjews* zeigen, die Umwandlung der nichtempfundenen Reize in empfundene.

Betrachtet man die „psychischen Erscheinungen" jedoch als primär und folglich zuerst an sich, außerhalb ihrer Beteiligung an der Orientierungstätigkeit des Subjekts, so stellen sie sich unausweichlich als Epiphänomene dar und werden zu Sackgassen des philosophischen und des psychologischen Denkens. Beginnen muß man bei der Funktion: im System dieser integralen Funktion – der Orientierung des Subjekts in dem, was es braucht, abstrahiert von dem, was vorliegt, was vom Subjekt aber weniger dringend benötigt wird – tritt die tatsächliche, die praktische Rolle des Psychischen im Leben, man kann sagen, tritt das Wesen des Psychischen und zusammen damit der wirkliche Gegenstand der Psychologie zutage.

Bisher begann die Psychologie stets beim Entgegengesetzten, das heißt bei den Bedingungen für diese wie auch für jede andere Tätigkeit. Und das zwingt uns dazu, die grundlegenden Vorstellungen der Psychologie unter dem Aspekt der Anerkennung der Orientierungstätigkeit als primär und als die wahre Natur dessen zu betrachten, was summarisch und kontemplativ „psychische Tätigkeit" genannt wird.

Kapitel 2
Der dialektische Materialismus über das Psychische

2.1. Lenin über den Gegenstand der Einzelwissenschaft

Die früheren Vorstellungen vom Gegenstand der Psychologie waren zum Teil deshalb unhaltbar, weil es unmöglich schien, die psychologischen Erscheinungen von der Vielzahl der anderen im konkreten Objekt auftretenden Erscheinungen zu unterscheiden. Das Problem hängt somit eng mit der allgemeinen Vorstellung vom Gegenstand der einzelnen Wissenschaften und seinem Unterschied zu den konkreten Objekten zusammen, deren eine Seite er darstellt. Zu diesem Problem finden wir bei *Lenin* eine exakte Erklärung.

In einer Reihe seiner Arbeiten gibt es Hinweise und Überlegungen dahingehend, daß jedes Objekt viele Seiten hat und daß jede derartige Seite Untersuchungsgegenstand einer einzelnen Wissenschaft ist. *Lenin* weist genau darauf hin, wie man diese Seiten betrachten muß, will man Willkür bei der Wahl irgendeiner Seite und eklektisches Verknüpfen verschiedener (und ebenfalls willkürlich gewählter) Seiten vermeiden. Eine diesbezügliche Bemerkung finden wir bereits in den „Philosophischen Heften" (1914–1916) (*Lenin* 1973 b, S. 353); bedeutend ausführlicher geht er jedoch in dem bemerkenswerten Beitrag „Noch einmal über die Gewerkschaften" (1921) auf dieses Problem ein.

Hier erklärt *Lenin* den Unterschied zwischen Dialektik, formaler Logik und Eklektik und untersucht folgendes Beispiel: „Da kommen zwei Menschen und fragen einander, was das Trinkglas ist . . . Der eine sagt: ‚Das ist ein Glaszylinder . . .' Der zweite sagt: ‚Das Glas, das ist ein Trinkgefäß . . .' . . . Das Glas besitzt aber nicht nur diese zwei Merkmale oder Eigenschaften oder Seiten, sondern eine unendliche Zahl anderer Merkmale, Eigenschaften, Seiten, Wechselbeziehungen und ‚Vermittlungen' mit der gesamten übrigen Welt. Ein Glas ist ein schwerer Gegenstand, der ein Wurfinstrument sein kann. Ein Glas kann als Briefbeschwerer, als Behälter für einen gefangenen Schmetterling dienen, ein Glas kann von Wert sein als ein Gegenstand mit künstlerischer Gravierung oder Zeichnung, ganz unabhängig davon, ob es sich zum Trinken eignet, ob es aus Glas gefertigt, ob seine Form zylindrisch oder nicht ganz zylindrisch ist, und so weiter und dergleichen mehr.

Weiter. Brauche ich jetzt ein Glas als Trinkgefäß, so ist es für mich absolut unwichtig zu wissen, ob seine Form ganz zylindrisch und ob es wirklich aus Glas gefertigt ist, dagegen ist es wichtig, daß der Boden keinen Sprung aufweist, daß man sich nicht die Lippen verletzt, wenn man dieses Glas benutzt usw. Brauche ich dagegen ein Glas nicht zum Trinken, sondern zu einer Verwendung, für die jeder Glaszylinder taugt, so genügt mir auch ein Glas mit einem Sprung im Boden oder sogar ganz ohne Boden usw." (*Lenin* 1973 a, S. 84 f.).

Das Glas als Wurfgeschoß ist Gegenstand der Ballistik, als Gefäß für einen Schmetterling ist es Ausrüstungsgegenstand des Entomologen, als Kunstgegenstand Gegenstand der angewandten Kunst, als Ware Gegenstand der politischen Ökonomie, als Trinkgefäß Gegenstand der Hauswirtschaft usw. Auf diese Weise kann ein und dasselbe Ding Untersuchungsgegenstand so verschiedener Wissenschaften wie Ballistik, Entomologie, Kunst, Produktionstechnologie, politische Ökonomie usw. werden. Das Glas als konkretes Objekt kann von unbegrenzt vielen Wissenschaften untersucht werden. Und eine jede Wissenschaft untersucht nicht „einfach das Glas“ und nicht das „ganze Glas“, das heißt alle seine „Seiten“, sondern nur eine von ihnen (eine bestimmte Gesamtheit von Eigenschaften und Gesetzmäßigkeiten), die die Einzelwissenschaft auch zum Gegenstand ihrer Untersuchung macht.

In dem Konspekt zur „Metaphysik“ des *Aristoteles* schreibt *Lenin: „Buch 13, Kap.* 3 löst diese Schwierigkeiten vortrefflich, bestimmt, klar, *materialistisch* (die Mathematik und andere Wissenschaften abstrahieren *eine* der Seiten des Körpers, der Erscheinung, des Lebens)“ (1973 b, S. 353).

Es ist nicht schwer, die tiefe Berechtigung des *Lenin*schen Hinweises für jedes konkrete Objekt und für jede Wissenschaft zu verstehen; daß sich mit ein und demselben Objekt viele Wissenschaften beschäftigen können und jede einzelne eine Seite, „ihre“ Seite, hervorhebt. Daher ist es falsch, irgendein Objekt (ein Ding, einen Prozeß, eine Erscheinung) als Gegenstand der Untersuchung zu bezeichnen. Es ist falsch, weil nichts über die Hauptsache ausgesagt wird, darüber, was denn eigentlich in diesem Objekt eben diese Wissenschaft untersuchen kann und muß.

Die *Lenin*sche Unterscheidung zwischen dem einzelnen Objekt und seinen verschiedenen Seiten, von denen eine jede den Gegenstand einer Einzelwissenschaft bildet, deckt sofort den in den traditionellen Definitionen des Gegenstands der Psychologie enthaltenen Fehler auf: „Bewußtseinserscheinungen“ und „Verhalten“ sind konkrete Objekte, sie sind jedoch nicht Untersuchungsgegenstand irgendeiner Wissenschaft allein. Intuitiv ist man davon überzeugt, daß es sowohl in den Bewußtseinserscheinungen als auch im Verhalten etwas gibt, was die Psychologie untersuchen muß. Da diese spezifische Seite aber nicht hervorgehoben ist, bleiben wir bei dem globalen, unartikulierten Hinweis auf das konkrete, vielseitige Objekt. Und diejenige Seite des Objekts, die den Gegenstand gerade der psychologischen Wissenschaft ausmacht und bei deren Untersuchung sie von keiner anderen Wissenschaft ersetzt werden kann, bleibt ebenfalls unbestimmt. Der Gegenstand der Psychologie wurde im Grunde genommen nicht nur nicht definiert, sondern eigentlich sogar nicht einmal angegeben! Und der Verweis auf das Objekt (das Ding, den Prozeß, die Erscheinung) schuf die reale Gefahr anzunehmen, daß die Psychologie dieses ganze Objekt (das ganze Psychische, das ganze Verhalten) erforscht.

Werden denn aber die Bewußtseinserscheinungen oder das Verhalten nur durch die Psychologie untersucht? Nehmen wir einen beliebigen psychischen Prozeß, zum Beispiel die Wahrnehmung oder das Denken, werden diese etwa nur von der Psychologie untersucht? Sowohl die Erkenntnistheorie als auch die Physiologie, die Pädagogik, die Ästhetik und die Entwicklungsgeschichte (der menschlichen Gesellschaft, des Kindes), alle diese Wissenschaften untersuchen, eine jede von ihrer Seite her, ebenfalls die Wahrnehmung, das Denken und die anderen psychischen Prozesse. Dieselben Fragen kann und muß man auch in bezug auf die Gefühle, die Phantasie, den Willen, das Gedächtnis usw. stellen. Womit muß sich denn die Psychologie in all diesen Arten der psychischen Tätigkeit zum Unterschied von den anderen Wissenschaften, die sie ebenfalls untersuchen (oder haben sie darauf ein geringeres Recht), beschäftigen? Offensichtlich reicht ein einfacher Verweis auf die sogenannten psychischen Prozesse zur Bestimmung des Gegenstands der Psychologie, das heißt zur Bestimmung dessen, was die Psychologie in diesen Prozessen untersuchen kann und muß, überhaupt nicht aus.

Mit noch größerer Offensichtlichkeit beziehen sich diese Erwägungen auf das Verhalten. Wird es etwa nicht von der Ethik, der Biomechanik, der Kybernetik, der Pädagogik, der Neurophysiologie, der Soziologie, der Ästhetik usw. erforscht? Natürlich wird es von diesen Wissenschaften erforscht, eine jede tut dies von ihrem Gesichtspunkt aus. Worin besteht aber dann die eigentliche psychologische „Seite" des Verhaltens? Solange sie nicht bestimmt ist, schließt das Verhalten den „Gegenstand der Psychologie" ein (richtiger wäre es vielleicht, zu sagen, verbirgt das Verhalten ihn in sich); ist es jedoch nicht unmittelbar. Weder das „einfache Verhalten" noch das „gesamte Verhalten" bilden diesen Gegenstand. Hebt man die psychologische „Seite" des

Verhaltens aus allen anderen Seiten heraus, so bedeutet dies auch, daß durchaus nicht das gesamte Verhalten Gegenstand der Psychologie ist.[6]

Worin besteht nun die psychologische Seite der Erscheinungen des Bewußtseins und des Verhaltens? Allein das Aufwerfen einer solchen Frage bedeutet, daß wir nicht nur der Definition des Gegenstands der Psychologie bedürfen, sondern auch der exakten Angabe derjenigen Merkmale, an denen man die eigentlichen psychologischen Erscheinungen erkennen und bestimmen könnte. Bisher wurden sogar die psychologischen Erscheinungen nur intuitiv erfaßt. Sie wurden von ebensolchen „unmittelbaren Erscheinungen" anderer Art nicht unterschieden und blieben als Gegenstand der wissenschaftlichen Forschung unbekannt.

2.2. Lenin über den Begriff Materie. „Physisches und Psychisches"

Außerhalb des dialektischen Materialismus wurden und werden die Vorstellungen vom Psychischen auf den Gegensatz von „Physischem und Psychischem", auf den Dualismus von Materie und Geist reduziert. Die Materie (das „Physische") wird als unmittelbare Gegebenheit betrachtet und das „Psychische" als das, was übrig bleibt, wenn man das „Physische" abzieht. So bestimmte die Vorstellung von der Materie die Vorstellung vom „Psychischen".

In dieser alten Vorstellung von der Materie wurde jedoch der philosophische Begriff durch den physikalischen ersetzt, und das Physische wurde auf die Vorstellung vom Stoff als dem passiven Träger und Überträger der Kraft, nicht aber als ihrer Quelle reduziert. Daher wurden die Kräfte als etwas Immaterielles

[6] In dem angeführten Beitrag *Lenins* sind bemerkenswerte Gedanken darüber enthalten, daß man eine Frage von verschiedenen Seiten her untersuchen muß und was zu tun ist, um bei der Auswahl einer oder mehrerer von ihnen Willkür zu vermeiden (vgl. *Lenin* 1973 a, S. 84 f.). Auf diese Hinweise *Lenins* kommen wir im Zusammenhang mit der Frage nach der Erforschung komplexer Probleme unter Beteiligung der Psychologie und der angrenzenden Wissenschaften noch zurück (Kap. 3.8. und Kap. 5).

oder nicht ganz Materielles betrachtet. Selbst die Form der materiellen Körper wurde nicht als ihre eigentliche Eigenschaft betrachtet, sondern als Resultat der Einwirkung gewisser immaterieller Faktoren auf den Stoff angesehen. Man suchte die Ursache für die Bewegung und Entwicklung in der unbelebten und der belebten Natur außerhalb der Materie. So fragte man in kosmogonischen Hypothesen nach dem ersten Anstoß; in der Entwicklung der Lebewesen sah man die Erscheinungsform einer „Lebenskraft“, in der psychischen Tätigkeit des Menschen die Erscheinungsform der „Seele“, eines Elements, das dem Körper absolut entgegengesetzt war. Sogar in der Physik der Neuzeit wurden ständig Versuche unternommen, um entweder aus der Materie die Kräfte zu beseitigen (*Descartes* und die Kartesianer), oder aber umgekehrt, die Materie selbst auf die Wirkung von Kräften (*Leibniz, Boscovich*) und später auf die Energie (*Ostwald*) zu reduzieren und auf diese Weise die Materie als etwas im Grunde Immaterielles darzustellen.

Ende des vergangenen Jahrhunderts, als in der Physik die revolutionären Entdeckungen begannen (die Konstanz der Lichtgeschwindigkeit in verschiedenen Richtungen in bezug auf die Erdbewegung, die Radioaktivität, der Atomzerfall usw.), begann die alte, anschaulich wahrnehmbare Vorstellung von der Materie als einem passiven Stoff zu zerbrechen. Der Zusammenbruch dieser Vorstellung wurde von den Vertretern des streitbaren Idealismus mit Jubel begrüßt und als Zusammenbruch der Materie, als Widerlegung des Materialismus durch die Wissenschaft erklärt. Diese „Widerlegung“ wurde von *Lenin* auf glänzende Weise entlarvt (1973, S. 249 ff.). Er verweist auf die zwei Quellen der „Geistesverwirrung“ unter den Naturwissenschaftlern: das Ersetzen des philosophischen Materiebegriffs durch den physikalischen und die völlige Unkenntnis der materialistischen Dialektik.

Das Ersetzen des philosophischen Begriffs durch den physikalischen kommt darin zum Ausdruck, daß man anstelle der Charakteristik der objektiven Realität als des Erkenntnisgegenstandes von der einen oder anderen Struktur eines allgemeinen Trägers der physischen (und nur der physischen) Erscheinungen spricht. Diese ungerechtfertigte Verallgemeinerung einiger physischer Eigenschaften, die angeblich die ganze und jede Materie charakterisieren, enthält bereits die Basis des Dualismus von „Physischem und Psychischem". Sie bildet die Grundlage für den Ausschluß ihrer anderen Arten und Eigenschaften aus der Materie. Natürlich ändern sich entsprechend der Weiterentwicklung des Wissens auch die Vorstellungen von der Grundlagenstruktur der physischen Erscheinungen und erweisen sich frühere Vorstellungen als falsch; diese Negierung der gewohnten Vorstellungen von der Materie wird von einigen jedoch als Negierung der Materie selbst aufgefaßt.

Lenin hob hervor, daß der eigentliche philosophische Materiebegriff diese nur als objektive Realität charakterisiert, die in Raum und Zeit sowie unabhängig vom Bewußtsein existiert und Selbstbewegung besitzt. Der dialektische Materialismus enthält sich bewußt jeglicher Hinweise auf die eine oder andere Struktur oder auf die Eigenschaft der physischen Materie und überläßt die Lösung dieser Fragen der Einzelwissenschaft.

Aber der philosophische Materiebegriff bedeutet sehr viel. Die Existenz in Raum und Zeit schließt aus der objektiven Realität jede Art von „Geistern" aus, als deren kennzeichnendes Merkmal stets die Unabhängigkeit ihrer Existenz und ihrer Wirkung von den Begrenzungen durch Raum und Zeit betrachtet wurde.

Die Unabhängigkeit vom Bewußtsein schließt die subjektiv-idealistische Deutung der Materie als einer „Erscheinung" des menschlichen, tierischen oder göttlichen Bewußtseins aus.

Die in dialektisch-materialistischem Sinne verstandene Selbstbewegung bedeutet erstens die Anerkennung der ursprünglichen inneren Quelle der Bewegung und Entwicklung und zweitens die Interpretation der Entwicklung als Übergang quantitativer Veränderungen in qualitative unter Bildung immer neuer Formen der Natur und ihrer Eigenschaften. In diesem Sinne befreit diese Auffassung von der Selbstbewegung als einer der Grundeigenschaften der Materie von der Notwendigkeit, den Kausalzusammenhang für alles außerhalb der Welt Existierende zu suchen, und ordnet qualitativ verschiedene Formen der Materie in eine einheitliche Evolutionsreihe ein. Eine jede von ihnen geht aus der vorausgehenden hervor, kann aber bereits nicht mehr auf sie reduziert werden.

Die erstmals von *Lenin* gegebene exakte dialektisch-materialistische Definition des Materiebegriffs verlangt eine (nicht philosophische, sondern eine einzelwissenschaftliche) Überarbeitung der miteinander verknüpften Begriffe „Physisches", „Ideelles" und „Psychisches" und vor allem jener Merkmale der Unterscheidung von „Seele und Körper", die außerhalb des dialektischen Materialismus und bis zum heutigen Tage die theoretische Begründung des Dualismus sind.

Descartes gebührt die (in der historischen Retrospektive zweifelhafte und heute bereits unbestritten negative) Ehre, die exakten Merkmale eines solchen ontologischen Dualismus angegeben zu haben. Als Unterscheidungsmerkmale betrachtete er für den Körper die Ausdehnung und für die „Seele" das „Denken" (im Sinne von Empfindung, Erleben, Bewußtwerden des physischen Prozesses selbst). Wenn ein auf Ausdehnung reduzierter Körper unmittelbar mit Empfindung, mit Erleben verglichen wird, sehen sie derart verschiedenartig aus, daß sie eigentlich überhaupt keine Vergleichsgrundlage mehr aufweisen. Bei einem solchen Vergleich des Zusammenhangs zwischen ihnen, des Übergangs des einen in den anderen kann man sich nicht auf das Bekenntnis beschränken: „Wir wissen nicht", sondern man muß sagen: „Und werden es niemals erfahren!" Dies sagte auch seinerzeit *Du Bois-Reymond* in seiner aufsehenerregenden Rede im Jahre 1882 (vgl. 1901), der übrigens hiermit nichts prinzipiell Neues aussprach. Und solange eine solche Unterscheidung von „Psychischem und Physischem" gemacht wird, ist der Abgrund zwischen ihnen absolut und unüberwindlich.[7]

Es ist jedoch so, daß die Reduzierung des Materiellen auf das Physische und des Physischen auf Ausdehnung einerseits und die Reduzierung des Psychischen auf Empfindung (der eigenen psychischen Tätigkeit) andererseits prinzipiell falsch ist.

Die Materie existiert in Raum und Zeit, erschöpft sich aber keineswegs mit diesen Eigenschaften und beschränkt sich nicht

[7] Damit erklärt sich auch das idealistische Schwanken solcher großen Naturwissenschaftler und Physiologen des Zentralnervensystems wie *Sherrington*, *Eccles*, *Adrian* u. a. (vgl. *Sherrington* 1934 und 1940; *Eccles* 1953 und *Adrian* 1966).

auf sie. Bereits die Selbstbewegung ist etwas prinzipiell Neues. Sie zeugt von einem „inneren Widerspruch", der eine gewisse Struktur und eine Wechselwirkung der Teile voraussetzt, die ebenfalls in Raum und Zeit erfolgt, sich aber in keiner Weise auf sie reduziert. Vom Standpunkt des dialektischen und des historischen Materialismus beschränkt sich das Materielle überhaupt nicht auf das Physische, und es werden natürlich auch nicht alle Formen der materiellen Wirklichkeit durch physische Maße charakterisiert. So sind zum Beispiel die Produktionsbeziehungen der Menschen in jeder menschlichen Gesellschaft materiell im strengsten dialektisch-materialistischen Sinne: sie existieren in einer bestimmten Gesellschaft und damit in einem bestimmten Raum und einer bestimmten Zeit. Produktionsbeziehungen werden aber mit Zeit- und Längenmaßen nicht gemessen. Hinsichtlich dieser Beziehungen zu fragen, „welche Dicke sie haben", ist ebenso dumm, als würde man diese Frage in bezug auf den Wunsch oder auf die Freude stellen, auf den Begriff oder auf die Vorstellung (wie dies die Vertreter der idealistischen Interpretation des Psychischen tun). Die politökonomischen Charakteristika der Dinge, zum Beispiel der Ware, der Rente, des Tauschwerts oder des Mehrwerts im System der Warenproduktion hängen so eng mit den natürlichen Eigenschaften der Dinge zusammen, daß sie als ebensolche natürlichen Eigenschaften dieser Dinge dargestellt werden. Es bedurfte der genialen Analyse von *Marx*, um diesen „Warenfetischismus" zu entlarven (*Marx/Engels* 1975, S. 85 ff.). Aber die ökonomischen Charakteristika der Dinge sind auch in Wirklichkeit materiell – sie existieren in Raum und Zeit einer bestimmten Gesellschaft und hängen nicht von ihrer Interpretation durch die Menschen ab, sondern umgekehrt, sie bestimmen diese Interpretation. In der Warengesellschaft sind dies materielle, aber nicht physische Eigenschaften, und daher werden sie ebenfalls weder nach Metern noch nach Stunden gemessen, wenn auch der Tauschwert einer Ware nach der gesellschaftlich notwendigen Zeit für ihre Produktion bestimmt wird. Dies ist aber ihre Produktionszeit in dieser Gesellschaft, und nicht die astronomische Zeit an und für sich.

Was die Empfindung der eigenen psychischen Tätigkeit betrifft, so ist es für die moderne Psychologie bereits kein Geheimnis mehr, daß sie ein Produkt der Selbstbeobachtung ist, die wiederum ein Produkt der gesellschaftlichen Erziehung darstellt. In einer jeden Gesellschaft unterweist man ein jedes Mitglied von Geburt an, bestimmten Vorbildern und Regeln zu folgen und diese auch später beizubehalten und selbständig zu überwachen. Wendet man sich der Selbstbeobachtung zu, entdeckt man stets ein derartiges „Erleben seiner selbst". Es ist aber nur in dem Maße verständlich, in dem diese Selbstbeobachtung anerzogen wurde und sich entwickelt hat. Bekanntlich vervollkommnet sich die Selbstbeobachtung mit der Übung, und das, was früher nicht erlebt wurde, kann nunmehr erlebt werden. Aber vieles im seelischen Leben bleibt auch außerhalb der Grenzen der Selbstbeobachtung, es wird nicht bemerkt, obgleich es unzweifelhaft als Widerspiegelung der objektiven Situation und des ablaufenden Prozesses beteiligt ist (z. B. in den Prozessen des sog. schöpferischen Denkens, im „Sprachgefühl", in der technischen Intuition u. a. m.).

Somit ist sogar beim Menschen die Empfindung der eigenen psychischen Tätigkeit keine allgemeine Eigenschaft der psychischen Prozesse (wenngleich sie auch eine der charakteristischen Besonderheiten seiner gesellschaftlichen Psyche darstellt). Psychisches gibt es auch bei den Tieren, bei denen wir allen Grund haben, ein solches Bewußtsein der eigenen psychischen Tätigkeit zu negieren. Die Empfindung der psychischen Tätigkeit ist durchaus keine universelle Eigenschaft des Psychischen, und nicht sie unterscheidet das „Psychische" vom „Physischen".

Wenn sich das Materielle auf das Physische beschränkt, dann ist alles Nichtphysische immateriell, und sein offensichtliches Vorhandensein wird als „anschaulicher Beweis" für das ideelle Sein betrachtet. Dies ist jedoch ein weiterer grober Fehler. Die Welt ist einheitlich und „die wirkliche Einheit der Welt besteht in ihrer Materialität" (*Lenin* 1973, S. 111). Es gibt kein Ideelles als eine besondere Art des Seins. Das bedeutet jedoch nicht, daß es überhaupt kein Ideelles gibt. Eben aus diesem falschen Schluß wird die Behauptung abgeleitet, über die *Lenin* folgendes schrieb: „Daß man in den Begriff der Materie auch die Gedanken einzubeziehen habe, wie es Dietzgen in den ‚Streifzügen' (S. 214 des zit. Buches) wiederholt, ist eine Konfusion, denn dadurch verliert die erkenntnistheoretische Gegenüberstellung von Materie und Geist, von Materialismus und Idealismus ihren Sinn, eine Gegenüberstellung, auf der Dietzgen selbst besteht" (*Lenin* 1973, S. 244). Es wird also deutlich, daß der Begriff Ideelles in seinem konkreten Inhalt nicht verworfen werden darf, sondern gründlich überarbeitet werden muß.

Welcher konkrete Inhalt ist nun gemeint, wenn man vom Ideellen spricht? Das ist vor allem das Abbild, das Abbild irgendeines Gegenstands, eines Prozesses oder einer Erscheinung (vgl. *Iljenkow* 1962 und 1974, S. 187 ff.; *Kondakow* 1978), das heißt das Abbild des Objekts und nicht das Objekt selbst, und in diesem Sinne ist es ein anderes, ein ideelles Objekt. Dieses andere Objekt ist in zwei Beziehungen „ideell". Erstens sind seine Merkmale – wie viele es auch immer sein mögen und in welch komplizierter Verknüpfung sie sich auch immer befinden mögen – im Abbild ohne Zusammenhang mit den anderen Eigenschaften des Originals oder dessen materieller Widerspiegelung dargestellt, ohne die in Wirklichkeit keinerlei „Ding" existieren kann. Zweitens dient diese Isolierung der Merkmale des Abbilds von den übrigen Merkmalen der tatsächlich existierenden Dinge, von seinem Original oder seiner Abbildung der Reinigung des Abbilds von allem Unwesentlichen. Im Abbild tritt der Gegenstand nur in seinen wesentlichen Merkmalen auf; übrigens kommt von hier der Zusammenhang der Begriffe „Ideelles" und „Vollkommenes". Der psychologische Vorzug einer solchen Widerspiegelung des Gegenstands in Gestalt seines Abbilds, in dem nur das vertreten ist, was für die physische oder gedankliche Handlung wesentlich ist, ist offensichtlich. Aber es gibt auch eine Kehrseite dieses Vorzugs: das Abbild zeigt sich als ein Sachverhalt, der von den Beschränkungen der materiellen Dinge frei ist, es zeigt sich als ein ideelles Sein. Das ist die Illusion des Denkens, das über Abbilder zu urteilen beginnt, während es nur über jene Vorstellungen verfügt, die es in der Erfahrung mit physischen Dingen erlangt hat.

Zum Unterschied vom Materiellen, das unabhängig vom Bewußtsein, vom Psychischen existiert, existiert das Abbild nur im Bewußtsein, nur im Psychischen. Das Ideelle ist nicht eine Art des Seins, sondern jene Gesamtheit der Merkmale eines Objekts, die sich dem Subjekt zeigt, ihm erscheint, sie ist die Erscheinungsweise des Objekts für das Subjekt. Dies entspricht der bekannten Definition des Ideellen, wie sie von *Marx* gegeben wurde, daß „... das Ideelle nichts andres als das im Menschenkopf umgesetzte und übersetzte Materielle" ist (*Marx/Engels* 1975, S. 27). Als eine solche Erscheinung für das Subjekt ist das Ideelle nur der Inhalt der psychischen Widerspiegelung der objektiven Realität. *Lenin* schreibt dazu: „Freilich ist auch der Gegensatz zwischen Materie und Bewußtsein nur innerhalb sehr beschränkter Grenzen von absoluter Bedeutung: im gegebenen Fall ausschließlich in den Grenzen der erkenntnistheoretischen Grundfrage, was als primär und was als sekundär anzuerkennen ist. Außerhalb dieser Grenzen ist die Relativität dieser Entgegensetzung unbestreitbar" (1973, S. 142 f.). *Lenin* betont (nach der zitierten Stelle über Dietzgen): „Außerhalb dieser Grenzen mit der Gegensätzlichkeit von Materie und Geist, von Physischem und Psychischem als mit einer absoluten Gegensätzlichkeit zu operieren, wäre ein gewaltiger Fehler" (ebenda, S. 244). Außerhalb der Materie existiert nichts, aber einige „hochorganisierte Körper", Organismen, besitzen die Eigenschaft der psychischen Widerspiegelung, in der dem Subjekt die Objekte ideell erscheinen. Nur in dieser „Erscheinung" existiert auch das Ideelle, und dieses ist eigentlich auch Inhalt und Objekt einer solchen „Erscheinung".

2.3. Das Psychische als besondere Eigenschaft der hochorganisierten Materie

Bei der Behandlung der allgemeinen Charakteristika des Psychischen – sowohl beim Menschen als auch bei den Tieren – möchten wir auf zwei Thesen des dialektischen Materialismus über das Psychische eingehen, denen zuzustimmen kein unvoreingenommener Naturwissenschaftler umhin kann: das Psychische ist eine besondere Eigenschaft der hochorganisierten Materie, es ist das Produkt der Tätigkeit, einer Funktion des Gehirns und Widerspiegelung der objektiven Realität. Gehen wir darauf näher ein:

1. Das Psychische ist eine besondere Eigenschaft der hochorganisierten Materie.

Damit wird behauptet: das Psychische ist Eigenschaft und nicht „Substanz“ oder einzelnes „Ding“ (Gegenstand, Prozeß, Erscheinung, Kraft), als das es in allen vormarxistischen und nichtmarxistischen Lehren betrachtet wurde. Nur bei *Spinoza* wird das „Denken“ als Attribut der Substanz verstanden, und mit dieser Aussage ging er in der vormarxistischen Philosophie schon am weitesten. Dennoch entspricht sie nicht mehr dem heutigen Wissensstand: Attribut ist bei *Spinoza* nicht Eigenschaft, noch dazu abgeleitete, sondern „das, was der Verstand von der Substanz als das erfaßt, was ihr Wesen ausmacht“ (*Spinoza* 1877, S. 9) – Wesen, und nicht Eigenschaft, und dabei etwas Primäres und Ewiges. Der mechanische Materialismus betrachtete das Psychische (wenn er sich auch nicht dazu entschloß, es völlig zu negieren) als eine „Erscheinung“, die der gesamten materiellen Welt gegenüber absolut andersartig ist (und machte hierin ein prinzipielles Zugeständnis an den Idealismus). Obgleich der mechanische Materialismus anerkannte, daß das Psychische vom Gehirn erzeugt wird und nicht von seiner physiologischen Grundlage zu trennen ist, betrachtete er weiterhin den Zusammenhang von Psychischem und materiellen Prozessen als unverständlich (zur Erklärung dieses Zusammenhangs nahm *Priestley* die Hilfe Gottes in Anspruch). Viele Dualisten (*Fechner*, *Ebbinghaus*) kamen überein, das Psychische als die „innere, subjektive Seite“ der materiellen Prozesse anzuerkennen, als fest in ihr verhaftete „subjektive Sicht“ und nicht als Eigenschaft, da die Eigenschaft in der Wechselwirkung mit anderen Dingen zutage tritt.

Die erste Schlußfolgerung aus der großen historischen Erfahrung, die durch den Filter der naturwissenschaftlichen und der philosophischen Analyse gegangen ist, die Schlußfolgerung, daß das Psychische nur eine Eigenschaft, und zwar Eigenschaft nur der hochorganisierten materiellen Körper ist, steht in einem entschiedenen Widerspruch zu allen Versuchen, den Dualismus zu „ordnen“ (und zu bewahren).

2. Das Psychische ist eine Eigenschaft der hochorganisierten Materie; also nicht jeder Materie, sondern nur der hochorgani-

sierten, die folglich relativ spät, auf einer hohen Entwicklungsstufe der Welt entsteht. In der modernen Naturwissenschaft wird dies einfach erklärt: das Psychische entsteht nur bei lebenden Körpern, bei Organismen, und nicht bei allen, sondern nur bei den Tieren, und selbst nicht einmal bei allen Tieren, sondern nur bei denen, die durch eine aktive, mobile Lebensweise in einer komplizierten Umwelt gekennzeichnet sind (vgl. *Leontjew* 1964). Sie müssen ihr Verhalten den unaufhörlichen Veränderungen dieser Umwelt und ihrer Position in dieser aktiv und ständig anpassen. Das macht einen neuen Hilfsapparat für das Verhalten erforderlich – die psychische Tätigkeit.

Bei der Beurteilung dieser einfachen These muß man bedenken, daß es bisher weder den Psychologen noch den Philosophen, die auf den Positionen des am meisten gemäßigten Dualismus – des psychophysischen Parallelismus – stehen, gelungen ist, Merkmale aufzuzeigen, mit deren Hilfe man sicher über das Vorhandensein oder das Fehlen von Psychischem bei einem anderen Wesen (Organismus, Körper, Struktur) urteilen kann. Aus diesem Grund wurden folgende einander direkt entgegengesetzte Behauptungen aufgestellt: jeglicher Materie ist Psychisches eigen (Panpsychismus) oder es ist nur dem Subjekt eigen (Solipsismus). Von diesen Spekulationen bringt uns die vorsichtige Konstatierung der Tatsache, daß das Psychische nur der „hochorganisierten Materie" eigen ist, zur objektiven Lage der Dinge und ihren schwierigen, aber realen Problemen zurück.

Als Eigenschaft, die nur bei hochorganisierten Wesen auftritt, ist das Psychische keine universelle und keine primäre Eigenschaft, sondern eine sekundäre und abgeleitete. Sie setzt das Vorhandensein von Mechanismen voraus, die sie erzeugen, sowie ihre unzweifelhafte Nützlichkeit für den Organismus, der diese Produktion rechtfertigt. Mit einem Wort, entgegen der traditionellen idealistischen Vorstellung vom Psychischen (über die es sich nicht zu sprechen lohnte, wenn sie nicht so verbreitet wäre) muß das Psychische sowohl von den sie realisierenden physiologischen Mechanismen her als auch hinsichtlich ihrer Rolle im Verhalten naturwissenschaftlich erklärt werden.

3. Das Psychische ist eine besondere Eigenschaft. Vor dem Hintergrund der subjektiv-idealistischen Vorstellungen vom Psy-

chischen wurde ihre „Besonderheit" als eine Ausschließlichkeit in bezug auf die gesamte materielle Welt verstanden. Unter dem Aspekt des dialektischen Materialismus bedeutet diese „Besonderheit" etwas völlig anderes, nämlich erstens, das Psychische ist nicht auf die physiologischen Prozesse, die sie erzeugen und die ihre physiologische Grundlage bilden, reduzierbar, und zweitens, die zwei großen Entwicklungsstufen der Organismen im Prozeß der Evolution der organischen Welt werden in die ohne Psychisches und die mit psychischer Tätigkeit ausgerüstete Entwicklungsstufe unterteilt.

Die Eigenschaften eines Körpers zeigen sich in seiner Wechselwirkung mit anderen Körpern, und das Psychische als Eigenschaft bildet keine Ausnahme von dieser Regel. Es kommt ebenfalls in der Wechselwirkung mit anderen Körpern zum Ausdruck, aber als eine besondere Eigenschaft zeichnet es sich dadurch aus, daß die Organismen, die Psychisches aufweisen, bereits vor dem Zusammentreffen mit anderen Körpern deren Eigenschaften voraussehen und berücksichtigen können. Das wäre ohne das Psychische geheimnisvoll und unverständlich, aber einfach dadurch, daß es vorhanden ist, sind in der psychischen Widerspiegelung der objektiven Realität bereits jene Dinge vertreten, denen zu begegnen dem Organismus erst noch bevorsteht.

Natürlich geht bei einer solchen Vorwegnahme auch die Wechselwirkung selbst auf andere Weise vor sich als ohne sie. Daher besteht das Besondere des Psychischen nicht nur darin, daß es sich qualitativ von seiner physiologischen Grundlage unterscheidet, sondern auch noch darin, daß dank der psychischen Widerspiegelung bei den Organismen, die Psychisches aufweisen, zum Unterschied von den Organismen, die nur auf die physiologischen Beziehungen zum äußeren Milieu beschränkt sind, zusätzliche, neue Formen der Wechselwirkung mit der Umwelt herausgebildet werden, die weitaus umfassender, elastischer und für ihre Existenz und ihre Entwicklung geeigneter sind.

Auf diese Weise schließt die Charakteristik des Psychischen als einer „besonderen Eigenschaft" dieses nicht aus dem allgemeinen Zusammenhang der materiellen Welt aus, sondern im Gegenteil schließt sie diese in sie ein. Sie schließt sie jedoch nicht auf gleicher Ebene mit den anderen ebenfalls qualitativen Veränderungen ein, sondern als Sprung in der Existenz der „hochorganisierten Materie“, als Übergang nicht nur zu den lebenden Körpern, sondern auch zu den mit neuen Möglichkeiten, den Möglichkeiten der zielgerichteten Handlungen, ausgestatteten Körpern. Diese neuen Möglichkeiten werden dank der psychischen Widerspiegelung der objektiven Realität aufgedeckt. Und die Entwicklung einer solchen Widerspiegelung bei den höheren Tieren ist die Garantie für das, was beim Menschen in der Folge die Form des Bewußtseins erhält.

2.4. Das Psychische als Funktion des Gehirns, als Widerspiegelung der objektiven Realität

Jede dieser Thesen kann man einzeln betrachten. Sie müssen aber auch im Zusammenhang gesehen werden.
Zunächst wird in konkreter Form behauptet, daß das Psychische durch ein materielles Organ, das Gehirn, realisiert wird, wodurch faktisch, „nicht mit Worten, sondern tatsächlich“, der Abgrund zwischen dem Materiellen und dem „Ideellen“ negiert, beseitigt wird, und daß das „Ideelle“ als Produkt der Tätigkeit des Gehirns, als Funktion der hochorganisierten Materie anzusehen ist. Als Gegenstand der speziellen wissenschaftlichen Untersuchung bildet diese Tätigkeit des Gehirns das Gebiet der Psychophysiologie.
Die zweite These bietet die Lösung der Grundfrage der marxistisch-leninistischen Erkenntnistheorie, sie steht für das umfangreiche und komplizierte Gebiet der Philosophie.
Das Wesentliche für die Psychophysiologie sind die physiologischen Prozesse, die das Psychische realisieren; Hauptsache für die Erkenntnistheorie sind die Bedingungen der Erkenntnis der objektiven Realität und das Wahrheitskriterium. Diese Wissensgebiete sind in dem Maße von der Psychologie unabhängig, in dem die Gesetzmäßigkeiten der Hirntätigkeit einerseits und die Gesetze der Erkenntnis der Realität andererseits die Bedingungen der psychischen Tätigkeit diktieren, die für alle Menschen und unter allen Umständen gleichartig sind. Aber gleichzeitig setzen sowohl die Psychophysiologie als auch die

Erkenntnistheorie die Existenz der Psychologie als einer selbständigen Wissenschaft voraus. Würden die Vertreter der Psychophysiologie die Psychologie prinzipiell negieren, so bedeutete dies, daß die psychischen Erscheinungen, sobald sie vom Gehirn realisiert werden, nicht erforscht zu werden brauchen, da sie ohne selbständige, wesentliche Bedeutung sind, mit anderen Worten, daß solche Psychophysiologen vom psychophysischen Parallelismus, das heißt vom bescheidenen, „anständigen" Dualismus ausgehen. Eine Erkenntnistheorie, die die psychologischen Untersuchungen des Erkenntnisprozesses nicht voraussetzt, sondern sie sogar negiert, muß notgedrungen anerkennen, daß die Erkenntnistätigkeit kein konkreter Prozeß ist, sondern „reiner Verstand", und daß sein Subjekt „reiner Geist" ist. Sowohl das eine wie das andere wird vom dialektischen und historischen Materialismus entschieden abgelehnt. Die Psychologie ist die konkrete Wissenschaft von jener neuen Form der Tätigkeit der Organismen, in der psychische Widerspiegelungen genutzt werden und die sowohl die Tätigkeit des Gehirns in bezug auf die Realisierung der Widerspiegelungen akzeptiert als auch auf die Sorge der Vertreter der Gnoseologie um das Kriterium der objektiven Wahrheit dieser Widerspiegelungen rechtfertigt.
Das Gehirn realisiert das Psychische als Widerspiegelung der objektiven Realität – das ist der offensichtliche Zusammenhang zwischen diesen beiden Thesen (vgl. *Petrowski* 1967, S. 138). Aber wozu benötigt der Organismus die psychischen Widerspiegelungen der objektiven Realität? Für jemanden, der die Schule der klassischen empirischen und der physiologischen Psychologie (sowie der folgenden psychologischen Richtungen, die übrigens in dieses Problem keine wesentlichen Veränderungen hineingebracht haben) nicht durchlaufen hat, ist die Antwort einfach: die Widerspiegelung der objektiven Realität ist notwendig, um in dieser Realität zu handeln; und um richtig handeln zu können, muß diese Widerspiegelung richtig sein.
Aber dieser einfachen und im Grunde richtigen Antwort stehen die traditionellen Zweifel im Wege, auf welche Weise die psychischen Widerspiegelungen an den Reaktionen des Organismus beteiligt sein können. Die Überlegung wird ungefähr folgendermaßen geführt: die äußeren Handlungen sind physische

Handlungen (im weiten Sinne des Wortes), deren Ursachen physische, physiologische Prozesse bilden. Anzunehmen, daß psychische Widerspiegelungen an diesem physiologischen Mechanismus beteiligt sind, bedeutet, die Einwirkung des „Ideellen" auf das Materielle anzunehmen. Dies kann vom naturwissenschaftlichen Standpunkt aus nicht akzeptiert werden (will man nicht gegen die allgemeine Gesetzmäßigkeit der Prozesse der materiellen Welt verstoßen). Anzunehmen, daß die psychischen Widerspiegelungen zwar vom Gehirn produziert werden, an dessen Arbeit aber nicht weiter beteiligt sind, bedeutet, auf die Position des psychophysischen Parallelismus, die Variante des Dualismus, zurückzukehren.

Natürlich haben wir das Recht zu sagen, daß alle diese Überlegungen von der Position der dualistischen Interpretation „Materielles – Ideelles" aus angestellt werden, daß sie das Ideelle als eine besondere Seinsgattung annehmen und daß man davon ausgehend leicht auch alle anderen Überlegungen verwerfen kann.

Aber leider wird damit nicht das Problem beseitigt, auf welchem Wege die psychischen Widerspiegelungen die Möglichkeit einer neuen Gattung von Handlungen eröffnen. Denn man könnte unsere Ausgangsfrage folgendermaßen formulieren: wozu benötigt der Organismus die psychischen Widerspiegelungen der objektiven Realität, wenn diese Realität oder ihre physiologischen Widerspiegelungen (die die physiologische Grundlage der psychischen Widerspiegelungen bilden) vorliegen? Die Schwierigkeit besteht folglich darin, daß man, solange alle Reaktionen des Menschen und der Tiere (vom Gesichtspunkt ihres physischen Mechanismus im weiten Sinne) als automatische Reaktionen verstanden werden, für die psychischen Widerspiegelungen keinen Platz im physiologischen „Haushalt" des Organismus finden kann und daß zwischen den Erklärungen in der Psychologie und der Physiologie eine gähnende Lücke bleibt.

Große und wahrhaft prinzipielle Bedeutung erlangt der Umstand, daß die Entwicklung des wichtigsten Abschnitts der modernen Physiologie – der Lehre von der höheren Nerventätigkeit – neue Fakten erbrachte, die von dem wesentlichen Unterschied zwischen automatischen und nichtautomatischen Reak-

tionen zeugen und auf die möglichen Nervenmechanismen sowohl dieses Unterschieds als auch ihres Unterscheidungsprozesses hinweisen. Es geht um die Beziehung zwischen den bedingten Reflexen und der orientierend-untersuchenden Tätigkeit, die von Anfang an die Aufmerksamkeit *Pawlows* auf sich zog. Im Jahre 1932 formulierte er diese Beziehung folgendermaßen: „Unter den jetzigen Versuchsbedingungen tritt bei der ersten Anwendung eines neuen indifferenten Agens, des zukünftigen bedingten Reizes, nur der Orientierungsreflex ein, dessen motorisches Hervortreten sich in der größten Mehrzahl der Fälle mit jedem Mal rasch vermindert bis zu seinem völligen Verschwinden ... Wenn dabei ein Orientierungsreflex entsteht, so verhält es sich genau umgekehrt. Der bedingte Effekt fehlt entweder überhaupt oder er ist sehr vermindert, wobei er mit dem Abnehmen des Orientierungsreflexes in Erscheinung tritt oder zunimmt" (*Pawlow* 1953 a, S. 410).
Pawlow stellte fest, daß der bedingte Reflex bereits auf geringe Veränderungen in den Versuchsbedingungen äußerst empfindlich reagiert; etwas (im Vergleich zu den gewöhnlichen Bedingungen) „Neues" lenkt sofort den Orientierungsreflex auf sich, der „aktiviert wird", und die bedingte Reaktion wird gehemmt. Unter Laborbedingungen werden auf diese Weise zwischen dem Orientierungsreflex und dem bedingten Reflex gleichsam antagonistische Beziehungen hergestellt – der Orientierungsreflex hemmt die bedingt-reflektorische Tätigkeit, und der bedingte Reflex hemmt die Orientierungstätigkeit.
Die weiteren Untersuchungen der sowjetischen Neurophysiologen haben gezeigt, daß sich diese hohe Empfindlichkeit auf alle Komponenten der reflektorischen Tätigkeit erstreckt – nicht nur auf die Versuchsbedingungen (einschließlich Versuchszeit), sondern auch auf den Verlauf der bedingten Reaktion (was sich besonders in den motorischen Reaktionen bemerkbar macht) sowie auf die Qualität und die Quantität der Verstärkung. Eine derartige Empfindlichkeit setzt voraus, daß die Signale aller dieser Komponenten in das „Depot" der früheren Erfahrung gelangen und hier mit den früher gebildeten Mustern verglichen werden. Offensichtlich werden bei der Bildung eines bedingten Reflexes und bei seiner erfolgreichen Anwendung im Zentral-

nervensystem Widerspiegelungen dieser Komponenten, gleichsam ihre Muster, die sich in der Erfahrung bewährt haben, abgelegt. Diese Muster erhielten spezielle Bezeichnungen: *Bernstejn* schlug vor, das Muster dessen, was als Verstärkung dient, als „Modell des erwünschten Zukünftigen" (*Bernstejn* 1966, S. 281) zu bezeichnen; *Anochin* nannte das Muster einer bewährten Handlung „Aktionsakzeptor" (*Anochin* 1955), und *Sokolow* bezeichnete das Muster des bedingten Reizerregers als „Nervenmodell des Stimulus" (*Sokolow* 1959; 1960 und 1963). „Nervenmodell" ist eine ausgesprochen geglückte Bezeichnung. Im weiteren werden wir diesen Terminus zur Bezeichnung der physiologischen Widerspiegelung, der Nervenmuster aller Komponenten des bedingten Reflexes verwenden und werden sagen: Nervenmodell des Reizerregers (des Stimulus), Nervenmodell der Reaktion (der Handlung), Nervenmodell der Verstärkung (des „erwünschten Zukünftigen")[8].

Diese Nervenmodelle sind jedoch nichts anderes als die physiologischen Widerspiegelungen der Komponenten des bedingten Reflexes (des Reizerregers, der Reaktion, der Verstärkung). Unter Berücksichtigung dieser Nervenmodelle läßt sich der Mechanismus des Wechsels von Orientierungstätigkeit und bedingtreflektorischer Tätigkeit leicht in folgender Form darstellen: die Signale (vom bedingten Reizerreger, von der auszuführenden Handlung, von der Verstärkung) gelangen in der zentralen Nerveninstanz zu den entsprechenden Modellen und werden mit ihnen verglichen. Bei Übereinstimmung geht der Nervenprozeß ohne Verzögerung auf die zentralen Mechanismen der Ausführungsreaktionen über; bei Nichtübereinstimmung werden diese Mechanismen blockiert, und die Erregung wird auf die Zentren der orientierend-untersuchenden Tätigkeit umgeschaltet. Diese Darstellung geht auf *Pawlow, Bernstejn* und *Anochin* zurück.

Der bedingte Reflex ist (in dem Maße, in dem er sich herausgebildet hat) eine automatisierte Reaktion, und die Festigung des bedingten Reflexes ist der Prozeß seiner Automatisierung (vgl. *Iwanow-Smolenski* 1927), die nur dann eintritt, wenn alle Bedingungen dieses Reflexes konstant, stereotyp bleiben. Wird in

[8] In der Literatur teilweise auch als Erwartungsmodell bezeichnet (d. Hrsg).

diese Bedingungen etwas Neues hineingetragen, das zu einem Mißlingen der stereotypen Reaktion führen kann, so gilt es sie zu verändern oder zumindest aufzuhalten und zuvor zu klären, worin dieses Neue besteht und welche Bedeutung es besitzt. Die Nichtübereinstimmung offenbart dieses Neue, blockiert die stereotype Reaktion und schaltet die Erregung auf die Zentren der orientierend-untersuchenden Tätigkeit um, die ebenfalls auf das Reizelement jenes „Neuen“ gerichtet wird, das die Nichtübereinstimmung hervorgerufen hat. Der biologische Sinn dieser Beziehung zu den Signalen ist verständlich, und die Zweckmäßigkeit dieses Mechanismus steht außer jedem Zweifel.

Natürlich setzt ein derartiger Mechanismus voraus, daß die Erregung des Empfindungsnervs die physiologische Widerspiegelung des Reizerregers weiterleitet. Kann man das Vorhandensein einer solchen Widerspiegelung bereits im peripheren Nerv beweisen? Das ist um so notwendiger, da die Nervenmodelle in den zentralen Instanzen der bedingten Reflexe bis jetzt eine Hypothese sind. Freilich eine Hypothese jener Art, ohne die wir weder die hohe Empfindlichkeit des bedingten Reflexes (gegenüber den Veränderungen in den Reizerregern, im Verlauf der Ausführung, in der Verstärkung) noch seine Beziehung zum kybernetischen Regulierungsschema verstehen können, dem er zweifelsohne untergeordnet ist. Mit einem Wort, es ist eine notwendige Hypothese, aber dennoch nur eine Hypothese; ihre direkte physiologische Bestätigung zu erhalten wäre in höchstem Maße wünschenswert.

Von besonderem Interesse ist unter diesem Aspekt der sogenannte „Mikrofoneffekt“ vom Hörnerv aus, wie er von dem bekannten amerikanischen Physiologen *Wever* festgestellt worden ist (vgl. *Wever* 1970). In den Hörnerv einer Katze werden Elektroden eingeführt, mit deren Hilfe die Potentiale der Nerventätigkeit abgenommen und auf Verstärker übertragen werden, die sich in einem anderen Raum befinden. Von den Verstärkern werden die elektrischen Impulse auf eine Lautsprecheranlage übertragen, die in einem weiteren Raum untergebracht ist. Spricht man in das Ohr der Katze (die sich im ersten Raum befindet) einen Satz, so ist dieser Satz im Lautsprecher (der sich im dritten Raum befindet) so deutlich zu

x = am Rand befindlicher

hören, daß man die Stimme dessen erkennen kann, der ihn gesprochen hat.

Der Hörnerv reproduziert (in kodierter Form) exakt die Besonderheit des Lautreizes, das heißt, er schafft und überträgt dessen physiologische Widerspiegelung mit großer Genauigkeit; natürlich ist für die Katze die Bedeutung der menschlichen Rede unwesentlich, aber die hohe Differenzierungsempfindlichkeit gegenüber den Hörreizen ist für sie biologisch notwendig.

Der Hörnerv überträgt die physiologische Widerspiegelung des Reizerregers in das Gehirn, wo sie mit dem „Nervenmodell des Stimulus" verglichen wird.

Der Versuch *Wevers* ist also erstens ein direkter Beweis für das Vorhandensein einer physiologischen Widerspiegelung des Außenreizes in den Bioströmen des Empfindungsnervs und zweitens ein indirekter, aber sehr gewichtiger Beweis für das Vorhandensein von physiologischen Widerspiegelungen, von Nervenmodellen in den höheren Nervenzentren. Ohne solche Nervenmodelle würden auch die physiologischen Widerspiegelungen im Empfindungsnerv, wo sie nicht verwendet werden, zu einem unnötigen Luxus, und es wäre völlig unverständlich, wodurch die Entstehung und Entwicklung dieser hohen Empfindlichkeit der Wahrnehmungsapparatur gerechtfertigt ist.

Das Übereinstimmen bzw. Nichtübereinstimmen der afferenten Impulse mit den zentralen Nervenmodellen ist auch jener Nervenmechanismus, der den Wechsel von bedingt-reflektorischem und orientierend-untersuchendem Verhalten regelt. Und die orientierend-untersuchende Tätigkeit ist keine Verkomplizierung der automatischen Reaktionen, was ihren allgemeinen Charakter nicht ändern würde, sie ist auch kein Übergang zu „Blindversuchen", deren biologische Bestimmung in der unmittelbaren Erlangung eines nützlichen Resultats liegt. Die erste und allgemeinste Aufgabe der orientierend-untersuchenden Tätigkeit besteht darin, die Ursache zu klären, die das Nichtübereinstimmen hervorruft, die Handlung den neuen Umständen entsprechend vorzuzeichnen und erst dann ihre Ausführung zu gewährleisten. Hier wird Handlung nicht als Verknüpfung von „Stimuli" und motorischen Möglichkeiten des Organismus definiert, sondern als eine neue Beziehung zwischen den Dingen, als Beziehung, die als Weg zum „Ziel“ bestimmt wird. Da sie neu ist, ist sie noch nicht von bedingtem (und noch weniger von unbedingtem) Wert. Als soeben erst bestimmter „Weg zum Ziel“ hat diese neue Beziehung nur einen Orientierungswert. Die neue Beziehung zwischen den Dingen muß erst noch nachgewiesen werden und vor dem Subjekt auftreten. Dies ist auch das unmittelbare Resultat der orientierend-untersuchenden Tätigkeit. Und in seinem gegenständlichen Inhalt, in der Wechselbeziehung der Dinge zueinander – nicht als handelnder Faktor, sondern als Handlungsbedingung – „vor dem Subjekt aufzutreten“ bedeutet auch, in der psychischen Widerspiegelung zu „erscheinen“.

Die orientierend-untersuchende Tätigkeit enthält in ihrem Operationsbestand unbedingt psychische Widerspiegelungen. Die Abbilder der objektiven Realität bilden die unabdingbare Voraussetzung für den Übergang von den automatischen und automatisierten Reaktionen zum nichtautomatischen Reagieren. Die orientierend-untersuchende Tätigkeit wird automatisch, durch „Nichtübereinstimmen“, eingeschaltet, aber sie selbst ist bereits nichtautomatische Tätigkeit (wenn sie auch, wie wir im weiteren sehen werden, einen beträchtlichen Teil an automatischen Reaktionen enthält, welche in ihr der aktiven Orientierung untergeordnet sind).

Das Vorhandensein eines speziellen Mechanismus, der den Wechsel von bedingt-reflektorischem Verhalten und Orientierungsverhalten regelt, ist ein gewichtiger Beweis dafür, daß das Gehirn das Psychische nicht als Epiphänomen realisiert, das dessen innerer, eigentlich physiologischer Tätigkeit gegenüber indifferent ist, sondern eben dann, wenn die automatische Regulierung der Beziehungen zum Milieu allein unzureichend wird. Dann ist der Organismus gezwungen, das automatische Reagieren zu hemmen und zu einer Überprüfung der Situation überzugehen. Das Gehirn beugt sich dieser Forderung; es blockiert die automatischen Reaktionen und überträgt die Erregung auf die Mechanismen der orientierend-untersuchenden Tätigkeit. Mit ihrer Entfaltung erfolgt der Übergang von der Ebene der rein physiologischen Widerspiegelung der Situation zur folgenden, höheren, zur psychischen Ebene ihrer Widerspiegelung. Hier erhält (wie bei der Wahrnehmung eines Bildes) die materielle Struktur der Widerspiegelung lediglich Basisfunktion, und in den Vordergrund tritt der widergespiegelte gegenständliche Inhalt als Feld der möglichen Handlungen des Subjekts. Die psychische Widerspiegelung einer Situation handelt natürlich nicht selbst, sie ist aber auch kein Epiphänomen, sondern bildet die notwendige Voraussetzung für qualitativ neue, nichtautomatisierte Handlungen.

 x = (Epi: daneben, bei, darüber)

Kapitel 3

Die Orientierungstätigkeit als Gegenstand der Psychologie

3.1. Die Hauptformen der psychischen Widerspiegelung

Im Gehirn werden zwei ungleiche, unterschiedlich wichtige Bereiche der objektiven Realität widergespiegelt, das innere Milieu des Organismus und sein äußeres Lebensmilieu. Diese wesentlich unterschiedlichen Teile der objektiven Realität erfahren eine wesentlich unterschiedliche psychische Widerspiegelung.

Das innere Milieu des Individuums wird in seinen Bedürfnissen widergespiegelt, in den Empfindungen Lust und Unlust, im sogenannten „Allgemeinbefinden“. Das äußere Milieu widerspiegelt sich in den sinnlichen Abbildern und in den Begriffen.

Die organischen Bedürfnisse[9] entstehen aus dem Zyklus der

[9] In dieser vorläufigen Analyse beschränke ich mich auf das Beispiel der organischen Bedürfnisse, da sie einfacher darzustellen sind und nur von jenen Eigenschaften her betrachtet werden, die allen Bedürfnissen, den „Bedürfnissen überhaupt“ eigen sind.

physiologischen Prozesse. Sie sind Ausdruck des Mangels oder des Fehlens von Bedingungen für die weitere Existenz bzw. für einen Überschuß an Abfallprodukten des Stoffwechsels, von denen es sich zu befreien gilt. Als psychische Widerspiegelung dieser objektiven Notwendigkeit haben die Bedürfnisse zwei Seiten: das mehr oder weniger akute Gefühl des Unbefriedigtseins, des Leidens und den eng damit zusammenhängenden Impuls, sich mit Hilfe von etwas, was sich in der Umwelt befindet (und was zum Gegenstand dieses Bedürfnisses wird), davon zu befreien. Daher der Impuls zur Tätigkeit (die auf die Erlangung der fehlenden Mittel oder der Existenzbedingungen gerichtet ist), zum Bedürfnisgegenstand. Als derartige Impulse zur Tätigkeit, die von den Lebensprozessen des Individuums ausgehen, bilden die Bedürfnisse eine der grundlegenden Triebkräfte des Verhaltens.

Zum Unterschied von den Bedürfnissen ist die Empfindung von Schmerz oder Lust die psychische Widerspiegelung von Zuständen, die durch einzelne, nicht reguläre, extemporale Einwirkungen hervorgerufen werden. Diese Einwirkungen sind bald positiven, bald negativen Charakters und erfordern ebenfalls sofortige Handlungen zur Beseitigung (oder Bewahrung) dessen, was diese Empfindungen verursacht. Auf diese Weise werden in den Empfindungen Lust und Unlust dieselben zwei Seiten (wie bei den Bedürfnissen) unterschieden: die Charakteristik des durch sie hervorgerufenen Zustands und der Impuls zu Handlungen (oder zu ihrer aktiven Enthaltung). Von den Bedürfnissen unterscheiden sich diese Empfindungen dadurch, daß sie Zustände signalisieren, die durch nichtreguläre Einwirkungen hervorgerufen werden.

Die Rolle des allgemeinen Selbstgefühls (Frische – Schlaffheit, Erregung – Niedergeschlagenheit, Fröhlichkeit – Bedrücktheit) wird bereits aus diesen Charakteristika deutlich. Das Selbstgefühl bestimmt das allgemeine Aktivitätsniveau und die allgemeine „Tonalität“ des Verhaltens sowie nicht selten auch die subjektive Wertung der Gegenstände, mit denen es das Individuum zu tun hat.

Diesen Arten der psychischen Widerspiegelung des inneren Zustands des Individuums ist gemeinsam, daß sie erstens nicht jene Reizerreger widerspiegeln, die sie hervorrufen, sondern deren Wertung hinsichtlich des unmittelbaren Erlebens des von ihnen hervorgerufenen Zustands, und zweitens, daß sie auf das engste mit den Stimuli zu Handlungen (in Richtungen auf bestimmte Gegenstände der Außenwelt oder von ihnen fort) oder zu einer aktiven Enthaltung von jeglichen Handlungen zusammenhängen.

Wesentlich anders verläuft die psychische Widerspiegelung des äußeren Milieus. Erstens sind aus dem ganzen Bestand dieses Milieus in seiner psychischen Widerspiegelung nur jene Objekte, ihre Eigenschaften und Beziehungen vertreten, mit denen das Individuum bei den physischen Handlungen rechnen muß. Das ist bereits kein kompaktes, zusammenhängendes Milieu, sondern eine gegliederte „Umwelt" *(Uexküll)*. Zweitens sind diese Bereiche des Milieus selbst in den Abbildern dargestellt, selbst (und nicht die durch sie hervorgerufenen Zustände des Individuums) reproduziert. Zwar beinhalten die Abbilder auch solche Eigenschaften wie Farbe, Laut, Geruch und andere sogenannte „sinnliche Qualitäten", die nicht unmittelbare Objekte werden der Inhalt, die Eigenschaften und Beziehungen der Dinge physischer Handlungen sind; sie dienen jedoch als wichtige Unterscheidungsmerkmale und auch als Signale für andere, lebenswichtige Eigenschaften der Dinge oder als Signale der zu erwartenden Gegenstände und Ereignisse.

Spricht man von Abbildern, so meint man gewöhnlich Abbilder einzelner Gegenstände, die im Erkenntnisprozeß mit ihren Originalen verglichen werden. Aber ein solcher Vergleich darf uns nicht dazu bringen, jene lebenswichtige These unbeachtet zu lassen, daß sich in der psychischen Widerspiegelung vor dem Individuum nicht einzelne Dinge auftun, sondern ein Feld von Dingen – die Gesamtheit der „Elemente" in bestimmten Wechselbeziehungen, und daß in diesem Feld auch das Individuum selbst vertreten ist, wie es sich unter den übrigen Dingen wahrnimmt. Ohne die Berücksichtigung seiner Position im Feld der Dinge könnte das Individuum die Richtung der Handlungen nicht bestimmen, es könnte nicht feststellen, ob die Bewegung eines anderen Körpers auf ihn zu erfolgt, von ihm fort oder an ihm vorbei geht, von welcher Seite sie erfolgt, wie weit sie geht, welcher Abstand zwischen ihm und den anderen Objekten besteht, mit einem Wort, es könnte die psychische Widerspiegelung hinsichtlich ihrer direkten und grundlegenden Bestimmung – für die Orientierung in einer Situation – nicht nutzen.

Der Unterschied zwischen den beiden dargestellten Formen der Widerspiegelung besteht in der Art und Weise, in der die inneren Zustände des Individuums (die Stimuli) und die Umwelt (die Abbilder) in den psychischen Widerspiegelungen dargestellt sind, in der Funktion, die sie für das Verhalten des Individuums haben: die Stimuli sind die Triebkräfte des Verhaltens und die Abbilder die Grundlage für die Orientierung in der Umwelt. Offensichtlich diktierte diese unterschiedliche Funktion für das Verhalten den Unterschied zwischen den Hauptarten der psychischen Widerspiegelung. Gleichzeitig werden sie durch ihre verhaltensregulierende Funktion wiederum vereinigt.

Daher treten sie meist gemeinsam auf und werden durch ein und dieselbe Ursache hervorgerufen – durch das Nichtübereinstimmen der Signale, die aus dem äußeren oder dem inneren Milieu kommen, mit den Möglichkeiten des automatischen Reagierens. Wie wir gesehen haben (S. 72), wurde dies experimentell für das „Nervenmodell des Stimulus" (aus dem äußeren Milieu) festgestellt, es kann auch völlig auf die organischen Bedürfnisse übertragen werden, die unter gewöhnlichen Bedingungen automatisch reguliert werden (z. B. die äußere Atmung, die Thermoregulierung). Erst wenn die Veränderungen des äußeren Milieus die Möglichkeiten der automatischen Anpassung überschreiten, empfinden wir, daß „man nicht atmen kann", „es zu heiß oder zu kalt ist", „daß die Luft zu trocken oder zu feucht ist"; und erst zusammen mit dieser psychischen Widerspiegelung entsteht der Stimulus zur Handlung, die die Lage der Dinge, die Quelle dieser Empfindungen verändert.

Das Auftreten der psychischen Widerspiegelung in ihren beiden Arten ist nicht nur ein Kennzeichen dafür, daß das automatische Reagieren nicht genügt. Eine unangemessene Reaktion könnte man einfach aufhalten und auf den „Reflex der natürlichen Vorsicht" beschränken, von dem *Pawlow* sprach. Die Erzeugung psychischer Widerspiegelungen ist eine neue Art der Nerventätigkeit, und wenn sie sich entwickelt, und daran besteht kein Zweifel, so eröffnen offensichtlich sowohl die Stimuli als auch die Abbilder, jedes auf seine Weise, für die Reaktionen des Individuums gewisse neue Möglichkeiten. In diesem Sachverhalt liegt eine gewisse Paradoxie. Sie besteht darin, daß in den psychischen Widerspiegelungen kein Deut mehr sein kann, als was in ihrer physiologischen Grundlage vorhanden ist und was sich in diesen Fällen als unzureichend erwiesen hat. Aber wenn in den psychischen Widerspiegelungen nicht mehr enthalten ist, woher kommen dann die neuen Möglichkeiten?

Die tatsächliche Paradoxie dieser Frage besteht darin, daß in den psychischen Widerspiegelungen sogar weniger aufgedeckt wird, als in ihrer physiologischen Grundlage, in den physiologischen Widerspiegelungen der Situation, enthalten ist. Aber gerade dieses „Weniger" eröffnet auch die neuen Handlungsmöglichkeiten! Bei näherer Betrachtung erklärt sich das folgendermaßen:

Die Bedürfnisse als Stimuli des Individuums zu Handlungen in Richtung auf das „Ziel" (auf das, was das Bedürfnis befriedigen soll) unterscheiden sich von der Wirkung beliebiger physischer Faktoren (im weiten Sinne) durch folgende Merkmale: die physischen Kräfte bestimmen die Handlung hinsichtlich ihrer Stärke und Richtung, ohne ihr Endresultat festzulegen. Die Handlung verläuft in direkter Abhängigkeit von diesen Kräften und den „Störungen" auf dem Wege. Anders gesagt, nach dem ersten Gesetz der Mechanik behält ein Körper eine gradlinige und gleichmäßige Bewegung bei, bis die Wirkung von anderen Kräften ihn aus diesem Zustand herausbringt. In einfacher Form kann man sich dies wie die Bewegung einer Billardkugel vorstellen: durch den Stoß mit dem Queue in Bewegung gesetzt, stößt sie an eine andere Kugel, an die Bande und landet schließlich im Loch. Das Bedürfnis dagegen skizziert direkt am Anfang (potentiell oder aktuell) das „Endziel" und stimuliert zugleich das Individuum zur Suche, da das Bedürfnis den Weg selbst (den operationalen Inhalt der Handlung) nicht bestimmt. Es entsteht ja gerade dadurch, daß fertige Wege, Wege des automatischen Reagierens, blockiert sind. Das Bedürfnis diktiert nur den Stimulus, das Streben zum Ziel; die Wahl des Objekts aber, des Weges zu ihm, die Bestimmung des konkreten

Inhalts der Handlung oder die Anpassung der Handlung an die vorhandenen Umstände, wird unter diesen Bedingungen zu einer getrennten Aufgabe, zur Aufgabe einer besonderen Tätigkeit, nämlich der orientierenden Tätigkeit.

So ergibt es sich, daß durch das Ausbleiben der Handlung selbst (die nur sekundär angedeutet wird) das Bedürfnis, und zwar als psychologisches Gebilde, zur Quelle und Grundlage der Zielstrebigkeit wird. Bei psychischen Prozessen fehlt jegliche Zielstrebigkeit. Sie tritt erst dann auf, wenn im Organismus ein aktiver Widerspruch entsteht. Dieser kommt in der Notwendigkeit zum Handeln einerseits und in der Unmöglichkeit, dies in bereits automatisierter, dem Organismus geläufiger Form zu tun, zum Ausdruck. Und als eine der Bedingungen für die Überwindung dieses Widerspruchs entwickelt sich die psychische Widerspiegelung der Situation, insbesondere das Bedürfnis.

Die andere Bedingung sind die in den Abbildern widergespiegelten Objekte und Eigenschaften der Umwelt, die für die Realisierung der Handlung notwendig sind. Anstelle des Feldes der wechselwirkenden Körper eröffnet sich vor dem Individuum die Umwelt (dank der Widerspiegelung in den Abbildern) als eine Arena seiner möglichen Handlungen. Mögliche Handlungen sind nicht solche, die unvermeidlich vor sich gehen müssen, sondern solche, von denen eine jede anfangs zunächst antizipiert vorgezeichnet, dann erprobt und danach entweder verworfen oder zur Ausführung mit oder ohne Korrekturen akzeptiert werden kann. Das Individuum kann nicht außerhalb der Bedingungen handeln. Mit den Bedingungen kann man jedoch nicht willkürlich, „wie es einem beliebt", umgehen. Die Eigenschaften der Dinge können aber infolge ihrer Vertretung in den Abbildern im voraus berücksichtigt und dabei verschiedene Handlungen antizipiert werden. Durch die psychische Widerspiegelung der Situation eröffnet sich dem Individuum die Möglichkeit der Wahl. Die Billardkugel hat keine Wahl.

So ermöglichen die psychischen Widerspiegelungen (in ihren beiden Grundformen – den Stimuli und den Abbildern) tatsächlich neue Formen des Reagierens, die dadurch bedingt sind, daß in den psychischen Widerspiegelungen „weniger" enthalten ist als in ihren materiellen, physiologischen Grundlagen. Weder die Stimuli noch die Abbilder bestimmen den konkreten Inhalt der Handlungen im voraus. Die Klärung dieses Inhalts wird zu einer gesonderten Aufgabe – zu einer der allgemeinen Aufgaben der orientierend-untersuchenden Tätigkeit.

Wer führt diese Tätigkeit aus? Wer erfährt die Stimuli, wem eröffnen die Abbilder das Panorama des Feldes der möglichen Handlungen? Offensichtlich existiert im Zentralnervensystem zusammen mit den „Zentren", die die psychische Widerspiegelung einer Situation realisieren, ein besonderes Zentrum oder eine „Instanz", die dem Individuum seine zielgerichteten Handlungen ermöglicht. Ihr eröffnet sich auch der Inhalt dieser psychischen Widerspiegelungen. Diese „Instanz" verfügt über die vergangene Erfahrung des Individuums, erhält und verarbeitet die Information über seine „inneren Zustände" und über seine Umwelt, skizziert die orientierend-untersuchende Tätigkeit und realisiert dann aufgrund ihrer Resultate die praktische Tätigkeit. Ein Organismus mit einer solchen zentralen steuernden Instanz ist bereits kein einfacher Organismus mehr, sondern das Subjekt zielgerichteter gegenständlicher Handlungen.

Auf einige zusätzliche Bedingungen für die Umwandlung des Organismus in ein Handlungssubjekt wird in Kapitel 5.1. etwas ausführlicher eingegangen. Jetzt wollen wir die sehr enge funktionale Abhängigkeit zwischen dem Subjekt und der psychischen Widerspiegelung der Situation näher betrachten. Diese Widerspiegelungen bilden die unabdingbare Voraussetzung zielgerichteter (wenn auch nicht immer bewußter, zweckmäßiger) Handlungen. So folgt zum Beispiel ein Individuum stets dem gerade aktuellen Bedürfnis: das satte Tier frißt nicht, selbst wenn man ihm Nahrung vorlegt, und man kann bei ihm keine bedingten Reflexe auf der Basis der Nahrungsverstärkung herausbilden; ein Mensch mit einem sogenannten „Wolfshunger" (bei Läsion eines subkortikalen Zentrums) ißt gegen seinen Willen, obwohl er weiß, daß dies schädlich ist. Nichtwissen oder Nichtbemerken bestimmter Umstände führt zu sehr schweren Fehlern und Überbewertung anderer Umstände, zum Verlust attraktiver Möglichkeiten. Die einfache Wahrheit ist die: wenn sich einem Individuum infolge der psychischen Widerspiegelung einer Situation neue Handlungsmöglichkeiten eröffnen, so hängen von der

Qualität dieser Widerspiegelungen und der Qualität der auf ihnen aufbauenden orientierend-untersuchenden Tätigkeit in entscheidendem Maße der Charakter und die wirklichen Ausmaße der Nutzung dieser Möglichkeiten ab. Und die Qualitäten der psychischen Widerspiegelungen sowie der orientierend-untersuchenden Tätigkeit werden in der individuellen Erfahrung bereits in bedeutendem Maße bei den höher entwickelten Tieren und vollständig beim Menschen ausgebildet.

Die umgekehrte Abhängigkeit – der psychischen Widerspiegelungen vom Subjekt – kommt dadurch zum Ausdruck, daß die psychischen Erscheinungen nur im System seiner Orientierungstätigkeit ihren natürlichen Platz und ihre funktionale Rechtfertigung erhalten.

Erst im System der zielgerichteten gegenständlichen[10] Tätigkeit des Subjekts erhalten die psychischen Widerspiegelungen ihren natürlichen Platz. Für das Subjekt bilden sie das „Reservefeld" für seine äußere Tätigkeit, das es erlaubt, die Handlungen auf die vorliegenden Bedingungen hin zu antizipieren, sie ihnen anzupassen, sie nicht nur zielstrebig zu machen, sondern unter den gegebenen individuellen Bedingungen auch zweckmäßig. Und dieses Einbeziehen des Psychischen in das System der gedanklich gesteuerten gegenständlichen Tätigkeit bildet mit Recht eine der Hauptideen des „Tätigkeitsproblems" in der sowjetischen Psychologie.

3.2. *Die psychischen Widerspiegelungen und die orientierend-untersuchende Tätigkeit*

Die psychischen Widerspiegelungen sind jedoch nur Bedingungen der Orientierungstätigkeit, die Tätigkeit selbst besteht darin, sich vor allem in einer Situation mit dem Signalmerkmal der „Neuartigkeit" zurechtzufinden.

Sich in einer Situation zurechtzufinden, das ist die allgemeine

[10] „Gegenständlich" in jenem in der marxistischen Philosophie akzeptierten Sinne, den *Leontjew* beständig in seinen methodologischen Arbeiten, insbesondere in dem Buch „Probleme der Entwicklung des Psychischen", hervorhebt (vgl. *Leontjew* 1975; 1979).

Aufgabe der orientierend-untersuchenden Tätigkeit, die die mehr oder weniger klare Festlegung einer Abfolge von Aufgaben voraussetzt: Untersuchung der Situation, Bestimmung des aktuellen Bedürfnisobjekts, Klärung des Weges zum „Ziel", Kontrolle und Korrektur, das heißt Regulierung der Handlung während der Ausführung.

Dieser Inhalt der orientierend-untersuchenden Tätigkeit sei an zwei Beispielen veranschaulicht. Das eine stammt aus dem Gebiet des Tierverhaltens, das andere aus der menschlichen Praxis. Wenden wir uns zunächst der Beschreibung einer Habichtsjagd durch den bekannten Erforscher des Fernen Ostens, *Arsenjew*, zu: „Ich bemerkte einen kleineren Raubvogel, der dicht über dem Boden flog und offensichtlich etwas verfolgte. Dies konnte ich daraus schließen, daß der geflügelte Räuber nicht geradeaus, sondern im Zickzack flog. Fast gleichzeitig bemerkte ich einen Hasen, der voller Angst rannte und nicht wußte, wohin; ob durch das Gras, an Büschen vorbei oder über kahle, unbewachsene Flächen. Als der Hase auf gleicher Höhe mit mir war, stürzte der geflügelte Räuber nach vorn, streckte die eine Kralle aus, so weit er konnte, und packte damit geschickt sein Opfer, konnte es jedoch nicht hochheben. Der Hase rannte weiter und zog seinen Feind hinter sich her. Der Habicht versuchte den Hasen mit Hilfe der Flügel aufzuhalten, das gelang ihm jedoch nicht. Dann begann der Habicht, ohne seine Beute aus der linken Kralle freizulassen, sich mit der rechten Kralle während des Laufes an alles anzuklammern, was ihm in den Weg kam: an Pflanzenstengel, an trockenes Gras und anderes . . . Da tauchte ein Erlenbusch auf dem Weg auf, und als Hase und Habicht auf gleicher Höhe mit dem Busch waren, hielt sich der gefiederte Räuber geschickt an ihm fest. Die Beine des Vogels streckten sich lang aus, das linke hielt den Hasen und das rechte klammerte sich an die Wurzeln des Busches. Der Hase streckte sich und begann zu schreien. Dann zog der Habicht das Tier an den Erlenbusch heran und versetzte ihm mit dem Schnabel zwei starke Hiebe auf den Kopf. Der Hase begann zu zittern. Schnell wich das Leben aus ihm. Erst jetzt ließ der Räuber den Busch los und stellte sich mit beiden Beinen auf sein Opfer. Er blickte sich um, reckte seinen Schwanz, blickte sich nochmals um, schlug mit den

Flügeln und erhob sich in die Luft" (*Arsenjew* 1949, S. 243 f.).[11]
2. Wie sich Wanderer orientieren, die ohne festen Weg durch eine unbekannte und wüstenartige (oder waldige) Gegend gehen, zeigt das andere Beispiel. Nach einer gewissen Zeit verlieren die Wanderer die Sicherheit über die Beibehaltung der eingeschlagenen Richtung. Sie müssen nun prüfen, wo sie sich befinden und ob dieser Ort einem der markierten Punkte der Marschroute entspricht. Um eine solche Orientierung zu gewinnen, wird einer der Wanderer zur Erkundung der Örtlichkeit ausgeschickt.

Er muß einen beliebigen hochgelegenen Punkt ersteigen (einen Hügel, einen Baum, einen Felsen), um einen möglichst großen Überblick über die Gegend zu erhalten und ins Auge fallende Orientierungspunkte festzustellen, darunter besonders solche, die laut Karte zu erwarten sind. Nach seiner Rückkehr zur Gruppe und nach erfolgter Information über die ermittelten Orientierungspunkte werden seine Feststellungen mit den Angaben auf der Karte verglichen. Die Wanderer bestimmen nun ihren Standort, „norden die Karte ein" und kennzeichnen den weiteren Weg. Bevor sie jedoch weitergehen, vermerken sie anhand der Karte die möglichen Orientierungspunkte dieses Weges, um sich beim Weitermarsch nach ihnen zu richten und mit ihrer Hilfe die Beibehaltung der eingeschlagenen Richtung zu kontrollieren.

In beiden Beispielen werden die gleichen grundlegenden Aufgaben der orientierend-untersuchenden Tätigkeit umrissen: Klärung der vorliegenden Problemsituation, Bestimmung des aktuellen Bedürfnisgegenstands, Wahl des Weges oder der Handlungsweise, Regulierung ihrer Ausführung. Natürlich treten sie in der menschlichen Tätigkeit besonders deutlich hervor und haben einen wesentlich anderen Charakter. Bei unseren Wanderern entsteht zunächst der Zweifel, ob sie die zu Beginn des Marsches eingeschlagene Richtung eingehalten haben. Dieser wird dadurch hervorgerufen, daß sie nicht auf die erwarteten Orientierungspunkte stoßen, da sie sie entweder noch nicht erreicht haben oder weil sie vom vorgesehenen Weg abkamen. Auf die eine oder andere Weise kommt es zu einer „Nichtüber-

[11] Die Erzählung wurde mit geringen Kürzungen wiedergegeben.

einstimmung" der faktischen Daten mit dem Erwartungsmodell, und es entsteht eine Problemsituation. Zur Klärung der vorliegenden Situation bedarf es einer komplizierten Tätigkeit: Rekognoszierung der Örtlichkeit, Bestimmung ihrer Markierungspunkte, deren Vergleich mit den Bezeichnungen auf der Karte, die Bestimmung des Aufenthaltsortes. Danach erfolgt das Abstecken der möglichen Wege für den Weitermarsch und die Wahl des günstigsten Weges. Dann werden die Orientierungspunkte für diesen Weg (anhand der Karte) festgelegt. Schließlich folgt bereits während des Marsches auf dem eingeschlagenen Weg das Suchen und Identifizieren dieser Orientierungspunkte, der Vergleich der charakteristischen Objekte mit ihnen usw.

In dieser Liste fehlt noch eine Aufgabe – das Festlegen des Zieles. Dies ist nicht immer einfach. Wenn die Wanderer so weit vom vorgesehenen Weg abgekommen sind, daß der nächste Haltepunkt nicht bis zur Nacht erreicht werden kann, ergibt sich die Aufgabe, den geeignetsten Platz für das Nachtlager zu ermitteln. In anderen, nichttouristischen Situationen wird die Bestimmung, was Hauptziel der bevorstehenden Anstrengungen werden soll, nicht selten selbst zu einem großen Problem.

Die orientierend-untersuchende Tätigkeit der Wanderer besteht deutlich aus einer Vielzahl von Handlungen, die nicht nur physisch, sondern häufig nur auf der Ebene der Wahrnehmung (der Örtlichkeit oder der Karte) und auf der geistigen Ebene (des Vergleichs, der Wertung) ausgeführt werden. Diese Handlungen kann man beim Menschen ohne Einschränkung als ideell bezeichnen.

Die orientierend-untersuchende Tätigkeit des Habichts ist natürlich weitaus einfacher, aber auch bei ihm verlangen viele physische Handlungen eine schnelle und exakte Orientierung auf der Ebene der Wahrnehmung: das Verfolgen der laufenden Beute, das Zielen, um sich auf sie zu stürzen (das Packen mit der einen Kralle), das Zielen der freien Kralle, der Hieb auf den Kopf des Opfers (und nicht, „wo es gerade hintrifft"). Das alles verlangt Zielen und Abwägen, das heißt Handlungen, die mit einem Blick ausgeführt werden und die den physischen Handlungen des Raubvogels vorausgehen und diese vorbereiten müssen.

Beim Tier sind an der Lösung aller Aufgaben der orientierend-untersuchenden Tätigkeit im wesentlichen Handlungen beteiligt, die nur auf der Ebene der Wahrnehmung ausgeführt werden, während für den Menschen Handlungen auf der geistigen Ebene charakteristisch sind. Es sind dies ideelle Handlungen, ideell in dem Sinne, wie wir ihn bereits kennzeichneten: das Reproduzieren der wesentlichen Merkmale der materiellen Handlungen (wesentlich für die Bestimmung der Eignung einer bekannten Handlung unter den gegebenen Umständen) auf der Ebene des Abbilds.

Sobald die Handlungen nicht vollständige bedingte Reflexe sind, müssen sie alle in mehr oder weniger hohem Maße erlernt werden. Bei den Tieren haben viele Handlungen eine unbedingt-reflektorische Basis, aber um praktisch zweckmäßig zu werden, müssen sie sich mit einem recht komplizierten Netz von bedingten Reflexen umgeben. So ist zum Beispiel das Picken des Kückens ein angeborener, unbedingt-reflektorischer Akt; diesen aber gezielt und dem Abstand entsprechend auszuüben und dabei das Genießbare vom Ungenießbaren zu unterscheiden, muß das Küken erlernen (vgl. *Borowski* 1936).

Dieses Lernen kann auf unterschiedliche Weise erfolgen, von ihm hängen in entscheidendem Maße die Qualitäten sowohl des Abbilds des Gegenstands als auch der ideellen Handlung selbst ab. Beim Menschen werden verschiedene Hilfsmittel in die ideellen Handlungen einbezogen, das heißt besondere Instrumente, angeeignete und nur ideell anwendbare Maßstäbe, Standards, Kriterien, Muster, „vorgestellte" Koordinaten, Verfahren, die eine Seite oder den einen Teil eines Objekts in den Vordergrund zu stellen und dabei andere mehr zurückzustellen oder sogar in den Hintergrund zu schieben usw. Diese Hilfsmittel vergrößern die Effektivität der ideellen Handlungen um ein Vielfaches, verändern den klaren Inhalt der Abbilder, seine „operative Bedeutung" und folglich auch die in den Abbildern angelegten Möglichkeiten für aktive Handlungen. Aber selbst die elementarsten und stereotypen perzeptiven Handlungen, die nur wesentliche Merkmale ihrer materiellen Originale bewahren, zeichnen sich durch Leichtigkeit und Schnelligkeit der Ausführung aus, dazu noch ohne das Risiko, das die materiellen

Handlungen aufweisen. Die Bewegungen des „Blickes“ erlauben es zum Beispiel, die Bewegungen der Beute oder des Räubers zu extrapolieren und sie auf diese Weise vorauszusehen, seine Handlungen dem Objekt anzupassen und damit Fehler zu vermeiden usw. (vgl. *Kruschinski* 1970).

Diese ideellen Handlungen bilden auf der Ebene der Wahrnehmung oder auf der geistigen Ebene das dritte Element der „psychischen Widerspiegelung der objektiven Realität“. In ihrer Einheit bilden diese Elemente – Stimuli, Abbilder und Handlungen auf der Ebene der Abbilder – die psychische Tätigkeit des Subjekts.

Eine effektive Nutzung der ideellen Handlungen setzt voraus, daß ihre Ausführung auf der Ebene der Abbilder, das heißt ihre „rein orientierende Ausführung“, eine positive oder negative Bekräftigung erfährt, auf deren Grundlage sie auch gewertet, akzeptiert, korrigiert und bewahrt oder verworfen werden. Folglich hängt das Problem des realen Wertes der psychischen Tätigkeit vor allem von der Antwort auf die Frage ab: kann man die Existenz einer solchen „rein orientierenden“ Bekräftigung objektiv beweisen?

Pawlow verdanken wir den experimentellen Beweis dafür, daß man anhand einer Orientierungsbekräftigung eine neue, stabile bedingte Verbindung erzielen kann, daß es folglich eine „reine Orientierungsbekräftigung“ gibt, die nicht weniger wirksam ist als jede „sachliche Bekräftigung“ (die bei den Tieren mit der Befriedigung irgendeines organischen Bedürfnisses zusammenhängt). Dieser experimentelle Beweis wurde in der Arbeit von *Narbutowitsch* und *Podkopajew* (1936) erbracht, in der exakt drei Teile unterschieden werden. Im ersten von ihnen wurde der bedingte Reflex an zwei indifferenten Reizerregern ausgebildet: am Licht einer Glühlampe, die vor dem Tier eingeschaltet wurde, und durch einen Laut, der von unten und von der Seite ertönte. Es kam also lediglich zur Reihenfolge Licht – Laut, Licht – Laut! Damit diese indifferenten Reizerreger ihren Orientierungswert nicht verloren, wurden sie ständig verändert, erneuert: sie wurden verstärkt oder abgeschwächt, konstant oder intermittierend eingegeben, etwas näher und dann wieder etwas entfernter usw. Zuerst wendet sich das Tier diesen Reizerregern nur dann zu, wenn sie gegeben werden. Dann beginnt es sich dem zweiten Reizerreger, dem Laut, bereits zuzuwenden, bevor er gegeben wird. Binnen kurzem wird dieser bedingte Orientierungsreflex bekräftigt, und das Tier beginnt sich der Stelle zuzuwenden, von der der Laut ertönen muß, sobald die Lichtquelle eingeschaltet ist. Das berechtigt uns zu der Annahme, daß sich im Zentralnervensystem des Hundes eine neue bedingte Nervenverbindung gebildet hat. Dies ist jedoch nicht mehr als eine Vermutung vom psychologischen Gesichtspunkt aus; die Hinwendung zu dem erwarteten Ereignis ist eine komplizierte Erscheinung und kann unterschiedlich gedeutet werden. *Pawlow* duldete kein Raten und wollte einen streng physiologischen Beweis erhalten.

Dazu dienten der zweite und der dritte Teil des Versuches. Der zweite bestand darin, daß auf das Licht, das als erstes gegeben wurde, ein bedingter Speichelreflex ausgearbeitet wurde; im vergangenen Versuch war bei dem Tier weder auf das Licht noch auf den Laut hin ein Speichelreflex ausgebildet worden, noch riefen diese Reizerreger eine Speichelabsonderung hervor.

Der dritte Teil des Versuches war der Kontrollteil, und dieser war entscheidend. Er bestand darin, daß dem Hund nun als erstes der Lautreiz (von unten und von der Seite wie im ersten Teil des Versuches) gegeben wurde. Die Überlegung der Autoren ging nun in folgende Richtung: wenn sich im ersten Teil des Versuches zwischen den „Punkten" des Licht- und des Lautreizes tatsächlich eine neue Nervenverbindung gebildet hat, verläuft auf ihr der Stimulus aus dem Lautzentrum auf das Lichtzentrum und von diesem – über die Verbindung, die im zweiten Teil des Versuches anerzogen wurde – in das Zentrum der Speichelabsonderung. Auf diese Weise ruft der Laut, der bisher in keinem Zusammenhang mit dem Speichel gestanden hat, eine Absonderung hervor. Sollte die Verbindung „Licht – Laut" jedoch nur „psychologischer" Art sein, so würde der Laut nur die Hinwendung auf sich hervorrufen, und es käme nicht zu einer Speichelabsonderung.

Als beim dritten Teil, dem Kontrollteil des Versuches, das Lautsignal gegeben wurde, rief es nicht nur die Hinwendung auf sich hervor, sondern bewirkte auch die Absonderung von

Speichel! So erwies sich also die Vermutung als richtig, daß sich im ersten Versuchsteil zwischen dem Zentrum des Lichtsignals und dem des Lautsignals eine neue bedingte Nervenverbindung gebildet hat. Sie entwickelte sich allein auf der Verknüpfung von zwei rein orientierenden Reizen, ohne jegliche „sachliche" Bekräftigung. Folglich ist die Orientierungsbekräftigung ebenso wirksam wie jede andere: eine einzige Bestätigung des (anhand von Signal A) erwarteten Ereignisses (B) kann als vollwertige Bekräftigung für die Bildung einer neuen, bedingten Nervenverbindung zwischen A und B dienen.

3.3. *Die Arten der Orientierungsbekräftigung*

Aus den Untersuchungen *Pawlows* und seiner Schule wissen wir, wie fein ein Tier auf kleinste Veränderungen aller Komponenten des bedingten Reflexes reagiert. Dies gilt besonders für die Veränderungen der Bekräftigung, für ihre quantitative und qualitative Seite. Im letzteren Fall geht es darum, ob die vorgesehene Bekräftigung völlig mit dem zusammenfällt, was dem Tier vor Beginn seiner Handlungen gezeigt worden ist. Versuche dieser Art wurden zuerst außerhalb der Laboratorien *Pawlows* durchgeführt. Die Divergenz zwischen dem Köder, der zunächst gezeigt und dann versteckt wurde, und dem, was das Tier dann entdeckte (und was als Bekräftigung dienen sollte), rief stets eine „Störung" im Verhalten des Tieres hervor. Sie konnte auch in den bekannten Versuchen von *Tinklepaugh* (1928, S. 197 ff.; 1932, S. 2) beobachtet werden, die bei uns von *Wojtonis* bestätigt wurden (vgl. 1936). Wenn das Tier unter dem Deckel nicht jenen Gegenstand – den Köder – entdeckt, der ihm zu Beginn des Versuches gezeigt worden war, wird deutlich, daß es ein anderes Erwartungsmodell hatte. Derartige Versuche sind Beweis dafür, daß es nicht nur eine vollständige, sondern auch eine unvollständige Orientierungsbekräftigung, eine rein orientierende Bekräftigung gibt, da das Tier allein bei der Wahrnehmung des ausgetauschten Köders bereits „Verwirrung" zeigt, bevor es diesen zu fressen beginnt (mitunter frißt es den Köder gar nicht, sondern schleudert ihn „wütend" zur Seite).

Es gibt jedoch noch eine weitere Seite der Orientierungsbekräftigung, deren Bedeutung kaum zu überschätzen ist. Zum Unterschied von der vollständigen und der unvollständigen, aber dennoch erfolgten oder nichterfolgten Bekräftigung, die man daher als alternative Bekräftigung („ja – nein") bezeichnen kann, ist diese neue Art der Bekräftigung als „relative Orientierungsbekräftigung" zu bezeichnen, da sie aus der Berücksichtigung jener Beziehung entsteht, in der sich das faktische Handlungsergebnis zu dem vorgezeichneten, vorgegebenen Ergebnis befindet. Macht das Tier zum Beispiel einen Fehler und erreicht das „Ziel" nicht, so kommt es vom Gesichtspunkt der „alternativen Bekräftigung" aus zu einem „Nein", das heißt zu einer negativen Bekräftigung. Bemerkt das Tier jedoch dabei, um wieviel und in welcher Richtung es vom Ziel abgekommen ist, so dient dies als relative Orientierungsbekräftigung und erlaubt es ihm, den folgenden „Versuch" entsprechend zu korrigieren.

Durch „Versuch und Irrtum" entsteht eine erfolgreiche neue Handlung anfangs zufällig, unter vielen erfolglosen Versuchen. Allmählich verringert sich die Zahl dieser Versuche jedoch und verschwindet dann gänzlich. Wenn es nur die alternative Bekräftigung („ja – nein") geben würde und jeder Versuch lediglich die Qualifizierung „richtig – nicht richtig" erhalten würde, würde der Lernprozeß zu keinerlei Erfolg führen: mißglückte Versuche würden einfach bis zum Eintreten eines ebenso zufälligen erfolgreichen Versuches verworfen werden. Hinterläßt dieser erfolgreiche Versuch ein markantes kinästhetisches Bild, so kann er beim nächsten Mal exakt danach reproduziert werden. Hier entsteht jedoch ein anderes Problem: nur in einem Ausnahmefall ist die Position des Tieres in bezug auf das „Ziel" ganz genau so, wie es bei dem früheren erfolgreichen Versuch war; es genügt jedoch schon eine geringe Veränderung dieser relativen Position, und die exakt reproduzierte und beim vergangenen Mal erfolgreiche Handlung wird zum Mißerfolg. Wenn man hier eine unexakte Ausführung der früher erfolgreichen Handlung hinzufügt (was praktisch immer der Fall ist), wird die Wahrscheinlichkeit ihrer erfolgreichen Ausführung noch geringer. Eigentlich beobachten wir das auch, wenn auf die erfolgreiche Ausführung einer Aufgabe mißglückte Versuche folgen.

Die Grundthese der Methode „Versuch und Irrtum“ besteht darin, daß die erfolgreichen Versuche fixiert werden, während die mißglückten Versuche ausgesondert werden. Dies ist aber die Konstatierung eines Fakts und keine Erklärung. Als Erklärung ist sie, wie wir soeben sahen, nicht haltbar: eine Handlung, die als erfolgreich fixiert wird, wird aller Wahrscheinlichkeit nach beim nächsten Mal zu einem Mißerfolg. Auf eben dieser Basis muß sie ausgesondert werden, und der Prozeß beginnt von neuem. Dies kann sich mehrfach, „bis ins Unendliche“, wiederholen, wobei der Fehler der angeführten Erklärung deutlich wird: allein die Fixierung einer erfolgreichen Handlung gewährleistet keineswegs ihr immer häufigeres Eintreten und ihre endgültige Festlegung. Hier ist ein weiterer und dabei eigentlich psychologischer „Faktor“ notwendig – die immer vollständigere und sorgfältigere Berücksichtigung der Rolle kleiner Veränderungen der Handlungsbedingungen, das immer exaktere Abwägen der Handlung hinsichtlich dieser Bedingungen und das immer größere Anpassen der Handlung an sie – noch vor der Ausführung, auf der Ebene des Abbilds.

In noch größerem Maße beziehen sich diese Forderungen auf die mißglückten Versuche. Werden sie nur verworfen, so wird eine völlige Unbestimmtheit hinsichtlich der Art der folgenden Versuche geschaffen. Aber wenn der mißglückte Versuch nicht einfach verworfen wird, sondern dabei die Abweichung des tatsächlichen Ergebnisses vom vorgegebenen Resultat berücksichtigt wird, so kann dies eine wesentliche Ergänzung des mißglückten Versuches bedeuten. Es wird deutlich, ob er eine Annäherung an das Ziel oder ein Entfernen von ihm darstellt, in welche Richtung und um wieviel und folglich, welche Korrektur man anbringen muß, damit im folgenden Versuch das Ziel erreicht wird oder man sich ihm zumindest nähert. In einer Reihe von Wiederholungen führen solche Korrekturen natürlich zu einer immer größeren Annäherung an die „richtige Handlung“. Später ermöglicht bereits eine Abschätzung auf der Ebene der Wahrnehmung die Anpassung der Handlung an die bestehenden Bedingungen.

Das alles gilt auch voll und ganz für die Anwendung bereits ausgebildeter Handlungen. Nur in Ausnahmefällen wird jene

Beziehung zwischen Individuum und Objekt exakt reproduziert, bei der beim vergangenen Mal die Handlung erfolgreich war. Um diese Handlung in einer neuen, aktuellen Situation erfolgreich nutzen zu können, muß man sie zuvor – auf der Ebene der Wahrnehmung – abwägen und einige notwendige Korrekturen anbringen, um sie den vorliegenden (und etwas veränderten) Bedingungen anzupassen.

Solche Korrekturen setzen eine Information über das Handlungsergebnis und dessen Vergleich mit dem vorgegebenen Ergebnis voraus. Aber all das muß vorher getan werden! Wenn die „richtige Handlung" und ihre Bedingungen zuvor bekannt sind und materiell vorliegen (in Form einer Situation einerseits und eines in der Elektronenrechenanlage enthaltenen Programms andererseits), kann natürlich die Steuerungseinrichtung die erfolgreiche Ausführung der Handlung garantieren. Sind aber der richtige Weg oder die Korrektur für diesen noch unbekannt, kann man sie nur vermittels Orientierung auf der Ebene des Abbilds vorher (vor Beginn oder während der Ausführung) antizipieren und die Ausführung der Handlung mit Hilfe des Vergleichs ihres tatsächlichen mit dem vorweggenommenen Verlauf lenken.

Die psychische Widerspiegelung des Handlungsfeldes und die Korrelierung des tatsächlichen und des vorweggenommenen Verlaufs der Handlung auf der Ebene des Abbilds bilden eine obligatorische Bedingung für die erfolgreiche Ausführung einer Handlung, bei der die notwendige Konstanz der Bedingungen nicht im voraus gewährleistet ist. Um so mehr, da dies die obligatorische Bedingung eines jeden Lernens ist, einschließlich des Lernens durch Versuch und Irrtum.

Sowohl die Entwicklung als auch die erfolgreiche Anwendung von Handlungen unter Umständen, die ihre Anpassung (in bezug auf die Richtung, den Abstand, die Kraft, das Tempo) erfordern, sind also nur aufgrund der psychischen Widerspiegelung der Situation mit Hilfe von ideellen Handlungen auf der Ebene dieser Widerspiegelung und aufgrund ihrer Bekräftigung, nicht nur der alternativen, sondern vor allem auch der relativen und der rein orientierenden Bekräftigung, möglich.

Auf jener Entwicklungsstufe der Tiere, auf der die automatischen Reaktionen nicht mehr ausreichen, um die Existenz des Organismus zu sichern, eröffnen sich dank der psychischen Widerspiegelung der Welt und dank der Handlungen auf der Ebene dieser Widerspiegelungen neue Existenz- und Entwicklungsmöglichkeiten. Von dieser Stufe der Phylogenese an wird das Psychische zu einer notwendigen Bedingung für die weitere progressive Entwicklung der Tierwelt. Auf die Bedeutung des Psychischen, des Bewußtseins für das Leben der menschlichen Gesellschaft braucht hier selbstverständlich nicht hingewiesen zu werden.

3.4. Der Mechanismus der aktiven Handlungen

Das Bedürfnis wird in das Bild der Umwelt dadurch hineingebracht, daß das Subjekt unter den Objekten des Umweltbildes das „Ding", das diesem Bedürfnis entspricht, erkennt und heraushebt. Schon dadurch erlangt die Situation eine Sinnzentrierung, einen bestimmten Sinn (vgl. *Leontjew* 1964; 1979). Wenn jedoch der Weg zu diesem Ziel in größerem Umfang vorweggenommen wird und auf diesem Wege bestimmte Objekte und Entfernungen hervorgehoben werden, erhalten sie entsprechend ihrer Beziehung zum Ziel der Handlung und entsprechend ihrer Position auf dem Weg zu ihm unterschiedlichen „funktionalen Wert".

So erhält das Bild der vorliegenden Situation eine bestimmte psychologische Struktur. Sie wird danach eingeteilt, was von grundlegender oder nur funktionaler Bedeutung ist. Anfangs werden diese verschiedenen Bedeutungen antizipiert und nur im Orientierungsprozeß selbst, im Prozeß der Bezugsetzung des Ziels mit dem Wegabschnitt, der es vom Subjekt trennt, bewahrt. Daher werden sie in Richtung vom Ziel zum Subjekt nach dem sogenannten „Zielgradienten" bestimmt, das heißt in einer Anordnung, die umgekehrt zum Handlungsverlauf liegt (vgl. *Hull* 1943). Dieser Gradient ist in gewisser Hinsicht paradox: um nämlich ein Ziel zu erreichen, muß man jedes Mal den ganzen Weg vom Anfang bis zum Ende durchlaufen, und verstärkt wird dieser Weg nach den einzelnen Abschnitten, angefangen vom Ende bis zum Anfang! Warum werden die Anfangsabschnitte des Weges nicht zumindest ebenso eingeprägt wie seine abschließenden Teile? Dies ist um so verwunderlicher, da die ersteren eine größere Orientierungsspannung als jene erfordern, die dem Ziel näher sind.

Offensichtlich wird das Einprägen des Weges nicht nur dadurch bestimmt, wie oft man ihn gegangen ist und wie groß die dazu erforderlichen Anstrengungen waren, sondern in erster Linie durch die Deutlichkeit der Beziehungen seiner Teile zum Ziel und folglich durch die Notwendigkeit, sich auf jedem Mikroabschnitt der Situation auf dessen Beziehung zum nächsten Ziel zu orientieren (vgl. *Smirnow* 1948; *Sintschenko* 1961). Zu Beginn des Lernens, wenn die Zwischenziele noch nicht vorgezeichnet sind, ist dieses nächste Ziel nur das Hauptziel, das Endziel, bei dem daher auch der Prozeß der Wegfestlegung beginnt. In der zielgerichteten Handlung ist das Hauptziel das Erste und offensichtlich Bedeutsame unter den übrigen Objekten des Feldes, die herausgehoben und nur in ihrem Zusammenhang mit dem Hauptziel eingeprägt werden.

Selbst bei den Tieren kann die Kette der zwischen Anfang und Ziel einer Handlung befindlichen Orientierungspunkte und Zwischenhandlungen sehr lang sein, sie muß aber unbedingt mit einer grundlegenden Bekräftigung durch das „Endziel" enden, sonst verlieren die Zwischenziele ihren sekundären und von ihm abgeleiteten Wert. Hieraus erklärt sich auch, daß die Bildung bedingter Reflexe zweiter Ordnung ohne Bekräftigung der der ersten Ordnung schwierig und instabil ist (vgl. *Pawlow* 1953, S. 64; 1953 a, S. 307; 1953 b, S. 27). Die Ketten der bedingten Reflexe, die in einer „echten Bekräftigung" enden, können jedoch sehr lang sein *(Skinner, Napalkow)*. Die Bekräftigung muß bedeutungsvoll, darf aber nicht bedingt sein; der bedingte Reizerreger (gerade der bedingte) ist an und für sich von indifferentem, keinerlei stabilem, nicht einmal orientierendem Wert. Die Entwicklung einer bedingten Verbindung an einer einzigen Orientierungsbekräftigung macht es erforderlich, daß die Orientierungsreizerreger „lebendig" sind, daß sie die ganze Zeit in gewissem Maße „neu", das heißt unbedingt bleiben und nicht zu bedingten werden, wenn auch als „rein orientierende Reize".

Die bedingten Reflexe stützen sich auf die Verbindung zwischen der Bekräftigung und dem, was ihr systematisch vorausgeht, über sie informiert, zu ihr hinführt. Und natürlich wird diese Verbindung nicht von den Abschnitten und Orientierungspunkten des Weganfangs her vorgenommen, sondern vom letzten Abschnitt her, der deutlich mit dem Ziel zusammenhängt. Daher kommt es zu der umgekehrten Reihenfolge – „vom Ende zum Anfang".

Diesem widerspricht auf den ersten Blick die „Methode der humanen Tierdressur", die Ende des vergangenen und zu Beginn unseres Jahrhunderts von *Durow* entwickelt (vgl. 1924) und die beträchtlich später, erst in den 30er Jahren, durch *Skinner* wiederentdeckt wurde (vgl. 1938). Diese Methode besteht in der Herausbildung einer Kette von bedingten Reflexen „vom Anfang zum Ende", das heißt in einer Reihenfolge, die derjenigen, über die wir soeben sprachen, entgegengesetzt ist. Dies ist jedoch nur ein scheinbarer Widerspruch. Beim Lernen vom Ende zum Anfang teilt der Experimentator den ganzen Weg in eine Reihe von aufeinanderfolgenden Schritten ein, von denen der erste zunächst eine selbständige und völlig „sachliche" Bekräftigung erhält. Der Übergang zum zweiten Schritt (und von ihm zum folgenden usw.) wird nicht vom Tier selbst antizipiert, sondern vom Experimentator – er hält die neue Köderportion derart, daß das Tier, indem es ihr folgt, dem vorausgehenden einen weiteren Schritt hinzufügt, der gerade an dieser Stelle eine nochmalige, ebenfalls „sachliche" Bekräftigung erhält. In dieser Reihenfolge wird die Bekräftigung auch nach dem dritten und nach dem vierten Schritt gegeben und das wird beliebig weit fortgesetzt. Bei der Analyse einer solchen Erziehungsmethode muß man die Ketten der bedingten Reflexe danach unterscheiden, wie sich die Aufgabe für den Experimentator stellt und was sie für das Tier bedeutet. Der Experimentator sieht sie als Bewegung vom Anfang zum Ende, das heißt zum Endziel, das er antizipiert hatte. Für das Tier aber gilt nur das nächste Ziel, das sich allmählich auf der Linie der bereits angeeigneten Schritte immer weiter fortbewegt.

Auf diese Weise wird auch hier für die beiden am Versuch Beteiligten der Weg „vom Ziel zum Anfang" (der Bewegung) abgesteckt, nur für den Experimentator stellt sich als dieses Ziel das „Endziel" dar, für das Tier dagegen das nächste Ziel, das beim folgenden Mal zu einem Zwischenziel wird. Der tatsächliche Mechanismus bleibt ein und derselbe: von jener Sinnbedeutung, die dem Bedürfnisgegenstand eigen ist, zu seiner Orientierungsbedeutung (hinsichtlich seiner Lage inmitten der anderen Dinge der Problemsituation) und zur Orientierungsbedeutung jener Dinge, die zwischen dem Subjekt und dem Ziel liegen.

Infolge der Bezugsetzungen auf der Abbildebene wird zuerst das Endziel ausgesondert, danach werden auch die Zwischenziele und die Gegenstände auf dem Wege zur abschließenden Bekräftigung zu Orientierungspunkten, sozusagen zu Orientierungsreizen. Erfolgt dies einmal, so erlischt der Orientierungswert des Objekts, nachdem die Handlung ausgeführt ist. Treten diese Objekte in derselben Orientierungsqualität wiederholt auf, so werden sie zu bedingten Reizerregern und ihre Bekräftigung wird entsprechend automatisiert. Die unterschiedliche Dauerhaftigkeit der bedingten Bedeutung ist jedoch eine sekundäre Erscheinung. Der Hauptprozeß – die Herausbildung dieser Bedeutung – bleibt in beiden Fällen ein und derselbe: die Herstellung einer Verbindung zwischen dem, was bereits Bedeutung hat, und dem, was ihr zeitlich und im Handlungsablauf vorausgeht. Diese objektive Verbindung wird dank der orientierend-untersuchenden Tätigkeit deutlich und bedeutsam; anfangs bleibt sie nur im Prozeß der Tätigkeit erhalten, da diese eine Stütze für die Korrelierung auf der Abbildebene ist.

Bis jetzt verwendeten wir Situationen, in denen das „vorweggenommene Resultat" – das „Erwartungsmodell" – (beide Termini von *Bernstejn*) den Gegenstand irgendeines „sachlichen" Bedürfnisses darstellt. In diesen Situationen kommt sogar die „rein orientierende Bekräftigung" nur hinsichtlich der „sachlichen" Bekräftigung zum Tragen und stützt sich auf deren Kraft. Aber bereits im Leben der Tiere erlangt die Orientierungstätigkeit eine derart große Bedeutung, daß sie sich in beträchtlichem Maße zu einer selbständigen und äußerst charakteristischen Tätigkeit herausbildet. Darauf wies mehrfach *Pawlow* hin. In diesen Fällen wird nicht das Streben nach irgendeinem bestimmten Objekt oder seine Stellung zum „vorweggenommenen Resultat" zum Ziel der orientierend-untersuchenden Tätigkeit, sondern nur das Erkennen des neuen Objekts oder der neuen Lage und das Bekanntmachen mit ihm oder ihr. In *Kroughfords* Beschreibung der Art und Weise, in der eine Maus erstmals ihre neue Wohnstätte untersucht, wird dieser Prozeß deutlich dargestellt: „Als Arthurs Käfig geöffnet wurde, geschah, was danach mit allen Mäusen geschah, ob es nun Weibchen oder Männchen waren. Bereits nach wenigen Sekunden schlich Arthur langsam auf den Fußboden hinaus; er machte mehrere Schritte und kehrte auf demselben Wege in den Käfig zurück. Dort wandte er sich sofort um und durchlief erneut denselben Weg, aber dieses Mal wagte er sich etwas weiter vor. Er erreichte die Wand, lief mehrere Schritte an ihr entlang und kehrte dann auf dem früheren Weg zum Käfig zurück. Es folgten neue Ausfälle, die immer kühner und kühner wurden, so daß Arthur nach fünfzehn Minuten bereits das ganze Zimmer umrundete und dabei bereits die Ecken zu schneiden begann. Dann trat der Moment ein, in dem er sich von der jetzt bereits bekannten Wand trennte und sich an die Untersuchung der unbekannten inneren Gebiete machte. Auf jeder Etappe seiner Untersuchungen ‚hielt er die Verbindung' zum Käfig aufrecht. Später stellte ich fest, daß ich in dieser Untersuchungsphase absichtlich oder versehentlich nur ein leichtes Geräusch zu verursachen brauchte, und die Maus stürzte sofort in Richtung auf den Käfig los. Sie bewies dadurch, daß sie ständig eine genaue Vorstellung davon hatte, wo sich ihre Zuflucht befindet. Bekanntlich besitzt die Maus in den Sohlen Drüsen, die fettähnliche Stoffe aussondern. Wahrscheinlich ermöglichen es diese der Maus, mit Hilfe des Geruchssinns exakt auf der eigenen Spur zurückzukehren, wenn sie dazu Zeit hat. Bekannt ist auch, daß sich die Maus, wenn sie zu ihrem Unterschlupf läuft, auf ihr kinästhetisches Gefühl verläßt, auf die Erinnerung an die gesamte Abfolge der Muskelbewegungen. Eine Stunde später bewies Arthur, daß in seinem Kopf bereits eine genaue topographische Karte des Zimmers vorhanden war: jetzt kehrte er geradeaus über die nicht erforschten Abschnitte zum Käfig zurück. Als ich den Käfig jedoch geräuschlos hochnahm, geriet er in große Verwirrung. Er begann, durch das Zimmer zu laufen, wobei er ständig an jene Stelle zurückkehrte, an der zuvor der Käfig gestanden hatte, den er offensichtlich ausfindig zu machen versuchte. Dann unterließ er diesen Versuch und setzte die Untersuchung des Zimmers fort" (*Kroughford* 1970, S. 19 f.).

Welche Bedeutung ein solches Erkunden der Umgebung hat, bezeugt eine andere Beobachtung desselben Autors: „Ich ließ zwei Männchen ins Zimmer ... und bemerkte, wie eines von ihnen ganz still verharrte und dann das andere aggressiv anzuspringen begann; dieses aber ging ihm jedes Mal aus dem Weg und setzte seine Erkundungen fort. Aus der Art seines Ausweichens konnte man jedoch erkennen, daß dieses Männchen die Angriffe seines Konkurrenten als eine lästige Störung und keineswegs als Grund zur Aufregung betrachtete. Die aggressive Maus war von der Anwesenheit der zweiten Maus derart in Anspruch genommen, daß sie nichts anderes tat, als hinter ihr herzulaufen, und die Erkundung fast völlig einstellte. Nach zwei Stunden beendete die zweite Maus die Untersuchung des Raumes. Von diesem Moment an änderte sich ihr Verhalten völlig. Sie lief nicht mehr fort, sondern begann zu kämpfen. Bald hatte sie ihre Überlegenheit an Körperkraft – und vielleicht auch an Entschlossenheit – bewiesen, und der frühere Verfolger wurde zum Verfolgten. Seine Lage erwies sich als äußerst ungünstig, da er den Raum schlecht kannte; vor meinen Augen verwandelte er sich in eine völlig untergeordnete Maus" (*Kroughford* 1970, S. 34).

Wie wir aus dieser Beschreibung sehen, erlangen die Gegenstände und die Beziehungen zwischen ihnen durch die Erkundung der Örtlichkeit nicht die Bedeutung von bedingten Reizerregern, die eine streng konstante Reaktion hervorrufen. Mit ein und demselben Gegenstand können entsprechend der Aufgabe, in die dieser Gegenstand einbezogen wird, verschiedene Handlungen ausgeführt werden. Diese Aufgaben ändern sich in Abhängigkeit von vielen Variablen und werden erstens durch das dominierende Bedürfnis und zweitens durch jene Position bestimmt, die das Individuum in einer Situation in einem bestimmten Moment einnimmt. Aber selbst wenn alle diese Komponenten konstant bleiben, ändern sich die Details der ablaufenden Handlungen ständig. Daher verlangt die Ausführung der Handlungen eine nicht erlahmende, aktive Orientierung: wo und in welchem Abstand befindet sich das nächste Objekt, wie kann man an dieses heran, was ist zu tun, es sicher zu packen – alles muß an Ort und Stelle vorgezeichnet, muß schnell und sofort anhand dieses Entwurfs realisiert werden.

Handlungen, die nach diesem Entwurf auf der Ebene des Abbilds realisiert werden, sind aktiv. Sie folgen jenen Beziehungen der Dinge, die eigene Bedeutung – Wege zum Ziel – erhalten und diese Bedeutung sofort nach ihrem Erhalt verlieren. Das sind die Bedeutungen einer einmaligen Handlung, die „hier und jetzt" bestimmt werden, nur im Orientierungsprozeß wirken und diese Wirkung mit dem Übergang zum folgenden Objekt der Orientierungstätigkeit verlieren.

Somit kann man den Mechanismus der aktiven Handlungen (in gewisser allgemeinster Form) mit der Bildung von Orientierungsbedeutungen, sozusagen von Orientierungsreizerregern einer einmaligen Handlung, vergleichen. Das Merkmal dieser Reizerreger besteht darin, daß sie keine bestimmte Reaktion hervorrufen, sondern nur auf die objektive Verbindung zwischen Objekt A und Objekt B hinweisen; folgt das Subjekt dieser Verbindung oder bewegt es sich an ihr entlang, kann es von A zu B gehen (oder in der umgekehrten Richtung). Es kann dies physisch oder allein „mit einem Blick" innerhalb der vorliegenden Situation tun, oder indem es sich auf die zu erwartende Situation vorbereitet. Diesen Bedeutungen des „Hinweisens auf etwas" entsprechen die verschiedenen Handlungen, die nicht in die Ausführungsperipherie entlassen werden, sondern zuerst auf der Ebene des Abbilds, also nur als mögliche Handlungen vorgezeichnet werden. Für die Ausführung werden sie erst akzeptiert, wenn sie durch Abschätzen oder Extrapolation auf der Ebene des Abbilds erprobt und bestätigt worden sind. Man kann sagen, daß diese Verbindungen in dem Sinne „zutiefst bedingt" sind, daß sie nur auf die Bedingungen verweisen, die sich dem Subjekt auf der Ebene des Abbilds und bei Bezugsetzung der Elemente des Feldes auftun, daß sie jedoch ohne Bezugsetzung mit dem Ziel und ohne „Verstärkung" durch das Subjekt keine Handlungen hervorrufen.

Die Bestimmung solcher Orientierungsverbindungen und ihrer zeitweiligen Orientierungsbedeutungen ist eine natürliche und unvermeidliche Folge jener unbestreitbaren Tatsache, daß die Objekte einer Problemsituation unter entsprechenden Bedingungen zu bedingten Reizerregern einer Orientierungsbekräftigung werden. Aber das, was mit der Zeit stabil wird, ist anfangs instabil und dennoch wirksam; wenn zum Beispiel bei sehr großer emotionaler Spannung ein akutes Bedürfnis entsteht, wird die Orientierungsbedeutung sogar bei bereits einmaliger Bezugsetzung der Objekte bestimmt und fixiert.

Somit ist der Mechanismus der aktiven Handlungen in den allgemeinsten Merkmalen der gleiche wie der Mechanismus der gewöhnlichen bedingten Reaktionen, jedoch mit dem wesentlichen Unterschied, daß dieser Mechanismus erstens sich auf die Bestimmung (mitunter auf die Skizzierung) der objektiven Verbindung zwischen den Objekten in der psychischen Widerspiegelung der vorliegenden Situation beschränkt und zweitens in seiner physiologischen Basis nicht fixiert wird (da er nur einmal anspricht und dafür vorgesehen ist). Wenn jedoch dieser Mechanismus systematisch reproduziert wird und die Verbindung zwischen den Objekten als der bewährte Weg einer nichteinmaligen Handlung fungiert, verwandelt er sich in den stabileren Mechanismus des bedingten Reflexes; dementsprechend wird die volle Reproduzierung der Orientierung unter diesen Umständen überflüssig, die Orientierung „erlischt" und der Prozeß wird automatisiert.

3.5. *Aktive und automatische Handlungen*

In dem Maße, in dem sich die Handlung auf fertige Mechanismen einschließlich ihrer Regulierungsmechanismen stützt, ist sie automatisch. Erfolgt sie jedoch auf der Grundlage einer Orientierung in einer neuen Situation auf der Ebene des Abbildes, ist sie aktiv.

Das Erkennen der neuen Situation selbst setzt aber gewisse bereits fertige Mechanismen voraus. Damit ist die Wechselbeziehung zwischen den aktiven und den automatischen Handlungen durchaus nicht immer so antagonistisch, wie sie in den klassischen Laborversuchen *Pawlows* und mitunter in einigen Lebenssituationen erscheint.

Die bemerkenswerten Boxenversuche *Pawlows* und seiner Schule waren speziell derart angelegt, daß diese zwei Reaktionstypen deutlich unterschieden werden konnten, und in diesen Versuchen lösen sie einander tatsächlich deutlich ab. In der isolierten Kammer, in die lediglich die vom Experimentator vorgesehenen Reizerreger hineingelangen, scheiden sich die Problemsituationen deutlich von den problemlosen, den völlig (d. h. fast völlig) stereotypen Situationen. Aber im freien Verhalten des Tieres (und sei es auch unter Laborbedingungen) ist es schon nicht mehr so: das Tier bewegt sich, die Gegenstände des umgebenden Milieus ändern ständig ihre Position in bezug auf das Tier, und folglich ändert sich in gewissem Maße auch die funktionale Orientierungsbedeutung. Diese Veränderungen sind zumeist nicht groß, sie reichen aber dennoch aus, Handlungen, die dem allgemeinen Schema nach für die vorliegende Situation voll und ganz geeignet sind, erfolglos werden zu lassen. Hier sind kleine Anpassungen an die einmaligen Veränderungen der Umstände notwendig, die dadurch erreicht werden, daß die „im allgemeinen richtige Handlung" auf der Ebene der Wahrnehmung abgeschätzt wird. Anhand der Resultate dieser Abschätzung werden auf der Wahrnehmungsebene nun Korrekturen vorgenommen, die dann auch in der eigentlichen Ausführung realisiert werden.

Mit einem Wort, infolge der Bezugsetzungen auf der Ebene des Abbilds erfahren die Gegenstände auf dem Wege zum Ziel entweder eine Bestätigung der früheren Orientierungsbedeutung oder eine teilweise Veränderung; dementsprechend ändern sich auch die Reaktionen auf diese Orientierungspunkte. Diese Reaktionen werden mit Hilfe fertiger Nervenmechanismen, das heißt automatisiert, ausgeführt. Dies macht lediglich eine verzögerte Ausführung der Handlungen erforderlich, und die bereits früher entstandenen Automatismen werden dank der Hervorhebung solcher Abschnitte ihres Handlungsverlaufs, in denen diese Mechanismen erfolgreich angewendet werden können, in die aktive Tätigkeit einbezogen. Die neue Handlung wird in „Schritte" eingeteilt, die dem Leistungsvermögen entsprechen, und lediglich an ihren Nahtstellen geht das Subjekt erneut zu einer mehr oder weniger aktiven Orientierung in den Objekten über. Auf diesem Wege werden die automatischen Mechanismen in die Antwort auf die bekannten Reizerreger einbezogen, die infolge der orientierend-untersuchenden Tätigkeit in der Situation aufgedeckt werden. Auf der Ebene des Abbilds fungieren diese Reizerreger als gegenständliche Bedingungen der Handlung, die das Subjekt zuerst auf der Ebene des Abbilds abschätzt und erst danach etwas verzögert ausführt, wobei es ihren Verlauf kontrolliert. Die Orientierung auf der Ebene des Abbilds ist die Bedingung nicht nur für die aktiven Reaktionen, sondern auch für ihre Koordinierung mit den automatischen oder automatisierten Reaktionen.

Aktive und automatisierte Handlungen sind einander ihrer Natur nach durchaus nicht entgegengesetzt, sie können es unter bestimmten Bedingungen jedoch werden. Wenn die Handlungen unter stereotypen Bedingungen anerzogen werden und sich die Orientierung in einer Situation bald auf das Identifizieren weniger charakteristischer Merkmale zu beschränken beginnt, werden auch die Handlungen stereotyp. In diesen Fällen geschieht es bei einer unerwarteten Veränderung der Situation nicht selten, daß Handlungen anhand einzelner bedingter Reizerreger ausgeführt werden, ohne daß die tatsächliche Lage insgesamt berücksichtigt wird. In solch einem Fall sagt man, die Automatismen wirken der sinnvollen Handlungsausführung entgegen. Dies bedeutet aber, daß nicht die Automatisierung an und für sich, sondern das Nachlassen der Orientierung in der Situation zur Realisierung einzelner Handlungen führt, die nicht der Gesamtstruktur dieser Situation entsprechen. Bleibt jedoch die Gesamtorientierung in der Situation erhalten, können und müssen die Handlungen mit ihren einzelnen Teilen eine hohe Automatisierung erreichen, wie dies auch bei allen Virtuosen ihres Faches beobachtet werden kann. Der Alltagswiderspruch „stereotyp“ und „schöpferisch“ drückt nicht den Widerspruch von Aktivem und Automatischem in den Handlungen selbst aus, sondern den Widerspruch „Orientierung auf das Besondere“ und „Orientierung auf das Ganze.“

Die automatischen Mechanismen gehören dort zu den aktiven

zielgerichteten Handlungen, wo in ihnen bekannte Teile hervorgehoben und erkannt werden. Aber auch diese Teile erfordern eine Orientierung: die Bezugsetzung der einzelnen Glieder miteinander und mit ihren Orientierungspunkten. Hier gibt es keine Untersuchung und nicht einmal eine Erkundung, selbst kein Abschätzen – es bleibt nur der Zielbezug und die Kontrolle der Ausführung. Entsprechend der Notwendigkeit einer solchen Leistung ändert sich in der Handlung die Wechselbeziehung zwischen ihrem aktiven und ihrem automatisierten Teil. Und dies betrifft gleichermaßen nicht nur die Handlung, sondern auch das Abbild, auf dessen Ebene sie ausgeführt wird, wie auch den Stimulus zur Handlung selbst. Die reale Form aller Komponenten der gesamten psychischen Tätigkeit ändert sich in Abhängigkeit von der Notwendigkeit einer aktiven Orientierung des Verhaltens.

3.6. Aktive und passive Orientierung

Die Wörter „orientierend“, „Orientierung“, „orientieren“ werden in verschiedenen Bedeutungen verwendet, und wir müssen den Sinn des Terminus, den wir verwenden wollen, präzisieren.
Mitunter sagt man „orientierend“ im Sinne von annähernd, ungefähr, im voraus. Von diesen Bedeutungen ist nur die letztere für uns wesentlich. Orientierung geht immer voraus und nimmt die Ausführung vorweg, sonst hätte sie keinen Sinn. Aber das verpflichtet sie keineswegs dazu, ungenau, angenähert zu sein. Orientierung kann sowohl genau als auch ungenau sein, sie kann der Ausführung beträchtlich vorgreifen, kann aber auch nur wenig vorwegnehmen und die Handlung gleichsam unmittelbar nach sich ziehen.
Die zweite Bedeutung des Wortes „orientieren“ ist ausrichten. Orientierte Bewegungen sind gerichtet, nichtorientierte Bewegungen sind untergeordnet, ohne bestimmte Richtung. In diesem Sinne werden die Termini „Orientierung“, „orientierende Mechanismen“ sowohl in der Biologie als auch in der Technik verwendet. In der Biologie sind viele Mechanismen bekannt, die den Tieren helfen, die Stellung ihres Körpers im Raum zu

orientieren oder sich in den Richtungen des Raumes zu orientieren. So verfügen zum Beispiel die Fische über einen speziellen Apparat, der es ihnen gestattet, beim Schwimmen die „richtige Haltung“ (mit dem Rücken nach oben) beizubehalten. Dieser Apparat besteht aus einer kleinen Höhlung, in der sich ein Steinchen befindet und in das die Enden eines bestimmten Nervs hineinragen. In normaler Stellung übt das Steinchen, indem es der Schwerkraft folgt, auf den unteren Teil der Höhlung einen Druck aus, und dieser Reiz signalisiert dem Fisch, daß er mit dem Rücken nach oben schwimmt. Diese Höhlung befindet sich direkt unter der Haut und ist nach außen durch ein feines Häutchen geschützt. Nun kann man mit dem Fisch folgenden Versuch machen: das Häutchen wird vorsichtig aufgeschnitten und anstelle des Steinchens bringt man ein eisernes Schrotkügelchen in die Höhlung hinein. Das Schrotkorn drückt ebenso wie das Steinchen unter gewöhnlichen Bedingungen auf den unteren Teil der Kammer, und der Fisch schwimmt wie immer mit dem Rücken nach oben. Bringt man jedoch von oben einen Magneten heran, der das Körnchen anzieht, so ruft dies eine Reizung der Nervenenden in der oberen Hälfte der Kammer hervor, was für den Fisch das Signal für eine nichtrichtige Haltung (mit dem Bauch nach oben) ist. Der Fisch stellt sogleich die normale Stellung wieder her, indem er sich mit dem Bauch nach oben dreht; das Körnchen beginnt unter der Wirkung des Magneten auf die untere Hälfte der Kammer zu drücken, und der Fisch schwimmt in dieser unnatürlichen Stellung (wobei er „annimmt“, daß er sich jetzt „richtig verhält“). Es gibt kleine Krebse, Garnelen, die sich selbst in diese Kammern (die bei ihnen zum Teil offen sind) kleine Steinchen hineinstecken; sie helfen ihnen, die normale Stellung einzuhalten.

In allen Fällen vollzieht sich der Prozeß derart, daß sich eigentlich nicht das Tier orientiert, sondern daß der physiologische Apparat es orientiert, der auf bedingt-reflektorische Weise die Stellung des Tieres im Raum bestimmt. Der Unterschied zwischen „sich selbst orientieren“ und „orientiert werden“ tritt beim Menschen sehr häufig auf. Der Mensch verfügt ebenfalls über einen ähnlichen physiologischen Apparat, der zur Beibehaltung einer bestimmten Stellung in bezug auf den Schwerpunkt der

Erde dient. Wenn jedoch ein Mensch in ganz außergewöhnliche Bedingungen gerät, zum Beispiel bei einem Wendemanöver in sehr schnellen Flugzeugen, ist dieser Apparat an solche außerordentlichen Bedingungen nicht angepaßt, er beginnt falsche Angaben zu machen, und der Flugzeugführer kann in einer solchen Situation nicht mehr feststellen, welche Stellung er in bezug auf die Erde einnimmt, ob er auf der Seite fliegt oder sogar mit den Füßen nach oben; daher müssen Piloten speziell lernen, sich in solchen Situationen nicht nach ihren Empfindungen, sondern nach den Angaben der Geräte zu richten.

Vom psychologischen Gesichtspunkt aus ist dies sehr wichtig: der Mensch kann lernen, seine unmittelbaren Empfindungen außer acht zu lassen und sich in seiner Orientierung nach den Angaben von Instrumenten zu richten. Das zeugt auch davon, daß hier nicht die Instrumente das Verhalten des Menschen lenken, sondern daß der Mensch sein Verhalten nach den Angaben der Instrumente lenkt. In dem einen Fall steuert der Mechanismus die ausführende Handlung automatisch, in dem anderen liefert der Mechanismus nur die Information, und der Mensch übernimmt die Entscheidung darüber, wie er zu handeln hat.

In der Technik werden heute in großem Umfang Mechanismen eingesetzt, die als orientierende Mechanismen bezeichnet werden. Und sie sind tatsächlich so konstruiert, daß ihre bestimmten Zustände (und Angaben) zu einer Veränderung der Arbeit der ausführenden Mechanismen führen. Derart konstruiert sind alle Support-Einrichtungen an Drehbänken, alle selbstrichtenden Geräte in der Astronomie, der Navigation usw. Wenn wir die Arbeit dieser Geräte eingehend betrachten, finden wir in ihr eine großartige Bestätigung dessen, was *Hegel* einmal als die „Findigkeit des Verstandes“ bezeichnete, der das eine Ding so auf das andere richtet, daß er sie zwingt, seinen Zwecken zu dienen. Im wesentlichen werden auch hier in diesen orientierenden Mechanismen natürliche Kräfte ausgenutzt; sie wirken nach ihren eigenen Gesetzen, die an und für sich keine Beziehung zu unseren Absichten haben. In technischen künstlichen Einrichtungen werden diese natürlichen Kräfte nun vom Menschen derart verknüpft, daß sie letzten Endes die von uns gewünschte Wirkung auf den Ausführungsmechanismus ausüben. Sie steuern die Arbeit des Ausführungsmechanismus auf bestimmte Weise, und in diesem Sinne orientieren sie diesen tatsächlich. Es ist aber leicht zu erkennen, daß sie so orientieren, wie eine jede physische Kraft einen Körper orientiert, auf den sie wirkt.

Daß diese künstlichen orientierenden Mechanismen gegenüber den Ausführungsmechanismen indifferent sind, wird am besten durch den Umstand belegt, daß diese Geräte ungenau zu arbeiten beginnen oder sogar falsche Angaben machen, wenn sie abgenutzt sind. Wenn der Maschinenführer hier nicht eingreift und sie in Ordnung bringt, beginnen sie den Ausführungsmechanismus so zu orientieren, daß dies vom menschlichen Gesichtspunkt aus eine echte Desorientierung ergibt. Hilfsinstrumente sind nur solange orientierende Instrumente, wie sie in das System der menschlichen Tätigkeit eingeschlossen sind und einen Teil der steuernden Arbeit des Menschen ausführen. An und für sich, außerhalb der menschlichen Tätigkeit, orientieren sie nicht mehr als jeder andere Mechanismus und sogar einfach jede beliebige physische Kraft. Von seiten derjenigen Einrichtung oder desjenigen Körpers, der diese Mechanismen orientiert, erfolgt eine passive Orientierung durch physische Einwirkung: diese Orientierung wird nur dann zu einem Teil der Orientierungstätigkeit, wenn sie in die zielgerichtete menschliche Tätigkeit einbezogen wird.

Die psychologische Orientierung beginnt in Situationen zu wirken, in denen kein fertiger Mechanismus zur erfolgreichen Lösung ihrer Aufgaben vorhanden ist. Fliegt zum Beispiel ein Mensch in einem Flugzeug, unter Bedingungen, an die seine natürliche physiologische Orientierung und die irdischen Gewohnheiten nicht angepaßt sind, kann er sich bereits nicht mehr auf seine Empfindungen verlassen, der natürliche Apparat beginnt ihn sogar in die Irre zu führen. Die Autoren des interessanten Artikels „Über Raumillusionen von Flugzeugführern" berichten zum Beispiel, wie „ein Flugzeugführer beim Flug über einer Wasserfläche die Sterne unten sah". Bei ihm entstand die Illusion des Rückenfluges, und er „drehte sein Flugzeug auf den Rücken", was die anderen Piloten nicht wenig verwunderte. In einem anderen Fall „bemerkte ein Flugzeugführer eine Wolkenbank, die sich von rechts nach links unten erstreckte. Er hielt sie für den Horizont, und bei ihm entstand die Illusion der rechten Tragfläche" (*Kamyschew/Lasarew* 1973, S. 24). Für diese besonderen Situationen gibt es keinen fertigen Steuerungsapparat; hier muß sich der Mensch auf die Geräte, auf ihre Angaben verlassen und sich selbst aktiv nach ihnen orientieren.

Aber vielleicht besteht das Wichtigste darin, daß solche scheinbaren Ausnahmesituationen überhaupt keine solche Ausnahmesituationen sind. Dazu gehört im wesentlichen jede Situation, in der zumindest eine geringe Veränderung der gewohnten Bedingungen vorliegt, eine Veränderung, die eine zwar geringe, aber aktive Veränderung der Handlung erfordert. Diese Veränderung kann ganz gering sein. Wird sie jedoch nicht vorgenommen, so kann die Handlung mißlingen. Fertige Mechanismen sind überall dort unzureichend, wo etwas Neues auftritt. Dies gilt nicht nur für neue Objekte oder neue Beziehungen zwischen ihnen, sondern auch für eine nicht streng dem Standard entsprechende und nur in diesem Sinne neue Position des Subjekts in einem bekannten Milieu. In allen Fällen, in denen eine stereotype Handlung unzureichend ist, ist für ihre Anpassung an die neuen Bedingungen nicht eine automatische, passive, sondern eine aktive psychologische Orientierung notwendig.

Die Besonderheit einer solchen psychologischen Orientierung besteht vor allem darin, daß sich die Objekte des Feldes vor dem Subjekt auftun, eine Reaktion jedoch bereits nicht mehr unmittelbar, nicht mehr automatisch hervorrufen. Eine solche Reaktion wird durch das blockiert, was die Physiologen als Nichtübereinstimmung der (aus der Situation eintreffenden) Signale mit dem sogenannten Nervenmodell des Stimulus, der im Organismus bereits vorhanden ist, das heißt als Nichtübereinstimmung der vorliegenden Situation mit der vergangenen Erfahrung in solchen oder ähnlichen Situationen bezeichnen. Das Nichtübereinstimmen ruft eine Unterbrechung der gewohnten, automatisierten Reaktion und zugleich eine Belebung der orientierend-untersuchenden Tätigkeit hervor.

Diese Orientierungstätigkeit besteht darin, daß das Subjekt eine neue Situation überprüft, daß es die Bedeutung und den funktionalen Wert ihrer Objekte bestätigt oder verändert, seine eigenen Handlungen abschätzt und variiert und für sie einen neuen oder erneuerten Weg vorzeichnet; ferner ist nach diesen etwas veränderten und folglich etwas erneuerten, aber noch nicht bedingt fixierten Bedeutungen der Objekte der Handlungsverlauf während seiner Ausführung aktiv zu regulieren.

Wenn eine solche Situation die Bedeutung ihrer einzelnen Objekte und die Handlungen in dieser Situation eine Bekräftigung erfahren und fixiert werden, tritt Automatisierung des Verhaltens ein: die Situation wird an den charakteristischen Merkmalen erkannt, die Handlungen werden durch auslösende Reizerreger hervorgerufen, und ihre Kontrolle erfolgt anhand des „Gefühls" dafür, wie der dynamische Stereotyp ausgeführt wird und inwieweit die Ausführung mit seinem Nervenmodell, mit dem „Handlungsakzeptor übereinstimmt". Die Orientierungstätigkeit wird abrupt abgebrochen und ihr verbleibender Teil so verändert, daß der Orientierungsprozeß äußerlich gleichsam völlig erlischt. Und in der Tat wird entsprechend der Stereotypisierung (sowohl der Identifizierung einer Situation als auch der Reaktionen in ihnen) die Steuerung dieser Handlungen in diesem oder jenem Maße auf die fertige Einrichtung übertragen, die entweder ein anerzogener bedingt-reflektorischer Mechanismus oder irgendeine technische Anlage ist (z. B. ein Autopilot, der das Flugzeug nach einem vorgegebenen Kurs steuert).

Das Subjekt nimmt dann die Orientierungstätigkeit in Anspruch, wenn in der vorliegenden Situation die Bedingungen fehlen, die automatisch den Erfolg des Verhaltens gewährleisten, wenn dieser Erfolg auf anderem Weg, mitunter entgegen den verwirrenden Einflüssen des äußeren Milieus oder der früher angeeigneten Gewohnheiten, garantiert werden muß.

Die Orientierungstätigkeit des Subjekts ist ein Mittel zur Anpassung an Situationen, welche sich von den Arbeitsbedingungen jener Mechanismen unterscheiden, die die automatischen Reaktionen steuern. Alle derartigen Situationen werden durch ein gemeinsames Merkmal charakterisiert, das von *Pawlow* exakt als Neuheitsmerkmal angegeben wurde. Dieses Merkmal ruft als selbständiger Reizerreger Nichtübereinstimmung mit dem Nervenmodell der vergangenen Erfahrung hervor; die Nichtübereinstimmung schaltet die automatischen Reaktionsmechanismen aus und jene Mechanismen ein, die die Orientierung in einer

Situation aufgrund der psychischen Widerspiegelung derselben gewährleisten.
Darin besteht der wesentliche Unterschied zwischen der psychologischen Orientierung und den orientierenden Mechanismen in der Technik und der Biologie.

3.7. Die Orientierungstätigkeit als Gegenstand der Psychologie

Nun gilt es, die Vorstellung von der Orientierungstätigkeit des Subjekts in ihrem eigentlichen psychologischen Inhalt zu präzisieren.
1. *Pawlow* verdanken wir die Abgrenzung des orientierend-untersuchenden Reflexes von allen übrigen, den Hinweis auf seine grundlegende Bedeutung für das Leben von Tier und Mensch und schließlich den Verweis auf seine Rolle bei der Entwicklung der bedingten Verbindungen. Jetzt soll uns aber der Begriff orientierend-untersuchender Reflex selbst interessieren.
Heute vertreten viele Schüler *Pawlows* die Ansicht, daß Orientierungsreflex und orientierend-untersuchende Tätigkeit zu unterscheiden sind (vgl. *Sokolow/Woronin* 1958). Der Orientierungsreflex ist ein System von physiologischen Komponenten der Orientierung: die Wendung zum neuen Reizerreger und das Einstellen der Sinnesorgane auf seine beste Wahrnehmung; hinzu kommen die verschiedenen vegetativen Veränderungen des Organismus, die diesen Reflex unterstützen oder begleiten. Mit einem Wort, der Orientierungsreflex ist ein rein physiologischer Prozeß.
Etwas anderes ist die orientierend-untersuchende Tätigkeit, die Untersuchung der Umstände, das, was *Pawlow* als „Was-ist-das-Reflex" bezeichnete. Diese Untersuchungstätigkeit im äußeren Milieu ist bereits nicht mehr der Physiologie zuzurechnen. Ihrem Wesen nach fällt die orientierend-untersuchende Tätigkeit mit dem zusammen, was wir einfach Orientierungstätigkeit genannt haben. Im Gegensatz zu *Pawlows* Versuchen wird der Zusatz „Untersuchung" zu „Orientierung" bereits zu

einer Störung, da sich Orientierung nicht auf Untersuchung, auf gnostische Tätigkeit beschränkt. Die Untersuchung selbst kann zu einer selbständigen Tätigkeit werden, die gleichermaßen der Orientierung bedarf.

Selbst bei den Tieren beschränkt sich die Orientierung nicht auf die Untersuchung der Situation; auf sie folgen die Wertung ihrer verschiedenen Objekte (hinsichtlich ihrer Bedeutung für die aktuellen Bedürfnisse des Tieres), die Klärung der möglichen Bewegungsrichtung, das Abschätzen der eigenen Handlungen im Hinblick auf die vorgemerkten Objekte und schließlich die Steuerung der Handlungsausführung. Dies alles geht in die Orientierungstätigkeit ein, es geht jedoch über die Grenzen einer Untersuchung im eigentlichen Sinne des Wortes hinaus.

Die allzu breite Anwendung des Terminus „Untersuchungstätigkeit" auf die frühesten, einfachsten Formen der Orientierung verwischt andererseits die wesentlichen Unterschiede zwischen dem Erkunden (der Situation und ihrer einzelnen Objekte), den begrenzten elementaren Interessen des Kennenlernens und der eigentlichen theoretischen Tätigkeit, die sich lediglich beim Menschen und auch bei ihm erst von einer bestimmten Entwicklungsstufe an und nur unter bestimmten gesellschaftlichen Voraussetzungen herausbildet und eine neue und sehr wertvolle Qualität erlangt. Das Nichtberücksichtigen dieses qualitativen Unterschieds führt zu der Vorstellung, wir hätten es immer mit ein und derselben Erkenntnistätigkeit zu tun, die sich bei den einzelnen Lebewesen und auf den verschiedenen Stufen der individuellen Entwicklung nur quantitativ, nur dem Grade nach unterscheidet. Diese Annahme ist sowohl in bezug auf die Tiere als auch erst recht in bezug auf den Menschen völlig falsch.

Orientierung beschränkt sich nicht nur auf Untersuchung. Das in ihr enthaltene Element der Untersuchung ist weitaus häufiger Überprüfung als eigentlich Untersuchung. Aber selbst auf den frühen Entwicklungsstufen ist die Orientierungstätigkeit stets weitaus mehr als Untersuchung und Überprüfung. Sie kommt in der subjektiven Bewertung der Objekte, in der Wahl der Wege und in der Kontrolle der Handlungen zum Ausdruck, wobei Orientierung und praktisches Handeln noch nicht voneinander getrennt sind; sie sind nicht nur miteinander verflochten, sondern bestimmen einander auch hinsichtlich des Charakters ihrer Aufgaben.

Daher spricht man besser weder von „orientierend-untersuchender" Tätigkeit noch von „Untersuchungstätigkeit", sondern von „Orientierungstätigkeit".

2. Die Orientierungstätigkeit beschränkt sich selbst in ihrem gesamten Bereich – von der Wahrnehmung bis zum Denken – nicht allein auf die intellektuellen Funktionen. Sowohl Bedürfnisse als auch Gefühl und Wille bedürfen nicht nur der Orientierung, sondern sind, psychologisch gesehen, nichts weiter als verschiedene Formen der Orientierungstätigkeit des Subjekts, die durch den Unterschied der Problemsituationen, der verschiedenen Aufgaben mit verschiedenen Lösungsmitteln bedingt sind.

Bedürfnisse bedeuten nicht nur Stimuli zum Handeln im äußeren Milieu, sie bestimmen auch die selektive Beziehung gegenüber den Objekten des Milieus im voraus und zeichnen die allgemeine Richtung der Handlungen auf das vor, woran es dem Subjekt mangelt und wonach es ein Bedürfnis empfindet. In diesem Sinne sind die Bedürfnisse Ausgangs- und Hauptelement der Orientierung in Situationen. Bekanntlich kann man bedingte Reflexe auf Nahrungsverstärkung nur bei einem hungrigen Tier ausarbeiten, ein sattes Tier wird sich nicht auf Nahrungsverstärkung orientieren, wieviel man ihm auch vorlegen mag. Die Bedürfnisse sind ein außerordentlich wichtiges Moment der Orientierung in einer Situation, und diese Seite der Bedürfnisse, ihre Beziehung zu bestimmten Objekten und Bedingungen, die diese Bedürfnisse befriedigen, ist eine bedeutende psychologische Seite, sie ist Gegenstand ihrer eigentlichen psychologischen Erforschung.

Die Gefühle sind ebenfalls nicht einfach auf die subjektive Widerspiegelung einer größeren oder kleineren physiologischen Erregung zu reduzieren. Das Auftauchen eines Gefühls geht mit einer starken Veränderung der Wertung des Gegenstands einher, auf den sich das Gefühl konzentriert. Im Zusammenhang damit kommt es auch zu einer Veränderung in der Wertung der übrigen Gegenstände und folglich der Situation insgesamt. Indem die Gefühle heranreifen und Gestalt annehmen, werden sie zu einem wichtigen Mittel der Orientierung in der Situation, und eigentlich ist diese Seite des Gefühls auch ihr psychologischer Aspekt. Natürlich ergeben sich viele Fragen zum Unterschied zwischen einer Orientierung gnoseologischen Charakters und einer Orientierung mit Affektcharakter. Dies sind jedoch bereits weiterführende Fragen. Von erstrangiger Bedeutung ist die Tatsache, daß den Psychologen die Gefühle nicht einfach als „Erleben" interessieren, sondern daß das Erleben selbst den Gegenstand der Psychologie als die besondere und im Vergleich zur intellektuellen Tätigkeit neue Art und Weise der Orientierung in den Lebensbedingungen bildet.

Das gleiche gilt auch für den Willen. Auch der Wille ist eine besondere Form der Orientierung des Subjekts in Situationen, in denen weder eine intellektuelle noch eine affektive Wertung ausreichend ist. Er wird eigentlich auch deshalb als besondere Form des seelischen Lebens hervorgehoben, weil er eine neue Lösungsweise von Aufgaben zur allgemeinen Ausrichtung des eigenen Verhaltens in besonderen, eigenen und spezifischen menschlichen Situationen darstellt.

Somit haben wir es bei allen Formen der psychischen Tätigkeit, und nicht nur bei den gnostischen, intellektuellen, mit verschiedenen Formen der Orientierung des Subjekts in Problemsituationen zu tun. Diese verschiedenen Formen entstehen, weil sich sowohl die Umstände, in denen sich das Subjekt befindet, als auch die vor ihm entstehenden Aufgaben und die Mittel zu ihrer Lösung grundlegend unterscheiden.

Wie bereits festgestellt, beschränkt sich die Orientierungstätigkeit trotz der konstanten Verbindung zur Untersuchungstätigkeit niemals auf diese. Psychologisch gesehen ist die aktive Orientierung ein Charakteristikum aller Formen der seelischen Tätigkeit, die wiederum verschiedene Formen der Orientierung des Subjekts in unterschiedlichen Lebenssituationen darstellen.

3. Wenn alle Formen des seelischen Lebens verschiedene Formen der Orientierungstätigkeit darstellen, so besagt dies gleichzeitig, daß die Psychologie in allen sogenannten psychischen Prozessen oder Funktionen gerade diese ihre Orientierungsseite untersucht. Das bedeutet jedoch, daß es falsch wäre, zu sagen, die Psychologie untersucht das Denken, die Gefühle, die Phan-

tasie, den Willen usw., denn die Psychologie untersucht durchaus nicht alle Seiten (Aspekte) des Denkens, des Gefühls, des Willens und anderer psychischer Funktionen.

Und wird denn das Denken tatsächlich nur von der Psychologie untersucht? Mit dem Denken beschäftigt sich sowohl die Logik als auch die Erkenntnistheorie; man kann die Entwicklung des Denkens in der Geschichte der menschlichen Gesellschaft untersuchen, die Besonderheiten des Denkens in verschiedenen Gesellschaftsformationen, die Denkentwicklung des Kindes, die Pathologie des Denkens bei verschiedenen lokalen Läsionen des Gehirns und verschiedenen seelischen Erkrankungen. Mit dem Denken befaßt sich auch die Pädagogik, und natürlich kann und muß man auch jene Prozesse der höheren Nerventätigkeit erforschen, die die physiologische Grundlage des Denkens bilden. Es gibt Probleme der Ethik des Denkens und des Denkens in der Ethik, der Ästhetik des Denkens und der Rolle des Denkens in der Kunst und viele andere Aspekte des Denkens, für die sich die verschiedenen Wissenschaften interessieren. Daher wäre es falsch, auf das Denken zu verweisen und zu sagen: das ist der Gegenstand der Psychologie. Es ist nicht allein Gegenstand der Psychologie. Die ständigen Debatten zwischen den verschiedenen Wissenschaften zur Frage des Denkens, insbesondere die in der letzten Zeit so lebhaften Diskussionen über das Denken der Maschinen und deren Beziehung zum menschlichen Denken, die Fragen nach der Anwendung der Prinzipien der Kybernetik auf das menschliche Denken, alle derartigen Diskussionen entstehen gerade dadurch, daß die verschiedenen Aspekte der Erforschung dieses realen Prozesses, der tatsächlich viele und verschiedene Seiten besitzt, nicht gegeneinander abgegrenzt werden. Wollen wir eine wissenschaftliche Psychologie des Denkens aufbauen, so müssen wir vor allem bestimmen, was die Psychologie zum Unterschied von allen anderen Wissenschaften, die ebenfalls das Denken untersuchen, im Denkprozeß untersuchen soll und muß. Auf diese Frage antworten wir, entsprechend dem Dargelegten, folgendermaßen: die Psychologie untersucht nicht einfach das Denken und nicht das Denken insgesamt, sondern nur das Orientieren des Subjekts beim Lösen von intellektuellen Aufgaben, von Aufgaben für das Denken. Die Psychologie untersucht die Orientierung des Subjekts in intellektuellen Aufgaben aufgrund der Art und Weise, in der sich der Inhalt dieser Aufgaben vor dem Subjekt auftut, und welche Mittel das Subjekt für die Gewährleistung der produktiven Orientierung in solchen Aufgaben, für die Orientierung im Denkprozeß, einsetzen kann. Das gleiche gilt (in noch ausgeprägterer Form) für die Gefühle. Hier ist die Rolle der physiologischen Veränderungen des Organismus so beträchtlich, daß sich in den letzten hundert Jahren die Erforschung der Gefühle hauptsächlich auf diese physiologischen Veränderungen konzentriert hat. Man begann die Gefühle als das subjektive Erleben dieser physiologischen Veränderungen zu betrachten und vernachlässigte den so wichtigen Umstand, daß die Entstehung eines Gefühls eine qualitative Veränderung der früheren Orientierung des Subjekts in lebenswichtigen Situationen bedeutet. In letzter Zeit haben die Entdeckung der sogenannten Zentren der grundlegenden emotionalen Zustände und das Hervorrufen dieser Zustände durch elektrische Reizung der entsprechenden Nervenzentren die Bedeutung der physiologischen Mechanismen der Gefühle in noch höherem Maße betont. Dies ist in der Tat interessant und wichtig, aber eigentlich ändert es nichts an der prinzipiellen These, daß erstens jede psychologische Erscheinung nur auf einer bestimmten physiologischen Grundlage entsteht und existiert und daß zweitens diese physiologischen Mechanismen nur die Realisierung dieser psychischen Prozesse erklären, jedoch nichts über ihre Rolle im Verhalten und folglich über ihre Entstehung und Herausbildung, ihre innere Struktur und die Möglichkeiten effektiver Erziehung aussagen. Die Psychologie sieht das Wesentlichste darin, daß die Gefühle eine sehr spezifische und zugleich machtvolle Art und Weise der Orientierung in lebenswichtigen Umständen sind. Eine derartige Orientierung ist weder durch eine intellektuelle Entscheidung noch durch Willenskraft zu ersetzen. Die tiefgreifenden physiologischen Veränderungen (bei einer Gefühlswallung) und die Nervenmechanismen, die diese Veränderungen gewährleisten, sind genetisch entstanden und dienen unter normalen Bedingungen der Aufrechterhaltung dieser Orientierung und der erfolgreichen Ausführung der nachfolgenden Tätigkeit. Gerade diese Orientierungsseite der

Gefühle und nur sie bildet den eigentlichen Gegenstand der Psychologie der Gefühle.

In kurzer Form müssen wir dies auch in bezug auf die Willensprozesse wiederholen. Die Anstrengung, die mit einer Willensentscheidung zusammenhängt, setzt einen bestimmten Energieaufwand voraus, der natürlich einer physiologischen Kalkulation unterliegt. Es versteht sich von selbst, daß gesellschaftliche Erwägungen, insbesondere ethische Anschauungen und der Grad ihrer Aneignung (dies gehört bereits zu den Fragen der Erziehung), für die Erforschung der Willensprobleme von großer Bedeutung sind. Aber worin besteht denn die eigentlich psychologische Seite dieses Problems? Wir kommen wiederum zu dem Schluß, daß diese besondere Seite, die die Psychologie des Willens untersucht und die allein auch ihren Gegenstand bildet, daß diese besondere Seite die Orientierung des Subjekts in Umständen ist, unter denen nur der Verstand oder das Gefühl allein oder beide zusammen nicht ausreichen. Die charakteristische und auf eigene Weise sich vollziehende Orientierung des Subjekts in Situationen moralischer Verantwortlichkeit, eine Orientierung, die zur Entscheidungsfindung führt, das ist es, was eigentlich auch den Gegenstand der Psychologie des Willens bildet.

Wenn also alle psychischen Funktionen verschiedene Formen der Orientierungstätigkeit des Menschen sind, so bildet andererseits nur die Orientierungstätigkeit auch den Gegenstand der Psychologie in jeder dieser Funktionen. In diesem Sinne muß der Gegenstand der Psychologie entschieden eingeschränkt werden, das heißt theoretisch vom Gegenstand anderer Wissenschaften, die die gleichen Erscheinungen und Prozesse „von anderen Seiten her" untersuchen, abgegrenzt werden. Die Psychologie kann und darf nicht die ganze psychische Tätigkeit und alle Seiten einer jeden ihrer Formen erforschen. Die anderen Wissenschaften haben nicht weniger Recht auf deren Erforschung als die Psychologie. Die Prätentionen der Psychologie sind nur in dem Sinne berechtigt, als der Orientierungsprozeß die Hauptseite einer jeden Form der psychischen Tätigkeit und des psychischen Lebens insgesamt darstellt und als gerade diese Funktion alle ihre anderen Seiten rechtfertigt, die ihr daher praktisch untergeordnet sind. Besteht doch das Wichtigste im Leben darin, sich in einer Situation, die eine Handlung erforderlich macht, richtig zu orientieren und die Ausführung dieser Handlung richtig zu orientieren.[12]

3.8. Die Psychologie und die angrenzenden Wissenschaften

Die Orientierungstätigkeit ist ein realer und vielseitiger Prozeß. Im Hinblick auf diesen Prozeß kann erneut die Frage gestellt werden: was ist denn in der Orientierungstätigkeit selbst Gegenstand der Psychologie? Diese Frage wird besonders dann dringend, wenn sie in materieller Form als selbständiger Bestandteil der äußeren Tätigkeit auftritt, der der Ausführung vorausgeht.

Ich hatte die Möglichkeit, die großartige Demonstration von *Durowa* mitzuerleben, in deren Verlauf einem Fuchs die Fertigkeit beigebracht wurde, auf einem schmalen Brettchen entlangzulaufen, auf dessen Mittellinie eine Reihe von senkrechten Stäben fest angebracht waren. Um auf diesem Brett laufen zu können, mußte der Fuchs mit seinem Leib schlangenartige Bewegungen ausführen, um zwischen den senkrechten Stäben von der einen Seite des Brettes auf die andere zu gelangen. Als der Fuchs den ersten Schritt von dem breiten Startblock aus auf das Brett unternahm, hob er die Vorderpfote an und stellte sie vorsichtig auf das Brett, berührte es zuerst kaum und verstärkte dann mit einzelnen Stößen den Druck auf das Brett. Auf diese Weise erprobte er die Stabilität des Brettes und, hatte er sich davon überzeugt, daß es fest genug war, übertrug er die Last der vorderen Körperhälfte auf diesen Fuß. So stellte das erste Erproben des Brettes äußerlich einen Schritt dar, der jedoch nicht vollständig ausgeführt wird, ein Schritt, dessen Bestimmung es ist, die Stabilität der Stütze (des Brettes) zu erkunden. Dieser Schritt ist eigentlich eine Orientierungsbewegung, deren Funktion anfangs nicht die Vorwärtsbewegung, sondern nur die

[12] Was „richtig" ist, ist bereits wieder eine andere Frage, aber schon die Zielgerichtetheit der Handlungen eines Subjekts setzt gewisse Kriterien für ihre „Richtigkeit" voraus.

Klärung der Möglichkeit ist, eine solche Vorwärtsbewegung auszuführen.

Saporoshez erzählte mir folgendes: als es während einer Reise durch den Hochaltai darum ging, zu Pferd sehr gefährliche Geröllhänge zu überqueren, gab der Reiseführer das Kommando: „Zügel loslassen!" Die Pferde, ihren eigenen großen Erfahrungen beim Überqueren solcher gefährlicher Stellen überlassen, begannen sich auf eine charakteristische Weise zu bewegen: sie setzten zuerst den einen Vorderfuß sehr vorsichtig auf, dann belasteten sie ihn zunächst leicht und anschließend stärker, bewegten den Körper aber immer noch nicht; erst nachdem sich das Pferd von der Festigkeit der Stütze überzeugt hatte, übertrug es das Körpergewicht auf diesen Fuß und tat den nächsten Schritt. In diesen Fällen vollzogen die Pferde ebenso wie der Fuchs bei der beschriebenen Dressur eine Bewegung, die äußerlich einem Element des Laufens, der Vorwärtsbewegung ähnlich ist; diese Bewegung ist aber verzögert, sie wird vorsichtig ausgeführt und dient anfangs nicht der Fortbewegung des Körpers, sondern der Klärung der Tatsache, inwieweit die Stütze dem Körper standhält.

Dies sind anschauliche Beispiele für orientierend-untersuchende Handlungen materieller, physischer Art, für Handlungen, die dazu dienen, die Eigenschaften von Objekten einer bevorstehenden auszuführenden Bewegung zu klären. In einer derartigen Form der Orientierungshandlung offenbaren sich viele verschiedene Seiten. In bezug auf diese Handlung erhebt sich die berechtigte Frage: was ist denn in diesem Falle Gegenstand der Psychologie? Jedoch auch hier tritt ganz deutlich die Bestimmung einer solchen Orientierungshandlung in den Vordergrund: es geht darum, die interessierende Eigenschaft des Objekts zu klären. Natürlich wird diese Handlung mit Hilfe einer Reihe biomechanischer und physiologischer Mechanismen realisiert; an ihr ist ohne Zweifel die frühere Erfahrung des Tieres beteiligt; auch viele andere vielleicht nicht so wichtige, aber dennoch vorhandene „Seiten" sind feststellbar. Aber offensichtlich ist auch, daß alle diese „Seiten" der Hauptsache dienen, die sie nicht ersetzen können – der Klärung der interessierenden Eigenschaft des Objekts, in diesem Fall der Festigkeit der Stütze. Und das Maß ihrer Stabilität ist nicht einfach ein bedingter Reizerreger der folgenden Reaktion; dazu muß die Stabilität erst noch bewiesen werden. Die Stütze behält auch weiterhin ihre gefährliche Instabilität, die ganze Zeit muß das Tier darauf achten, daß „im Bedarfsfall" eine kompensierende Handlung den Besonderheiten der Umstände entspricht. Und dies verlangt eine Orientierung auf der Ebene der psychischen Widerspiegelung, des Abbilds, das auch in diesem Verhalten den Gegenstand der psychologischen Untersuchung darstellt. Diese materielle Handlung wird wegen der in ihr dominierenden aktiven Orientierung des Tieres Orientierungshandlung genannt.

Betrachtet man das Problem in allgemeinerer Form, kann man sagen, daß von dem Moment an, in dem Lebewesen und mit ihnen die Funktionen der Selbsterhaltung, der Selbstversorgung und der Selbstreproduktion entstanden, für alle diese Funktionen von Anfang an spezifische Strukturen herausgebildet wurden, die als Organellen oder – bei höher entwickelten Organismen – als ganze Organsysteme existieren. Ein jedes derartiges Organ hat eine Grundfunktion. So besteht die Funktion für das Herz im Antrieb des Bluttransports durch die Blutgefäße. Dieser Funktion entspricht der Bau des Herzens, das außerdem mit einer Reihe anderer Systeme in enger Wechselwirkung steht: mit dem Blutkreislaufsystem, dem Nervensystem usw. Jedes dieser Systeme ist für die normale Herztätigkeit notwendig. In bezug auf die Grundfunktion des Herzens als dem Organ des Blutkreislaufsystems sind all diese Systeme und ihre Funktionen jedoch nur Hilfssysteme und Hilfsfunktionen. Das gleiche gilt auch für das Gehirn. Es ist die Zentralstation zur Steuerung sowohl der inneren Prozesse des Organismus als auch seiner Reaktionen im äußeren Milieu und schließlich in bezug auf die Verbindung zwischen diesen beiden Systemen. Aber dennoch besteht die Hauptaufgabe des Gehirns und seine Grundfunktion in der Steuerung der Reaktionen im äußeren Milieu. Um diese Aufgaben erfolgreich zu erfüllen, muß das Gehirn sowohl über ein ausreichend großes Blutversorgungssystem als auch über Mechanismen zur Ableitung der verarbeiteten Flüssigkeiten und der Regulierung seiner eigenen Tätigkeit verfügen, die es vor Erschöpfung bewahren, das Regenerieren der verbrauchten

Ressourcen gewährleisten usw. Auf dieser Grundlage kann es seine Hauptbestimmung – seine Bestimmung als Zentralstation für die Steuerung der Reaktionen des Organismus im äußeren Milieu – ausüben.[13]

Somit haben wir in bezug auf jeden Organismus und auf jeden Prozeß im lebenden Organismus nicht nur das Recht, sondern sogar die Pflicht, seine Hauptfunktion und zusammen mit ihr die Hilfssysteme sowie deren Eigenschaften und Charakteristika zu bestimmen, die es diesem Organ erlauben, seine Hauptfunktion auszuüben. Dementsprechend werden auch die Wissenschaften differenziert, die die verschiedenen Seiten der Tätigkeit eines Organs erforschen und die sich gliedern in a) die Hauptwissenschaft über dieses Organ und b) in die anderen Wissenschaften, die das notwendige Hilfsmaterial liefern.

Eine prinzipiell gleichartige Situation besteht hinsichtlich der Orientierungstätigkeit. Ebenso wie in jeder anderen Tätigkeit des Subjekts kann man unabhängig davon, ob sie materiell oder ideell ist, viele verschiedene Seiten unterscheiden, die es alle zu berücksichtigen gilt, will man ihre Ausführungsbedingungen verstehen. Dennoch müssen der Hauptinhalt dieser Tätigkeit und ihre Hilfsprozesse unterschieden werden; und selbst wenn auch für sie spezielle Wissenschaften existieren, so muß es vor allem eine Wissenschaft in bezug auf den Hauptinhalt der Orientierungstätigkeit, das heißt eine grundlegende Wissenschaft geben. Es gibt eine Wissenschaft, die Inhalt und Struktur des Orientierungsprozesses des Subjekts in verschiedenen Situationen erforscht, und es gibt andere Wissenschaften, die die verschiedenen Bedingungen erforschen, von denen die allgemeine Möglichkeit abhängt, eine solche Tätigkeit zu realisieren. Die Psychologie ist die Wissenschaft, die die Entwicklung, die Struktur und die Dynamik der Orientierungstätigkeit erforscht, von denen die Haupteigenschaft der Orientierungstätigkeit unmittelbar abhängt. Sie ist die Hauptwissenschaft von der Orientierungstätigkeit. Die anderen Seiten dieser Tätigkeit

[13] Natürlich versorgen nicht nur die Hilfsfunktionen die Hauptfunktion, sondern diese Hauptfunktion versorgt ihrerseits die Hilfsfunktionen mit Anforderungen und Aufgaben, die in jedem kybernetischen System ihre Wechselbeziehungen und damit die Arbeit eines jeden von ihnen bestimmen.

werden von vielen Wissenschaften untersucht, die für die Psychologie Hilfswissenschaften sind (sofern es darum geht, wie sich das Subjekt in den verschiedenen mehr oder weniger schwierigen Verhaltensbedingungen orientiert).

Die Wechselbeziehung zwischen der Hauptaufgabe der Tätigkeit und ihren unterschiedlichen Bedingungen erlaubt es, auf die Frage nach den Beziehungen der Psychologie zu den anderen Wissenschaften und vor allem zu den Nachbarwissenschaften eine Antwort zu geben. Hier müssen wir uns erneut auf die Ausführungen *Lenins* berufen, die im Schlußteil des bereits zitierten Beitrags „Noch einmal über die Gewerkschaften" gemacht werden. Unter Hinweis auf die Fehlerhaftigkeit der eklektischen Position, die darin bestand, daß die Gewerkschaften einerseits eine Schule und andererseits ein Verwaltungsapparat seien, erklärt *Lenin*: Die Unrichtigkeit liegt „. . . im Nichtverstehen der Tatsache, daß die Gewerkschaften eine S c h u l e der *administrativ-technischen Leitung der Produktion* sind. Nicht ‚einerseits eine Schule, andererseits irgend etwas anderes', sondern *von allen Seiten* betrachtet – im gegebenen Streit, bei der gegebenen Fragestellung . . . – *sind die Gewerkschaften eine Schule,* eine Schule des Zusammenschlusses, eine Schule der Solidarität, eine Schule des Schutzes der eigenen Interessen, eine Schule des Wirtschaftens, eine Schule des Verwaltens" (*Lenin* 1973 a, S. 87 f.).

Diese bemerkenswerte Erklärung *Lenins* dient uns als Leitfaden für die Beantwortung der Frage nach den Beziehungen der Psychologie zu den anderen Wissenschaften, die denselben Orientierungsprozeß des Subjekts in Problemsituationen untersuchen. Alle diese Wissenschaften liefern der Psychologie Informationen über die verschiedenen Bedingungen, unter denen die Orientierungstätigkeit vollzogen wird.

Die Bedingungen und die Gesetze der normalen oder der pathologisch veränderten höheren Nerventätigkeit besagen, was die richtige Ausführung der Orientierungstätigkeit ermöglicht oder ihre Störung bedingt. Natürlich wäre ohne die höhere Nerventätigkeit eine Orientierungstätigkeit des Subjekts überhaupt nicht möglich, aber die Prozesse und Gesetze der höheren Nerventätigkeit enthüllen nicht die Struktur und die Dynamik der

Orientierung des Subjekts in einer Situation und erklären nicht, auf welche Weise die Untersuchung der Umstände, die Wertung ihrer einzelnen Bestandteile, die Wahl des Weges und die Kontrolle der Ausführung des Vorgesehenen verlaufen und zu welchem Resultat dies führt. Wenn sich aber diese sozusagen inneren Möglichkeiten der Orientierungstätigkeit bereits in der vergangenen Erfahrung herausgebildet haben, gibt die Kenntnis der Störungen der höheren Nerventätigkeit sehr wichtige Hinweise auf die Quelle der charakteristischen und nicht immer leicht erkennbaren Entstellungen des äußeren Verhaltens. Man muß die Gesetze der höheren Nerventätigkeit, ihres normalen und ihres pathologischen Funktionierens als die Bedingungen für die Verwirklichung und die Störung der Orientierung des Subjekts in der Umwelt kennen. Um es noch einmal zu wiederholen: die Prozesse und Gesetze der höheren Nerventätigkeit enthüllen nicht die Bedingungen und Gesetze der Orientierungstätigkeit in der Umwelt und können folglich diese Tätigkeit und ihre Ergebnisse auch nicht erklären.

Die Gesetze der Logik und die ethischen Normen haben die Bedeutung von wichtigen Vorbildern, nach denen sich der Mensch in seinen verschiedenen Verhaltensweisen orientiert. Sie selbst, von sich aus, handeln jedoch nicht und sie erklären das Verhalten auch nicht; alles hängt davon ab, wie diese Regeln der Logik und der Ethik angeeignet werden, wie sie in den verschiedenen Situationen und im Rahmen der verschiedenen Interessen des Subjekts angewendet werden. Logik, Ethik, Kybernetik, Ästhetik, Pädagogik – sie alle erarbeiten, untersuchen und zeigen die wichtigsten Forderungen, mit denen das Subjekt in seiner Orientierungstätigkeit rechnen muß. Aber auf welche Weise es mit ihnen rechnen muß, warum so und ob immer „so und nicht anders“, das hängt bereits nicht mehr nur vom Inhalt dieser Wissenschaften ab, sondern vielmehr davon, wie dieser Inhalt ausgenutzt werden wird, wie sich bei der jeweiligen Persönlichkeit Struktur und Dynamik der Orientierungstätigkeit selbst herausgebildet haben. Sogar dort, wo im Verhalten des Subjekts gleichsam die automatische Wirkung der Gesetze der Logik, der Ethik, der Ästhetik, der Pädagogik usw. beobachtet wird, haben wir es in Wirklichkeit mit einer Form der Anwendung der Gesetze im Orientierungsprozeß – mit der automatisierten Form der Tätigkeit – zu tun. Aber diese muß selbst aus der Entwicklung und der Anwendung der Orientierungstätigkeit des Subjekts, aus dessen Entwicklungsgeschichte erklärt werden.

Besondere Aufmerksamkeit verdient die Frage nach der Beziehung der Psychologie zur Mathematik, da die Mathematik Form und Werkzeug einer jeden Wissenschaft ist, die eine bestimmte Entwicklungsstufe erreicht hat. Es ist ganz offensichtlich, daß die Psychologie, will sie die Mathematik berechtigt anwenden, in bezug auf ihre Objekte – die Prozesse der Orientierungstätigkeit – eine Erkenntnisstufe erreichen muß, auf der mathematische Untersuchungsmethoden angewendet werden können. Aber solange dies nicht der Fall ist, beruhen die Versuche zur Mathematisierung der Psychologie entweder auf verantwortungslosen Analogien, oder die Orientierungsprozesse werden durch ihre Ergebnisse ersetzt. Es ist ganz offensichtlich, daß eine solche ungerechtfertigte Anwendung der Mathematik keine positiven Ergebnisse liefern kann. Es handelt sich hier lediglich um fruchtlose Versuche. Leider werden ihre Unfruchtbarkeit und Fehlerhaftigkeit praktisch erst durch ihre Unproduktivität enthüllt, und eine solche Enthüllung nimmt eine mehr oder weniger lange Zeit in Anspruch.

Def.

Somit kann folgende allgemeine Schlußfolgerung gezogen werden: die Psychologie erforscht durchaus nicht das ganze Psychische, nicht alle seine „Seiten" und damit auch nicht nur das Psychische (im traditionellen Sinne des Begriffes „Psychisches" – d. Hrsg.); sie untersucht auch das Verhalten, aber auch in diesem nicht alle seine „Seiten". Die Psychologie erforscht die Tätigkeit des Subjekts bei der Lösung von Aufgaben des Orientierens in Situationen aufgrund der psychischen Widerspiegelung dieser Situationen. Nicht die „Bewußtseinserscheinungen" sind ihr Gegenstand, sondern der Prozeß der aktiven Orientierung, insbesondere unter Ausnutzung dessen, was als „Bewußtseinserscheinungen" bezeichnet wird; allein diese Orientierungsfunktion bildet auch die psychologische Seite der „Bewußtseinserscheinungen". Die Psychologie untersucht nicht das Verhalten, sondern nur die aktive Orientierung des Verhaltens; und gerade in der Orientierung besteht die psychologische Seite des Verhaltens.

Der in der psychischen Widerspiegelung zutage tretende Orientierungsprozeß des Subjekts in einer Situation, die Herausbildung, Struktur und Dynamik dieser Orientierungstätigkeit, die ihre Qualität, ihren Charakter und ihre Möglichkeiten bestimmen – das ist der Gegenstand der Psychologie. Nur dies, aber dieses in allen Formen des psychischen Lebens und der damit zusammenhängenden äußeren Tätigkeit, auf allen ihren Entwicklungsstufen. Die auf die Lösung vielfältiger Orientierungsaufgaben gerichtete Tätigkeit bildet das Wesen des Psychischen, ohne das es, um mit den Worten eines großen Denkers zu sprechen, „weder bestehen noch vorgestellt werden" kann (*Spinoza* 1877, S. 20).

Kapitel 4
Die objektive Notwendigkeit des Psychischen

4.1. Zwei Typen von Situationen. Situationen, in denen Psychisches nicht notwendig ist

Die bisher dargelegte Interpretation des Gegenstands der Psychologie baut auf der Annahme auf, daß die Orientierungstätigkeit die psychischen Widerspiegelungen der objektiven Realität unbedingt einschließt. Psychische Widerspiegelungen, Bewußtseinserscheinungen sind etwas, was logisch betrachtet keinerlei Zweifel unterliegt, da jeder Zweifel an ihnen bereits ein bestimmtes Wissen über sie und damit über ihre Existenz voraussetzt. Aber die Orientierungstätigkeit des Subjekts ist bereits etwas anderes. Das Subjekt ist keine „Bewußtseinserscheinung"; es wird von den traditionellen psychologischen Richtungen negiert, und daraus ergibt sich auch die Negierung der aktiven Orientierungstätigkeit. Daher entsteht für uns zwangsläufig die Frage: kann man nicht das Verhalten ohne die Beteiligung des Psychischen erklären? Muß nicht zum Beispiel das Gehirn als eine in höchstem Grade vollkommene Maschine verstanden werden, die nicht nur fähig ist, ihre Tätigkeit zu regulieren, sondern auch neue Programme für die Steuerung des Verhaltens in neuen Situationen zu konstruieren? Denn bis jetzt hat sich die Vorstellung erhalten, daß es völlig unmöglich ist, fremdes seelisches Leben objektiv nachzuweisen, objektiv seien nur die verschiedenen physischen Veränderungen feststellbar, und diese müssen streng objektiv, physiologisch erklärt werden. Auf diese Frage versuchte man früher entweder mit einem entschiedenen „Ja" zu antworten (und meinte damit, daß die psychischen Prozesse objektiv registriert werden können), oder mit einem entschiedenen „Nein" (wenn dies nicht möglich war). Demzufolge sei die Frage nach der objektiven Notwendigkeit des Psychischen nur negativ zu beantworten.

In Wirklichkeit kann diese Frage aber nicht derart allgemein beantwortet werden. Es gibt Situationen, in denen das Psychische nicht notwendig ist und in denen es keinen objektiven Grund dafür gibt, seine Beteiligung an den äußeren Reaktionen des Organismus anzunehmen. Aber es gibt auch andere Situationen, in denen man den Erfolg des Verhaltens nur unter Berücksichtigung der Orientierung auf der Grundlage eines Abbilds der vorliegenden Situation erklären kann. Und nun besteht unsere Aufgabe darin, die Besonderheiten dieser Situation zu ergründen.

Wenden wir uns zunächst Situationen zu, in denen der Erfolg der Reaktionen eines Organismus im äußeren Milieu auch ohne das Psychische gewährleistet werden kann, wo es also nicht notwendig ist.

Dazu gehören vor allem solche Situationen, in denen der ganze Prozeß durch eine rein physiologische Wechselwirkung mit dem äußeren Milieu garantiert wird (z. B. die äußere Atmung, die Wärmeregulierung, von einem bestimmten Moment an das Schlucken der Nahrung u. a. m.). Betrachten wir, etwas vereinfacht und schematisiert, die äußere Atmung beim Menschen. Unter normalen Bedingungen verläuft sie folgendermaßen: ein bestimmter Grad der Sättigung des Blutes mit Kohlensäure und der Verarmung an Sauerstoff ist Reizerreger für das Atemzentrum, das sich im verlängerten Mark befindet. Das Atemzentrum erhält diese Reize und schickt Signale zu den Atemmuskeln, die den Brustkorb durch Kontraktion erweitern. Dadurch entsteht zwischen der inneren Oberfläche der Brusthöhle und der äußeren Oberfläche der Lunge ein Raum mit negativem Druck, in den die Außenluft eindringt. Unter normalen Bedingungen enthält diese Luft einen ausreichenden Prozentsatz an Sauerstoff. Dieser tritt in den Alveolen des Lungengewebes mit dem Hämoglobin der roten Blutkörperchen in Wechselwirkung, und der Organismus erhält die nächste Portion des benötigten Sauerstoffs. Wenn der Sauerstoffgehalt der Außenluft sinkt, wird die Atmung automatisch beschleunigt. Alle Teile dieses Prozesses sind so aufeinander abgestimmt, daß das erwünschte Ergebnis unter normalen Bedingungen gewährleistet ist: wenn sich die Brusthöhle erweitert, stößt der Außendruck die nächste Portion Luft in die Alveolen der Lunge, und wenn in dieser Luft eine ausreichende Menge Sauerstoff enthalten ist, was gewöhnlich der Fall ist, erfolgt auch unvermeidlich die Erneuerung des Vorrats im Blut. Hier wäre eine Einmischung des Psychischen überflüssig und würde diesen abgestimmten, automatisch wirkenden Mechanismus stören.

Das gleiche, nur mit anderen Mitteln, geschieht eigentlich auch im Mechanismus der Wärmeregulierung. Hier wird der Wärmeüberschuß durch Erweiterung der Oberflächengefäße der Haut, durch beschleunigte Atmung und Schweißabsonderung aus dem Körper abgeführt. Wenn die Umwelttemperatur sinkt und der Organismus am Aufrechterhalten der von ihm erarbeiteten Wärme interessiert ist, erfolgen die entgegengesetzten Veränderungen: die lichte Weite der Hautgefäße verengt sich (die Haut wird bleich), die Schweißabsonderung verringert sich oder hört völlig auf, die Wärmeabgabe durch die Atmung sinkt ebenfalls. Hier ist in bestimmten Grenzen die Wechselwirkung zwischen Organismus und äußerem Milieu so abgestimmt, daß es keinerlei zusätzlicher Einmischung bedarf.

Nicht nur diese und viele andere physiologische Prozesse verlaufen ohne Beteiligung des Psychischen, sondern auch eine Menge Reaktionen, die nicht selten als Verhaltensakte betrachtet werden. Diese Reaktionen werden bei einigen sogenannten insektiziden Pflanzen und bei Tieren beobachtet (bei letzteren werden sie oft als Instinkt bezeichnet). Von derartigen Akten bei Pflanzen möchten wir das „Verhalten“ des Blattes der Venusfliegenfalle erwähnen. Das Blatt der Venusfliegenfalle weist an der Peripherie eine Reihe feiner Auswüchse mit leichten Verdickungen an den Enden auf. An diesen Verdickungen werden glänzende Tröpfchen einer klebrigen Flüssigkeit abgesondert. Sobald ein durch das Tröpfchen angelocktes Insekt dieses berührt, bleibt es am Blatt kleben. Versucht es sich nun zu befreien, so biegt sich dieser „Finger“ (der Auswuchs) schnell zur Blattmitte hin, auf ihn zu beginnen sich auch die übrigen „Finger“ zu biegen, so daß sich das Insekt in einer Falle befindet, aus der es sich bereits nicht mehr befreien kann. Nun beginnt das Blatt einen Verdauungssaft abzusondern, unter dessen Einwirkung das Insekt verdaut wird; seine Nährstoffe werden von der Pflanze aufgenommen. Wird kein Nahrungssaft mehr produziert, streckt sich das Blatt wieder, die leere Hornhülle (die Chitinhülle) des Insekts trocknet schnell und wird vom Wind fortgeweht. Das Blatt ist nun erneut zur nächsten „Jagd“ bereit. In diesem Fall sind alle Teile des Prozesses so aufeinander abgestimmt, daß sie keinerlei zusätzlicher Regulierung bedürfen. Es kommt zwar mitunter vor, daß sich ein Insekt von dem klebrigen Tropfen losreißt; in den meisten Fällen bewährt sich der Mechanismus aber voll und ganz.

Bekannt ist die Instinkthandlung einer Insektenlarve, des sogenannten „Ameisenlöwen“. Nach dem Ausschlüpfen aus dem Ei kriecht diese Larve, angelockt durch den starken Geruch der Ameisensäure, auf den Wanderweg der Ameisen. Auf diesem Weg wählt sie einen trockenen sandigen Abschnitt, in den sie einen Trichter mit recht steilen Wänden gräbt. Die Larve selbst gräbt sich in den unteren Teil des Trichters ein, so daß am Trichterboden nur ihr Kopf mit den mächtigen Kiefern herausragt. Sobald eine Ameise an den Rand des Trichters gerät und sich zur Erkundung desselben ein klein wenig über seinen Rand beugt, beginnen Sandkörnchen den Trichter hinabzurutschen und auf den Kopf des Ameisenlöwen zu fallen. Daraufhin schleudert er mit einer starken Kopfbewegung einen Sandstrahl in die Richtung der fallenden Sandkörnchen, so daß die unvorsichtige Ameise umgeworfen wird. Sie fällt in den Trichter und direkt in die Kiefer hinein, die zuklappen. Nun saugt der Ameisenlöwe sein Opfer aus. Auch in diesem Fall sind alle Teile des Prozesses so aufeinander abgestimmt, daß jeder den folgenden hervorruft und keine prozeßregulierende Einmischung erforderlich ist. Zwar sind auch hier Fälle möglich, in denen die Ameise von dem Sand-„Schuß" nicht umgeworfen wird und es ihr gelingt, sich vom Trichterrand zu entfernen; die meisten Ameisen trifft jedoch das traurige Geschick. Und somit endet der ganze Prozeß mit einem für den Ameisenlöwen nützlichen Ergebnis.

Jeder Schritt in diesem komplizierten Verhalten des Ameisenlöwen – seine Bewegung zum Wanderweg der Ameisen, die Wahl einer trockenen und sandigen Stelle, das Ausgraben des Trichters, das Eingraben in der Trichtermitte und schließlich die „Jagd" auf die Ameisen – hat einen streng bestimmten Reizerreger, der eine streng bestimmte Reaktion hervorruft; das alles geschieht unter Bedingungen, die die Reaktion in den meisten Fällen erfolgreich werden lassen. Alle Handlungen und alle Resultate dieser Handlungen sind aufeinander abgestimmt, daher ist keinerlei zusätzliche Einmischung zur Gewährleistung ihres Erfolges erforderlich. Hier wäre die Annahme eines zusätzlichen psychischen Prozesses völlig überflüssig.

Betrachten wir noch zwei weitere Verhaltensbeispiele, in denen ebenfalls keine Notwendigkeit besteht, die Beteiligung des Psychischen anzunehmen. Das erste von ihnen betrifft das Verhalten von Nestjungen der Saatkrähe, das von seinem Reflexmechanismus her gut analysiert worden ist (vgl. *Anochin* 1949, S. 27 ff.). Die charakteristische Reaktion junger Saatkrähen auf das Nahen der Eltern mit neuer Nahrung wird durch drei Reizerreger hervorgerufen: erstens das tiefe „Krah-krah", das die an das Nest heranfliegenden Altvögel ausstoßen; zweitens der von einer Seite her auf die Jungen treffende Windzug, hervorgerufen durch die Flügelbewegung der heranfliegenden Eltern, und drittens das seitliche Schaukeln des Nestes, wenn sich die Vogeleltern auf dem Nestrand niederlassen. Jeder dieser Reizerreger kann künstlich erzeugt werden, und ein jeder von ihnen ruft auch einzeln die charakeristische Reaktion der Nestjungen hervor: sie recken Hals und Kopf gerade nach oben und öffnen weit die

Schnäbel, in die die Eltern die herbeigebrachte Nahrung stopfen. Das gemeinsame Auftreten dieser drei Reizerreger ruft natürlich eine verstärkte Reaktion der Jungvögel hervor. Verständlicherweise bedarf es zur Ausführung einer solchen Reaktion lediglich eines fertigen angeborenen Mechanismus und der genannten äußeren Reizerreger; hier wäre die Beteiligung eines psychologischen Faktors ebenfalls völlig überflüssig.

Im letzten Beispiel wollen wir den Sprung eines Frosches nach einer Fliege betrachten. Dieser Sprung wird durch die visuelle Reizung von einer „tanzenden“ Schnake hervorgerufen (die ungeordnete Bewegungen auf sehr begrenztem Raum vollführt). Wenn die Reizung von einem sich auf diese Weise bewegenden Gegenstand in das Gesichtsfeld des Frosches fällt, nähert er sich diesem Gegenstand auf Sprungweite, wendet den Kopf, bestimmt die Richtung zu diesem Gegenstand und springt mit geöffnetem Maul auf diesen zu.

In der Regel, das heißt in der überwiegenden Mehrheit der Fälle, fängt der Frosch seine Beute auf diese Weise. Es kommt aber auch vor, daß der Frosch auf analoge Weise auch auf kleine, an einem Spinnenfaden hängende Schmutzstückchen zuspringt. Derselbe Mechanismus macht ihn aber auch zur Beute einer Schlange. Die Froschjagd der Schlange verläuft folgendermaßen: die Schlange, hat sie den Frosch bemerkt, hebt den Kopf, reißt den Rachen auf, steckt ihre gespaltene Zunge heraus und beginnt zu züngeln. Auf den Frosch wirkt diese Zungenbewegung wie der oben beschriebene Reizerreger, er springt auf die Zunge wie auf eine Schnake zu und stürzt sich auf diese Weise selbst in den Rachen der Schlange; die Erzählungen über den angeblich hypnotisierenden Blick der Schlange sind nur abschreckende Märchen. In Wirklichkeit wirkt die Schlange nicht durch ihren Blick auf den Frosch, sondern durch die Zungenbewegung, die sich für den Frosch nicht von der Bewegung einer Schnake unterscheidet (vgl. *Shurawlew* 1969). Auch in diesem Fall liegt ein bestimmter Reizerreger vor, der einen fertigen Mechanismus in Gang setzt; und alles geschieht derart abgestimmt, daß er in den meisten Fällen zu einem (für die Schlange) nützlichen Resultat führt. Hier ist für die erfolgreiche Ausführung dieser Reaktion keinerlei zusätzliches Eingreifen erforderlich.

Wenn man alle Fälle vergleicht, in denen offensichtlich das Psychische nicht notwendig ist, kommt man zu folgenden allgemeinen Charakteristika: erstens, die Existenzbedingungen des Lebewesens liegen vor; zweitens, diese Bedingungen wirken auf das Tier als die Reizerreger eines fertigen, im Organismus vorliegenden Mechanismus, und dieser Mechanismus führt die im gegebenen Fall notwendige Reaktion aus. Natürlich wird vorausgesetzt, daß dieser Mechanismus durch den inneren Zustand, durch das Bedürfnis des Organismus in einen Zustand der Bereitschaft zur Reaktion auf den charakteristischen Reiz versetzt wird. Wenn ein solches Bedürfnis nicht besteht (wenn z. B. der Frosch satt ist), ruft der äußere Reizerreger bei seiner Einwirkung auf das Tier die charakteristische Reaktion nicht hervor. Sobald aber das Bedürfnis entsteht, wird folgende Situation geschaffen: es liegt ein äußeres Objekt vor, das das Bedürfnis befriedigt und gleichzeitig Reizerreger des Mechanismus einer in diesem Falle nützlichen Reaktion ist; dieser Mechanismus ist (durch das Bedürfnis) in einen Zustand der Bereitschaft versetzt und in der Lage, die notwendige Reaktion auszuführen.
Und drittens besteht die wichtigste Bedingung darin, daß in diesen Fällen die Beziehung zwischen dem agierenden Organ und dem Objekt der Einwirkung derart gewährleistet ist, daß sich zumindest in der Mehrzahl der Fälle, das heißt praktisch so oft wie möglich, die Reaktion als erfolgreich erweist und zu einem nützlichen Resultat führt. Unter normalen Bedingungen muß das Tier, wenn es einen Atemzug macht, die nächste Portion Sauerstoff erhalten. Wenn die Ameise über den Trichterrand blickt, beginnen von dessen Rand Sandkörnchen herabzurieseln, die auf den Kopf des Ameisenlöwen rollen, den gerichteten Reiz hervorrufen, auf den der Ameisenlöwe mit dem Wurf des Sandes in eben diese Richtung antwortet. Die vom Rand des Trichters heruntergeschlagene Ameise rollt auf der steilen Wand des Trichters direkt auf den Kopf des Ameisenlöwen zu, in dessen geöffnete Kiefer. Die Krähenjungen brauchen nur den Hals zu recken und den Schnabel zu öffnen, um von den Eltern die nächste Nahrungsportion zu erhalten; der Frosch braucht nur auf die Schnake zuzuspringen, um sie zu fangen usw.

In all diesen Fällen bringt der fertige Mechanismus eine Reaktion hervor, die das Erhalten des Objekts gewährleistet. Bei einer solchen Abstimmung der Beziehungen zwischen dem Organismus und seinen Existenzbedingungen besteht keinerlei Notwendigkeit, eine Beteiligung des Psychischen in diesem Prozeß vorauszusetzen – es würde dadurch nichts gewonnen werden, es wäre überflüssig, es wäre ein praktisch unberechtigter Teilnehmer an diesem Prozeß. In allen derartigen Situationen ist das Psychische nicht notwendig. Die Reaktionen der Tiere können sehr kompliziert und zweckmäßig sein, sie können sogar zielgerichtet, zielstrebig erscheinen, sind dies aber in Wirklichkeit nicht.[14]

4.2. Situationen, in denen das Psychische unumgänglich ist

Analysieren wir nun Situationen, in denen zur erfolgreichen Anpassung an die Existenzbedingungen oder zu ihrer Veränderung das Psychische unumgänglich ist.

Betrachten wir zum Beispiel denselben Prozeß der äußeren Atmung, aber jetzt unter ungewöhnlichen Bedingungen. Wenn wir einen Raum betreten, in dem man „nicht atmen kann", so reicht hier die automatische Anpassung des Organismus an die verringerte Sauerstoffmenge allein bereits nicht mehr aus. Kann doch das automatische Zentrum lediglich die Atemfrequenz erhöhen. Dies ist jedoch nur unter der Bedingung möglich, daß in der umgebenden Atmosphäre eine für eine beschleunigte Atmung ausreichende Sauerstoffmenge enthalten ist. Ist aber so wenig Sauerstoff vorhanden, daß sogar die stärkste Beschleunigung und Vertiefung der Atmung den Mindestbedarf nicht befriedigen kann, erweist sich die vorhandene automatische Anpassung an diese ungewöhnliche Veränderung der Bedingun-

[14] Eine solche Abgestimmtheit der Beziehungen zwischen Organismus und Umwelt liegt augenscheinlich auch bei den Parasiten (den Helminten) vor, die oft einen recht komplizierten Entwicklungszyklus, nicht selten in Verbindung mit einem „Wirts"-Wechsel (Zwischenwirt und Hauptwirt) durchlaufen.

gen als unzureichend. Hier muß man zu anderen Verfahren der Anpassung übergehen, in diesem Falle – zur Suche nach einem Ausweg aus der entstandenen Situation.

Aber das ist bereits eine ganz andere Aufgabe! Um aus einer solchen Situation herauszukommen, muß man wissen (ja, wissen!), wie dies zu tun ist: wenn wir uns in einem stickigen, überfüllten Saal befinden und spüren, daß wir in ihm nicht länger bleiben können, so ist ein Weg zu antizipieren, das heißt ein Durchgang durch die Reihen der Sitzenden zu finden, und die Lage der Tür zu bestimmen; ein anderes Mal kann man sich darauf beschränken, ein Fenster zu öffnen usw. Aber ein jedes derartiges Verhalten (dessen Endziel wiederum die Gewährleistung der Atmung ist) muß die vorhandenen Umstände und die Art und Weise der möglichen Handlung unter diesen Umständen berücksichtigen. Dazu reichen natürlich die fertigen physiologischen Regulierungsmechanismen der Atmung nicht mehr aus.

Nehmen wir nicht die physiologischen Prozesse der Wechselwirkung mit der Umwelt, sondern die anscheinend einfachsten Verhaltensakte. Während wir zum Beispiel über eine schön angelegte Straße mit gut asphaltiertem Trottoir gehen, können wir mit einem Freund über recht komplizierte Dinge sprechen; in diesem Fall erfordert die Fortbewegung von uns derart wenig Aufmerksamkeit, daß dazu flüchtige Seitenblicke genügen. Geraten wir aber in eine Straße, in der man ständig darauf achten muß, wohin man den Fuß setzt, ist es schon nicht mehr möglich, ein ernsthaftes Gespräch zu führen, ständig muß man daran denken, nicht fehlzutreten. Hier ist eine andere Regulierung der Bewegungen erforderlich; wenn auch der Grundmechanismus des Gehens gut automatisiert ist, verlangt seine Anwendung unter diesen Bedingungen dennoch aktive Aufmerksamkeit und eine Steuerung aufgrund jenes Bildes, das wir vor uns entdecken. Eine Regulierung der Handlung ist hier nur aufgrund des Abbilds der umgebenden Situation möglich.

Die Notwendigkeit einer solchen Regulierung wird besonders deutlich, wenn wir sehen, in welch schwieriger Lage sich ein Blinder befindet, der gezwungen ist, jeden folgenden Wegabschnitt mit dem Stock zu ertasten. Eigentlich geschieht das gleiche aber auch mit uns Sehenden, wenn wir an einen unbekannten Ort geraten und gezwungen sind, uns eingehend umzusehen und die uns angegebenen Merkmale zu erkunden. Stellen Sie sich vor, Sie bewegen sich nachts bei völliger Dunkelheit in einem Ihnen bekannten Garten; angenommen, Sie wollen von einer Bank, die sich an einem bestimmten Weg befindet, die dort vergessene Brille holen. Wenn Sie den Garten gut kennen, können Sie sich sogar bei völliger Dunkelheit recht schnell und sicher bewegen – aufgrund des Bildes, das Sie sich dabei vorstellen und das die unmittelbare Verlängerung des kleinen Abschnitts ist, der sich direkt vor den Füßen befindet. Wenn dies aber an einem neuen, unbekannten Ort geschieht, wird eine solche Fortbewegung sehr schwierig, mitunter sogar einfach unmöglich. Sie bitten den Hausherrn, Sie zu führen, und sind schließlich sehr froh, wenn er eine Taschenlampe mitnimmt – Sie brauchen ein Abbild des Feldes vor sich, ein Abbild, das unmittelbar vor Ihnen den Abschnitt des Ortes aufdeckt, um ihre Fortbewegung sicher zu regulieren.

Wenn man also charakteristische Besonderheiten von Situationen bestimmt, in denen die psychische Widerspiegelung, das Abbild der Umwelt zur Steuerung der Handlung notwendig ist, muß man vor allem auf das Fehlen dessen hinweisen, was für das Individuum in diesem Moment notwendig ist. Das schafft eine neue Position. Wenn sich eine Pflanze in einer solchen Lage befinden würde (und bei Pflanzen wiederholen sich solche Situationen regelmäßig mit dem Wechsel der Jahreszeiten), so ist alles, was die Pflanze beim Eintreten der für ihr Leben ungünstigen Jahreszeit machen kann, daß sie im Wachstum stehenbleibt. Und in der Tat tun dies die Pflanzen im Winter (im Norden und im gemäßigten Klima) oder zur Trockenzeit (im heißen Klima). Treten solche ungünstigen Bedingungen zu schnell ein oder dauern sie zu lange, sterben die Pflanzen einfach ab. Etwas anderes ist es bei Tieren mit mobiler Lebensweise, die unter veränderten Bedingungen zu einer neuen Existenzweise übergehen – sie machen sich auf die Suche nach dem, was sie benötigen und was es in der unmittelbaren Umgebung nicht gibt. Für die überwiegende Mehrheit der Tiere ist daher die mobile Lebensweise charakteristisch.

Die Mobilität wird zu einer Existenzbedingung, sie ändert den Charakter der Lebenssituationen jedoch prinzipiell. Diese Veränderung besteht darin, daß eine Inkonstanz der Beziehungen zwischen den Tieren und jenen Objekten entsteht, nach denen sie jagen (oder die auf sie Jagd machen und gegen die sie sich verteidigen bzw. vor denen sie fliehen müssen). Diese Inkonstanz der Beziehungen zwischen den Tieren und den Objekten, an denen sie in irgendeiner Weise interessiert sind, erhält einen exakteren und näheren Ausdruck in der Inkonstanz der Beziehungen zwischen den Handlungsorganen des Tieres und den Objekten, auf die sie wirkt. Ist dieses Objekt zudem auch noch mobil, wie dies in den Beziehungen zwischen dem jagenden Tier und seiner Beute der Fall ist, so wächst die Inkonstanz dieser Wechselbeziehung in höchstem Grade.

Hier ist ein weiterer Umstand hinzuzufügen. Das Objekt, mit dem das Tier eine Wechselwirkung eingeht, muß generalisiert auftreten: wenn es sich um einen „Feind“ handelt, so darf dies kein individueller Feind sein, sondern zumindest ein Feind dieser Gattung; betrifft es die Beute, so muß sie ebenfalls sozusagen verallgemeinert auftreten. Wenn sich ein Wolf nur auf ein Schaf stürzen würde, das genau dem Tier ähnelt, das er schon einmal früher gefressen hat, und jedes andere Schaf ablehnte, würde ein solcher „pedantischer“ Wolf sehr bald das Opfer der natürlichen Auslese sein. Das Schaf muß für den Wolf „verallgemeinert“ auftreten. Vielleicht besteht dieser Verallgemeinerungscharakter einfach darin, daß vom Schaf ein bestimmter Geruch ausgeht, der für alle Schafe charakteristisch ist. Der Wolf erkennt seine Beute dann an diesem generalisierten Merkmal. Das Erkennungsmerkmal des Objekts muß äußerst „allgemein“ sein, und die Reaktion muß exakt dem Objekt der Jagd und den Handlungsbedingungen angepaßt sein. Wenn sich der Wolf auf diese „verallgemeinerte Beute“ stürzt, so muß er berücksichtigen, wie groß sie ist, in welcher Richtung sie zu ihm steht, in welcher Entfernung usw.

Das Paradoxe der Situation besteht darin, daß der Reizerreger generalisiert auftritt und die Handlung exakt den speziellen Besonderheiten des Objekts in dieser Situation angepaßt werden muß. Wenn der Wolf in einer aktuellen Situation genau die

Handlung wiederholen würde, die beim vergangenen Mal zum Erfolg geführt hat, könnte es sich erweisen, daß sie den vorliegenden Umständen nicht voll entspricht: der Wolf könnte mit dem Sprung das Schaf nicht erreichen, er könnte zu weit springen oder so springen, daß er es nur berührt, aber nicht packt usw. Mit einem Wort, wenn ein Tier stereotyp die Handlung wiederholen würde, über die es seiner Erfahrung nach verfügt, könnte sich die gleiche Handlung unter veränderten Umständen als nicht ganz geeignet oder sogar in der vorliegenden aktuellen Situation als ungeeignet erweisen, da das Opfer eine Wiederholung nicht abwarten würde. Die mißglückte Handlung würde hier zum Verlust der günstigen Möglichkeit führen.

Der bekannte Polarforscher *Krenkel* beschreibt die Jagd eines Eisbären auf eine Robbe wie folgt (ohne einen Zusammenhang mit den Problemen der Psychologie zu beabsichtigen): „Einmal sah ich im Fernglas vom Kap Wychodny aus in einer Entfernung von ungefähr einem Kilometer, vielleicht auch etwas näher, wie sich ein Eisbär, platt an den Boden geschmiegt, einer liegenden Robbe näherte (die über ein sehr scharfes Gehör verfügt). Das Interessanteste war, daß die Robbe bisweilen den Kopf hob, sich umsah, ob alles in Ordnung, alles ruhig sei, ob sie also ihre Ruhepause fortsetzen konnte. Sie bemerkte den Bären aber nicht. Dieser kroch mit äußerster Vorsicht heran, schmiegte sich dabei flach an den Schnee. Er kroch auf dem Bauch und verdeckte mit der einen Pfote seine schwarze Nase, damit sie sich nicht von dem weißen Schneehintergrund abhob.

Schließlich befand sich der Bär direkt neben der Robbe, sein Opfer hatte noch immer nichts bemerkt. Der Bär sprang. Aber . . . sichtlich war es ein junges Tier. Er hatte den Sprung nicht berechnet und sprang etwa einen halben Meter über die Robbe hinweg. Er blickte sich um – die Robbe war weg. Und, was glauben Sie, tat der Bär? Er kehrte zurück und sprang zweimal auf das Eisloch, bis er die genügende Sprunggenauigkeit erreicht hatte. Der junge Robbenjäger trainierte offensichtlich . . . Das Tier wußte genau, wenn es den Sprung nicht genau beherrscht, wird es hungrig bleiben“ (*Krenkel* 1970, S. 111).

Damit das Tier nicht verhungert, muß es sich eine genaue Schätzung der Entfernung und der Sprungkraft erarbeiten, die man

weder wiederholen noch im Sprung verändern kann. Und das junge Tier, von dem *Krenkel* erzählt, „wußte" dies genau.
Bei den mobilen Tieren entstehen außerordentlich inkonstante Beziehungen zwischen ihnen und den Objekten, an denen sie interessiert sind. Und das führt dazu, daß kein vergangener Versuch – weder ein Artversuch noch ein individueller Versuch – bei seiner stereotypen Wiederholung (denn wiederholt werden kann er nur in der Form, in der er zuvor erfolgreich ausgeführt worden war und bekräftigt wurde) für eine erfolgreiche Handlung in den vorliegenden, jedesmal etwas veränderten Umständen genügen kann. Eben damit die Schemata der früheren Handlungen unter diesen individuellen Umständen effektiv genutzt werden können, müssen diese Handlungen etwas verändert, abgestimmt und den vorliegenden Umständen angepaßt werden. Und dies muß entweder vor Beginn der Handlung getan werden oder (wenn es möglich ist) im Verlauf der Handlung, auf jeden Fall jedoch vor ihrem Abschluß.

4.3. Der Mechanismus zur Anpassung der Handlungen an individuell veränderliche Situationen

Wie ist eine solche Anpassung möglich? Die traditionelle Antwort lautet, daß dies durch „Versuch und Irrtum" geschieht. Aber erstens führen „Versuch und Irrtum" unter neuen Bedingungen nur dann zu einer erfolgreichen Anpassung der Handlungen, wenn diese Bedingungen sehr konstant sind und eine vielfache Wiederholung zulassen. Wird zum Beispiel ein Tier vor die Aufgabe gestellt, den Riegel einer Tür zu öffnen, indem es auf eine bestimmte Stelle eines Hebels drückt oder an einem hängenden Seil zieht, so kann es dies lernen, wenn eine solche „Problemsituation" von Versuch zu Versuch konstant bleibt und dem Tier die Möglichkeit gegeben wird, zahlreiche Versuche zu unternehmen. Das gleiche ist selbstverständlich auch unter natürlichen Bedingungen möglich, aber nur unter der Voraussetzung, daß diese natürliche Aufgabe ebenfalls konstant bleibt und daß die Handlung wiederholt werden kann.
Zweitens – und das ist das Wichtigste –, wenn auch „Versuch

und Irrtum" oft als blind bezeichnet werden, sind sie dies nur in bezug auf die Mehrzahl der Bedingungen einer Aufgabe. Was das Ergebnis betrifft, so muß es unbedingt vor dem Tier erscheinen, sich ihm eben als mit seiner Handlung zusammenhängend erweisen, sonst erfolgt kein Lernen durch „Versuch und Irrtum". Ein hierfür kennzeichnender Versuch wurde von *Thorndike* durchgeführt: er stellte einem Menschen die Aufgabe, exakt das Muster einer waagerechten Linie von 2 cm Länge zu reproduzieren. Das Muster befand sich die ganze Zeit vor dem Probanden, aber die Hand und das Ergebnis der Handlung waren dem Probanden durch einen Schirm verdeckt. *Thorndike* konstatiert, daß ohne den Vergleich des Resultats einer jeden einzelnen Ausführung mit der Aufgabe, dem Muster, selbst nach 3 500 Versuchen keinerlei Verbesserung (in der Genauigkeit der Reproduzierung der Linie) erfolgt (vgl. *Thorndike* 1966). Schlußfolgerung: wenn kein Vergleich des faktischen Resultats einer Handlung mit dem erfolgt, was vorgegeben worden ist, wird die Handlung nicht vervollkommnet.

In gewisser Hinsicht noch interessanter sind die Versuche von *Nowoselowa*, Affen dazu zu bringen, mit einem Stock einen Köder heranzuholen. Zuerst operiert der Affe mit dem steif ausgestreckten Arm, der den Stock hält; er schiebt den Köder zwar hin und her, ist jedoch nicht in der Lage, ihn heranzuholen. Selbst wenn man den Köder so hinlegt, daß ihn die Bewegung des Stockes etwas näherbringen muß, lernt das Tier auch in diesem Fall bei weitem nicht sofort, ihn auf sich zu zu bewegen. Es lernt dies aber dennoch, und zwar dadurch, daß die einzelnen Versuche den Köder zwar außer Reichweite lassen, ihn aber jedes Mal immer näher rücken; dieses Näherkommen wird allmählich größer, bis das endgültige Ergebnis erreicht ist (vgl. *Nowoselowa* 1968). Aber auf welche Weise wird denn dieses geringe Näherrücken des Köders, der dennoch unerreicht bleibt, bekräftigt? Offensichtlich ist dieses Näherrücken eine relative Orientierungsbekräftigung, das heißt, die Tatsache, daß der Köder immer näher und näher kommt, wird berücksichtigt; eine andere Bekräftigung ist nicht vorhanden, hier wirkt die Lage des Objekts im Abbildfeld, im Feld der Wahrnehmung der vorliegenden Situation.

Alle diese Fakten, die sowohl bei Tieren als auch beim Menschen festgestellt wurden, zeugen davon, daß die Methode des Versuchs und Irrtums selbst einen Vergleich (zumindest) des Handlungsergebnisses mit der Ausgangssituation voraussetzt, eben jene Orientierung auf der Ebene des Abbilds, die die Anhänger des „blinden Versuchs und Irrtums" theoretisch auszuschließen versuchen.

Es gibt jedoch auch noch Situationen, in denen die Lösung einer Aufgabe durch „Versuch und Irrtum" überhaupt nicht erreicht werden kann. Dies sind unterschiedliche Situationen, die von *Köhler* sehr gut dargestellt werden; sie erfordern die Bestimmung und die Berücksichtigung der objektiven und für die erfolgreiche Lösung der Aufgabe wesentlichen Beziehungen. Das große Verdienst *Köhlers* besteht in der Feststellung, daß dies durchaus nicht besonders komplizierte Situationen oder irgendwelche Ausnahmesituationen sind (vgl. *Köhler* 1963).

Schließlich, und das ist natürlich besonders wichtig, gibt es im Leben der mobilen Tiere ständig Situationen, in denen gehandelt werden muß, die Handlung aber nur ein einziges Mal ausgeführt werden kann. Das trifft zum Beispiel auf Handlungen zu, wie eine Beute zu fangen, die nicht auf eine Wiederholung wartet, von einem Baum auf einen weit entfernten anderen zu springen (noch dazu, wenn auf dem Boden ein Raubtier lauert), einen tosenden Strom zu durchqueren oder eine tiefe Felsspalte zu überwinden usw. Das sind Situationen mit unaufschiebbarer und nur einmaliger Handlung: das Tier muß handeln (wenn es sich vor einer Gefahr rettet oder eine Beute überfällt), kann seine Handlung aber auch nicht wiederholen – die Beute kann entkommen, ein mißglückter Sprung kann das Leben kosten. Wie ist in diesem Fall die Handlung an die individuellen Besonderheiten der „Problemsituation" anzupassen?

Die Schwierigkeit besteht darin, daß dem Tier eigentlich die Mangelhaftigkeit jener Handlung, über die es verfügt, unklar bleibt, solange diese Handlung nicht ausgeführt ist. Die verborgene „Wahrheit" der „Versuch und Irrtum"-Theorie kommt darin zum Ausdruck, daß nur durch solche Proben die Unzulänglichkeit der früheren Möglichkeiten sowie die auszuführenden Korrekturen deutlich werden und somit diese früheren

Möglichkeiten für die neue Situation anwendbar werden. Um die Handlung also an die individuellen Besonderheiten einer Situation anzupassen, muß man sie erproben, und erproben bedeutet ausführen. Dies verbietet sich jedoch, da eine Situation der einmaligen Handlung vorliegt. So ergibt es sich, daß eine Handlung ausgeführt werden muß, aber nicht ausgeführt werden darf. Wo ist der Ausweg aus dieser Situation? Es bleibt nur eine einzige Möglichkeit: die Handlung nicht physisch, sondern perzeptiv auszuführen, das heißt sie „mit dem Auge", auf der Abbildebene abzuwägen, auf der sich das Feld der vorliegenden Situation auftut.

Das Tier skizziert in diesem Fall mit dem „Blick", mit der „Aufmerksamkeit" den Weg, den es früher in ähnlichen Situationen physisch ausgeführt hat, und konstatiert das Zusammenfallen oder Nichtzusammenfallen des Endpunktes dieser perzeptiven Handlung mit dem Bestimmungspunkt. Dementsprechend führt es entweder sofort eine ebensolche physische Handlung aus, oder es bringt eine entsprechende Korrektur an und führt die physische Handlung bereits mit dieser Korrektur aus. Auf analoge Weise korrigiert das Tier seine Handlungen während ihrer Ausführung, wenn sich eine solche Möglichkeit bietet. Und wir haben dies an den Beispielen der Hasenjagd des Habichts und der Robbenjagd des Eisbären gesehen. Als der Hase ungestüm loslief und den Feind hinter sich her zog, begann der Habicht, der sich nur mit einer Kralle an seinem Opfer festhielt, sich während des Laufes mit der anderen Kralle an Pflanzenstengel, Gras und Erlengestrüpp zu klammern; indem er den Lauf des Hasen zu stoppen versuchte, paßte er sich aktiv an die sich schnell verändernden Umstände an. Und der Eisbär, der sein Ziel verfehlt hatte, „arbeitete an sich", um beim nächsten Mal exakt den Abstand zu berücksichtigen und den Sprung zu bemessen.

Wenn sich die Orientierungstätigkeit an der Anpassung des Tieres an individuelle Besonderheiten der Umstände beteiligt, so bedeutet das nicht unbedingt, daß irgendwelche neuen Verhaltensformen entstehen. Umgekehrt, es eröffnet vor allem die Möglichkeit einer weitaus geschmeidigeren und folglich auch umfassenderen Nutzung des bereits vorhandenen Bewegungsrepertoires. Und das ist ein außerordentlich wichtiger Umstand

– die Orientierung auf der Ebene des Abbilds gestattet nicht, neue Verhaltensformen für extrem veränderliche individuelle Situationen zu schaffen, sondern es müssen allgemeine Verhaltensschemata genutzt werden, die an die individuellen Varianten der Situation angepaßt werden. Und dies bedeutet auch, daß nicht das Auftauchen besonderer, neuer Verhaltensformen vom Vorhandensein einer psychischen Regulierung des Verhaltens zeugt, sondern dies bezeugen die besondere Geschmeidigkeit, die Veränderlichkeit und die Mannigfaltigkeit ihrer Anwendung. Man muß immer und immer wieder betonen, daß derartige Situationen durchaus nichts Besonderes (in der Art der oben angeführten Fälle des Überwindens einer Felsspalte u. a. m.) sind. Im Gegenteil, dies sind die gewöhnlichsten Situationen, denen Tiere mit mobiler Lebensweise in einer kompliziert gegliederten Umwelt mit jedem Schritt begegnen. Und umgekehrt, je homogener die Umwelt ist, sei es die Luft oder das Wasser, desto weniger Anforderungen stellt sie an eine solche aktive Anpassung. Aber in dem einen oder anderen Maße wird die Forderung der unmittelbaren Anpassung der Handlungen an die kleineren Besonderheiten der Situation, die bei den Veränderungen nicht nur dieser Situation selbst, sondern auch der Position des Tieres in ihnen entsteht, an alle Tiere und in jeder Umwelt erhoben (sobald dieses Tier eine mobile Lebensweise führt).

In Situationen, die sich dadurch auszeichnen, daß sie einmalig veränderlich sind und eine unaufschiebbare und nur einmalige Handlung erfordern (sowie in Situationen, die mit Hilfe von „Versuch und Irrtum" gelöst werden), kann somit das Verhalten ohne Regulierung der Handlung aufgrund ihrer Abschätzung im Feld der Dinge, das sich auf der Ebene des Abbilds eröffnet, nicht erfolgreich sein. Nur aufgrund einer solchen Abschätzung der Handlung auf der Ebene des Abbilds, einer vorgezeichneten oder bereits in der Ausführung befindlichen, aber noch nicht vollendeten Handlung ist ihre Anpassung an die einzelnen einmaligen Besonderheiten der Verhaltensbedingungen möglich.

Bei mobiler Lebensweise, den dabei unvermeidlich entstehenden einmalig veränderlichen Situationen und der Notwendigkeit individueller und exakter Anpassung der Handlungen an diese Besonderheiten wird die psychische Orientierung zum unabdingbaren und wichtigsten Faktor für den Erfolg des Verhaltens. Darin besteht die objektive Notwendigkeit des Psychischen, die Notwendigkeit der Orientierung auf der Grundlage des Abbilds der Situation und der Handlungen auf der Ebene dieses Abbilds.

4.4. Psychische Handlungssteuerung und Verhaltensdeterminismus

Orientierung im Gegenstandsfeld, das sich dem Subjekt durch das Abbild auftut und mit Hilfe der Handlungen auf der Ebene dieses Abbilds verwirklicht wird, bedeutet eigentlich Steuerung der Handlung aufgrund eines Vergleichs des antizipierten und des tatsächlichen Verlaufs sowie des Handlungsresultats auf der Grundlage der Rückkopplung. Das Abschätzen auf der Ebene des Abbilds erlaubt es dem Subjekt, festzustellen, inwiefern die vorweggenommene Handlung und ihr „Endpunkt" mit dem antizipierten Objekt zusammenfallen oder von ihm abweichen und Korrekturen erfordern. Es geht also um die Steuerung des Verhaltens durch die vorausgehende Markierung des Weges und der Art und Weise der Handlung, das heißt durch Aufstellung eines Programms für die bevorstehenden physischen Handlungen und ihre spätere Ausführung und Regulierung nach diesem Programm. Dies alles ist eine Realisierung der Forderungen der Kybernetik, der allgemeinen Lehre von der Handlungssteuerung.

Die Besonderheit der Orientierung als einer psychischen Steuerung besteht darin, daß das Handlungsprogramm auf der Abbildebene verbleibt. Es wäre unsinnig, wenn ein solches Programm unter den Bedingungen einer einmaligen Verwendung Stabilität erlangte und zu seiner Ausführung ein stabiler materieller Apparat erarbeitet würde. Ein solcher Mechanismus wird tatsächlich herausgebildet, dies geschieht jedoch nur, wenn die erneut festgestellten Beziehungen und das vorgezeichnete Programm im weiteren stereotyp ausgeführt werden. Dann tritt eine Automatisierung der Handlung ein, die auch die Bildung des entsprechenden Mechanismus erfordert.

Unter den natürlichen Bedingungen der mobilen Lebensweise tritt Automatisierung aber niemals auf. Es kann auch keine vollständige Automatisierung geben, da die psychische Tätigkeit ja in sich häufig verändernden Situationen verläuft, die jeweils einmalig sind und auch nur einmal genutzt werden. Und dies wiederholt sich im Grunde auf jedem Schritt, da selbst die geringste Nichtübereinstimmung einer Handlung mit den vorliegenden Bedingungen ausreicht, einen Mißerfolg herbeizuführen. Würde nach einer jeden erfolgreichen Ausführung eine materielle Fixierung der Details der Handlungsmechanismen erfolgen, so führte dies zu einer Anhäufung von speziellen Mechanismen und Programmen, die nicht mehr zur Anwendung kämen. Eine derartige Überbelastung würde zusätzliche Arbeit zum „Löschen" dieser nutzlosen Spuren erfordern. Präzisierungen, die mit Hilfe der Orientierungstätigkeit vorgezeichnet werden, sind notwendig und werden nur ein einziges Mal verwendet. Für diese kleinen, unerwarteten und einzelnen Variationen kann es keine fertigen Handlungsmechanismen geben, da dies nicht nötig und nicht zweckmäßig wäre. Mehr noch, in jeder derartigen Situation müssen wir, wenn wir ein Programm antizipieren, es unaufhörlich, auf jeden Schritt abstimmen, verändern, präzisieren und es an die einzelnen und einmaligen Mikrosituationen anpassen. In allgemeiner Form kann man daher sagen, daß die Orientierung auf der Grundlage des Abbilds allen Forderungen der Kybernetik entspricht und sich nur dadurch unterscheidet, daß sie diese in individuell veränderlichen, einmaligen Situationen und nur auf der Ebene des Abbilds realisiert, ohne das Gehirn mit materiell fixierten Spuren einer einmaligen Erfahrung zu belasten.

Will man das Verhalten „streng wissenschaftlich", kausal, erklären, ist man oft bestrebt, ohne das Psychische auszukommen. Es wird angenommen, daß es prinzipiell gegen den naturwissenschaftlichen Determinismus verstoße. Aber dabei geht man von der idealistischen Interpretation des Psychischen als einer geistigen Substanz aus, die sich von der Materie absolut unterscheidet, und wahrt folglich auch diese Position. In dieser Eigenschaft wäre ihre Beteiligung an den Ereignissen der objektiven materiellen Realität tatsächlich ein Verstoß gegen ihre naturwissenschaftlichen Gesetzmäßigkeiten. Das ist jedoch eine falsche Interpretation des Psychischen. Es gilt, nicht das Psychische zu verwerfen, sondern diese seine falsche Interpretation.

Nicht das Psychische handelt, sondern das Subjekt, das durchaus keine geistige Substanz ist, sondern ein auf besondere Weise konstruierter komplizierter Mechanismus. Das „Psychische" ist eine besondere Tätigkeitsform des Subjekts, ist seine gegenständliche Tätigkeit auf der Ebene des Abbilds.

In individuell veränderlichen Umständen wird das Verhalten, betrachtet man es ohne die Beteiligung des Psychischen als Orientierungstätigkeit des Subjekts, prinzipiell unerklärlich. Nicht etwa, weil man im Prinzip keine Maschine bauen kann, die nur einmal arbeitet, sondern weil der Bau einer solchen Maschine biologisch nicht gerechtfertigt wäre. In individuell veränderlichen Situationen kann die Nutzung der vergangenen Erfahrung ohne Anpassung auf der Grundlage der Orientierung auf der Abbildebene nur selten und zufällig erfolgreich sein. Daher wäre die faktische Situation – ihre systematisch erfolgreiche Nutzung – prinzipiell indeterminiert. Wie wir gesehen haben, sind allein die fertigen, physiologisch fixierten Mechanismen in einer solchen komplizierten und sich verändernden Situation für eine erfolgreiche Handlung unzureichend. Diesen Mangel nutzt auch der „kluge Idealismus", um die Notwendigkeit der Einmischung des „Geistes" in das Alltagsleben der aktiven Organismen zu beweisen.

Natürlich darf uns das nicht auf den falschen Weg der Negierung der psychischen Tätigkeit drängen; die Aufgabe besteht darin, eine naturwissenschaftliche Erklärung zu finden. Und diese naturwissenschaftliche Erklärung erhalten wir, wenn wir die psychische Tätigkeit als Orientierungstätigkeit auf der Abbildebene auffassen.

In den individuell veränderlichen Situationen, die mit Notwendigkeit auf einer bestimmten Entwicklungsstufe der aktiven Lebewesen in ihren Beziehungen zur Umwelt entstehen, stellt allein die Orientierung auf der Basis des Abbilds – des Abbilds des Feldes der bevorstehenden Handlung – den Verhaltensdeterminismus wieder her und erklärt seinen Erfolg unter diesen nichtstereotypen Bedingungen.

Die orientierende Tätigkeit gewährleistet eine erfolgreiche Anpassung der Handlungen an die sich individuell verändernden Situationen und wird somit zum Schlüsselglied im Lernprozeß, im Prozeß der Entwicklung neuer Handlungen und sinnlicher Abbilder, und beim Menschen – auch der Begriffe sowie ihrer weiteren Entwicklung.

Um mögliche Mißverständnisse zu vermeiden, ist folgendes hervorzuheben:

1. Wir erklären nicht, wie das Gehirn das Psychische produziert, wie die psychische Wiederspiegelung aus der physiologischen entsteht. In dieser Hinsicht müssen wir auch heute die Worte *Lenins* wiederholen, daß die Frage, wie die „Verwandlung der Energie des äußeren Reizes in eine Bewußtseinstatsache" (1973, S. 43) erfolgt, bislang noch nicht beantwortet ist. Dieser Prozeß „bleibt noch eingehend zu untersuchen" (1973, S. 37).

2. Wir betrachten die Orientierungstätigkeit nicht auf jenen Entwicklungsstufen, auf denen es noch kein differenziertes Abbild gibt. Wir gehen aber von der These *Lenins* aus, daß „unsere Empfindungen Abbilder der Außenwelt sind" (1973, S. 97) und folglich die primitivsten Empfindungen primitive, schlecht differenzierte Abbilder der Dinge und der Beziehungen zwischen ihnen darstellen. Offensichtlich geht auf diesen Stufen eine Orientierungstätigkeit auf der Grundlage dieser schlecht differenzierten Objekte vor sich, das heißt, es finden Versuche zu ihrer Bezugsetzung, der Erklärung ihrer Merkmale und Eigenschaften und der Bestimmung ihrer Raum- und Zeitrelationen statt.

Beim Kind basiert diese Orientierungstätigkeit auf „rein orientierendem" Interesse (da die psychische Entwicklung des Kindes gerade bei der Entwicklung seiner Orientierungstätigkeit beginnt), bei den Tieren ist sie jedoch von Anfang an den „Sachbedürfnissen" untergeordnet und auf sie beschränkt.

3. Wir betrachten hier nicht jene konkreten Bedingungen, die zum ersten Mal eine psychische Widerspiegelung der objektiven Realität notwendig machen. Gegenwärtig verfügen wir nur über zwei wichtige Fakten, deren Berücksichtigung uns dem Verständnis dieser Bedingungen etwas näherbringt. Das betrifft einmal den Übergang von der Bewegungsverzögerung („Reflex der

natürlichen Vorsicht") zur Überprüfung dessen, was diese Verzögerung hervorgerufen hat (*Pawlow* 1953 a, S. 495), und zum anderen den Übergang von den zunächst nicht empfundenen Reizen zu ihrer Empfindung (*Leontjew* 1959). In beiden Fällen sind die Hauptbedingungen der psychischen Widerspiegelung: 1. die aktive Tätigkeit im äußeren Milieu und 2. die Notwendigkeit, diese Tätigkeit in neuen, für die Handlung wesentlichen Beziehungen der Situation zu orientieren.

Ich wiederhole aber nochmals, wir erklären nicht, wie das Gehirn das Psychische produziert, sondern erläutern nur, worin seine Notwendigkeit besteht, wozu es dient, was es als das neue Mittel zur Adaptation an die Bedingungen des aktiven Lebens und folglich der unabdingbaren Entwicklung der Tiere darstellt. Und wenn das für die Tiere zutrifft, trifft es in qualitativ neuer Form und in unvergleichlich höherem Maße auch für den Menschen zu.

4.5. Die objektiven Merkmale des Psychischen

Die Interpretation des Gegenstands der Psychologie als Orientierungstätigkeit ermöglicht es, die Beantwortung mehrerer schwieriger Fragen der Psychologie zu skizzieren.

Eine dieser Fragen betrifft die objektiven Merkmale des Psychischen. Vom Gesichtspunkt der traditionellen Interpretation der lediglich in der Selbstbeobachtung aufzudeckenden Bewußtseinserscheinungen als des Gegenstands der Psychologie kann man diese Frage nur negativ beantworten. Unter dem Aspekt dieser klassischen Interpretation werden objektiv nur verschiedene physische und physiologische Veränderungen beobachtet: Bewegungen des Körpers oder seiner einzelnen Teile, Veränderungen der Hautfärbung, Schweißabsonderung, elektrische Leitfähigkeit usw. All diese Veränderungen sind physiologisch begründet, weshalb sich die Wissenschaftler letztlich den Prozessen im Nervensystem widmen. Diese Nervenprozesse ihrerseits werden durch bestimmte physische Agenzien, Reizerreger, hervorgerufen. Es ergibt sich, daß beim Übergang von den äußeren Erscheinungsformen der sogenannten seelischen Zustände zu ihrem im Körperinneren befindlichen, physiologischen Mechanismus und von diesem zu den Ursachen, die seine Arbeit hervorrufen, der Forscher nur eine Kette physischer Ursachen und Wirkungen aufdeckt. Es gelingt ihm aber nirgends, einen auch noch so kleinen Abschnitt zu finden, in dem diese Kette unterbrochen würde und irgendeine „seelische Aktivität" als Ursache aufträte. Hieraus folgt, daß die Erklärung jener äußeren Reaktionen und inneren Veränderungen des Körpers, die gewöhnlich dem seelischen Leben zugeschrieben werden, nicht der Vermutung vom Eingreifen psychischer Faktoren bedarf. Mehr noch, ein derartiges Eingreifen würde eine prinzipielle Störung der Ursache-Folge-Gesetzmäßigkeiten der materiellen Prozesse – einen prinzipiellen Verstoß gegen die naturwissenschaftlichen Vorstellungen von der Welt – bedeuten.

Diese altbekannte und in der bürgerlichen Psychologie allgemein akzeptierte These wurde Ende des vergangenen Jahrhunderts in polemischer Form erneut von *Wwedenski* (1892) als psychophysiologisches Grundgesetz formuliert, dessen Grundgedanke im „Fehlen objektiver Merkmale der Beseeltheit" (1917, S. 78) zum Ausdruck kommt. Freilich betonte *Wwedenski* an eben dieser Stelle, daß das eigene seelische Leben für jeden Menschen etwas völlig Unzweifelhaftes darstellt; das seelische Leben der anderen Menschen ist jedoch bereits eine bloße Vermutung, die mit gleichem Recht akzeptiert oder zurückgewiesen werden kann. Da kein Mensch an seinem eigenen seelischen Leben im geringsten zweifelt, die anderen aber mit vollem Recht das gleiche tun und sein seelisches Leben negieren können, behauptete *Wwedenski,* daß „dort, wo wahrscheinlich seelisches Leben existiert (das heißt in mir selbst), es stets derart verläuft, daß die das seelische Leben begleitenden Körpererscheinungen nach eigenen materiellen Gesetzen ablaufen, als gäbe es dort gar kein seelisches Leben" (ebenda). Hier wird demnach das Psychische als ein Prozeß interpretiert, der parallel zu bestimmten physischen Prozessen des Organismus verläuft und auf diese keinerlei Einfluß ausübt. Das ist der typische Ausdruck des Dualismus, insbesondere des psychophysischen Parallelismus, der in der bürgerlichen Psychologie des 19. und 20. Jahrhunderts so verbreitet ist. Aus einer derartigen idealistischen Interpretation des Psychischen folgen mit gleichem Recht zwei entgegengesetzte Behauptungen. Die eine besagt, daß nur ich, der ich in mir selbst unmittelbar und unzweifelhaft seelisches Leben beobachte, nur ich allein ein beseeltes Wesen bin; alle übrigen – sowohl die Menschen als auch die Tiere – sind nur komplizierte Maschinen. Von diesem Standpunkt aus (Solipsismus – „ich allein") wird kategorisch jegliches objektives Merkmal des seelischen Lebens negiert. Der andere und direkt entgegengesetzte Ausdruck derselben Grundthese bildet den Panpsychismus – die Lehre von der allgemeinen Beseeltheit. Dieser Standpunkt ergibt sich aus folgendem: objektiv werden nur physische Prozesse beobachtet. Es ist keine genaue qualitative Grenze zwischen Mensch und Tier, Tier und Pflanze, Pflanze und einfachsten Lebewesen und schließlich zwischen ihnen und der unbeseelten Materie zu ziehen. Da wir ohne Zweifel in uns seelisches Leben vorfinden, müssen wir die Möglichkeit und sogar die äußerst hohe Wahrscheinlichkeit ihres Vorhandenseins in anderen Menschen, in allmählich sich verringerndem Grad in anderen Lebewesen und sogar in einem gewissen sehr geringen Maße in der unbelebten Materie anerkennen.

Die einnehmende Seite dieser Lehre von der allgemeinen Beseeltheit, der allgemeinen Vergeistigung besteht darin, daß die uns umgebende Natur mit seelischem Leben versehen und auf diese Weise ihre innere Nähe zum Menschen wiederhergestellt wird.[15] Es wird das Gefühl der Verwandtschaft des Menschen mit der gewöhnlich als fremd und nicht selten sogar als feindlich dargestellten Umwelt geschaffen.

Das Gefühl der Verwandtschaft mit der Umwelt ist ein herrliches Gefühl, das jedoch eine große theoretische Gefahr in sich birgt. Schon gar nicht davon zu sprechen, daß es ein ungerechtfertigtes Vertrauen und eine Herablassung gegenüber allen ohne

[15] *Fechner* verkündete nach seiner seelischen Krise in naiver Einfalt seinen Mitbürgern diese Ansicht und entschloß sich, als er deren Gleichgültigkeit bemerkte, dies überzeugend, sozusagen mit dem Zwang der wissenschaftlichen Wahrheit, zu beweisen. Er arbeitete dazu seine Psychophysik aus. (Eine gute Skizze über *Fechner* finden wir bei *James* [vgl. 1914].) In sehr klarer Form ist diese Anschauung von *Paulsen* dargelegt worden. (Seine „Einführung in die Philosophie" erfreute sich seinerzeit großer Popularität.)

Zweifel negativen Erscheinungen der Umwelt erzeugt, läßt und macht es das seelische Element selbst prinzipiell unverständlich: es wird als primär und folglich als nicht erklärbar dargestellt. Mehr noch, seine ständig wachsende Rolle in der Entwicklung der Tiere und besonders des Menschen wird leicht in dem Sinne interpretiert, daß es die Bestimmung des Psychischen sei, die Materie zu beseelen, den Geist dahin zu bringen, das Psychische und seine Entwicklung zu lenken und die ganze Welt durch ihre Eroberung durch den Menschen gewissen übermateriellen Zwecken unterzuordnen, anders gesagt, die idealistische Weltanschauung zu bestätigen.

Im Gegensatz dazu besagt eine der Grundthesen des dialektischen Materialismus, daß das Psychische eine besondere Eigenschaft der hochorganisierten Materie ist. Es ist kein besonderes Sein, sondern nur eine besondere sekundäre Eigenschaft. Sie entsteht dadurch, daß auf einer bestimmten Entwicklungsstufe der Organismen das Psychische zu einer notwendigen Bedingung ihrer mobilen Lebensweise mit ihren Vorzügen und neuen Aufgaben wird. Diese Grundthese des dialektischen Materialismus vollendet philosophisch die Entwicklung der naturwissenschaftlichen Vorstellungen von der Entstehung und der Rolle des Psychischen.

Daher ist die Frage nach den objektiven Merkmalen der psychischen Tätigkeit für uns bereits keine philosophische Frage mehr, sondern eine Frage der Einzelwissenschaft, die folgendermaßen lautet: weshalb kann man behaupten, daß die zu beobachtenden Handlungen aktiv sind und nicht automatisch ablaufen, daß sie auf der Grundlage der Orientierung auf der Ebene des Abbilds, und sei es auch nur die der Wahrnehmung, ausgeführt werden und nicht das Ergebnis einer Wechselwirkung zwischen den Reizerregern und den motorischen Möglichkeiten des Organismus sind? Das frühere Kriterium – die Zweckmäßigkeit – hat sich als prinzipiell unzureichend erwiesen. Automatische Reaktionen von beliebiger Kompliziertheit können völlig zweckmäßig sein. Beim Signalcharakter der Reizerreger und beim „Extrapolationsreflex" (vgl. *Kruschinski* 1970) muß unterschieden werden, ob sie als Kennzeichen der psychischen Tätigkeit dienen können oder ob dies nicht möglich ist (da sie vollständig durch den unbedingt-reflektorischen Mechanismus gewährleistet werden). Die Orientierungstätigkeit wird dort notwendig, wo die vorhandenen Mechanismen nicht ausreichen und man die Handlung entweder erneut innerlich vorwegnehmen oder sie an die vorliegenden Bedingungen anpassen, angleichen muß.

Heute ist die Orientierung auf bestimmte Teile jenes Feldes, das sich auf der Ebene des Abbilds eröffnet, die Orientierung darauf, „was" und „wie" etwas ist, eine experimentell bewiesene Tatsache, die völlig objektiv festgestellt wird. In diesem Zusammenhang möchten wir kurz an die bekannten Versuche von *Köhler* erinnern (vgl. 1963). Die kluge Lösung der von *Köhler* vorgeschlagenen Aufgaben zeichnete sich gerade dadurch aus, daß die Tiere begannen, ihre Handlungen auf die wesentlichen Beziehungen einer „Problemsituation" zu orientieren, und zwar auf solche Beziehungen, die zu Beginn des Versuchs von ihnen nicht bemerkt wurden. Man kann endlos darüber streiten, wie die Bestimmung dieser wesentlichen Beziehungen vor sich geht und was tierisches Denken ist (vgl. *Wygotski* 1930). Aber die Tatsache der aktiven Bestimmung dieser wesentlichen Beziehungen und der Orientierung der Handlung anhand dieser hier bestimmten Beziehungen steht völlig außer Zweifel. Derartige Versuche wurden dann erfolgreich von *Buytendijk* am Hund (vgl. 1935) und von *Saporoshez* an der Katze (vgl. 1941) durchgeführt. Der seiner theoretischen Bedeutung nach außerordentlich wichtige von *Kruschinski* bestimmte Extrapolationsreflex besteht darin, daß die Bewegungsrichtung des Köders vom Tier verfolgt wird und diese Richtung auch dann beibehalten wird, wenn der Köder hinter einem Schirm verschwindet (vgl. *Kruschinski* 1970). Schließlich zeugen all die zahlreichen Versuche zum sogenannten „latenten Lernen" und zu den „Vikarproben und -fehlern" (vgl. *Anziferowa* 1961), die Experimente zur Untersuchung der orientierend-untersuchenden Tätigkeit der Tiere bei der Herausbildung bedingter Reflexe, die von *Pawlow* und seiner Schule durchgeführt wurden, davon, daß die Orientierung des Tieres auf bestimmte Objekte, Situationen und deren Eigenschaften und Beziehungen eine Tatsache ist, die völlig objektiv festgestellt wurde. Die Art und Weise der Festlegung von Orientierungsobjekten und die konsequenten Veränderungen der Orientierung werden ebenfalls völlig objektiv verfolgt. Was geht nun im Orientierungsprozeß vor sich? Auf der Grundlage des ursprünglichen Abbilds der Problemsituation werden die tatsächlichen Merkmale, die Eigenschaften, die Zusammenhänge und Beziehungen ihrer Objekte festgestellt, es werden die Bewegungen des Köders verfolgt, die eigenen Handlungen eingeschätzt und im Endergebnis all dessen präzisiert, oder es werden sogar erstmalig jene Elemente oder Beziehungen ausgesondert, die früher gar nicht oder nicht in jener Bedeutung aufgetreten waren und die für die Lösung der aktuellen Aufgabe wesentlich sind. Es ändert sich also die frühere Bedeutung der Objekte, ihrer Eigenschaften oder der Beziehungen zwischen ihnen, sie erhalten eine neue Bedeutung, die sich völlig oder teilweise von derjenigen unterscheidet, die sie in der vergangenen Erfahrung des Tieres besaßen. Diese Orientierung auf die neue Bedeutung der Objekte, ihrer Eigenschaften oder Beziehungen, eine Bedeutung, die sie in der vergangenen Erfahrung dieses Tieres nicht besaßen (was zuvor und speziell festgestellt werden muß) und die sie zum ersten Mal dank der Orientierung in der vorliegenden Situation erlangen – das sind auch die objektiven Kennzeichen der Orientierungstätigkeit, die objektiven Merkmale des Psychischen.

Wir betonen nochmals, daß die Orientierung auf eine solche neue Bedeutung der Elemente einer Situation jedes Mal speziell organisiert werden muß. Daher kann nur die experimentelle Forschung auf die Frage, wann das Psychische im Evolutionsprozeß entsteht, eine Antwort geben. Aber die Hauptsache besteht darin, daß ein solcher objektiver Beweis geführt werden kann, und, wie wir gesehen haben, ist dies bereits mehrfach getan worden.

4.6. Der psychologische Gehalt des Verhaltens

Betrachtet man das Verhalten nur als einen physischen Prozeß, sagten wir gleich zu Beginn, so kann man es nicht von dem unterscheiden, was man als Verhalten in einem nur übertragenen Sinne des Wortes bezeichnet. Aufgrund der Interpretation des Gegenstands der Psychologie als der Orientierungstätigkeit des Subjekts erhalten wir nun aber die objektive Möglichkeit, Verhalten von dem zu unterscheiden, was es nicht ist. Das heißt also, Handlungen, die vom Subjekt aufgrund der Orientierung auf der Ebene des Abbilds gesteuert werden, sind Akte des Verhaltens, sind Verhalten. Dort, wo aber keine Orientierung der Handlungen aufgrund des Abbilds vorliegt, liegt auch kein Verhalten vor. Hier handelt es sich nur um Reaktionen des Organismus, die dem Verhalten ähnlich sind. So bezeichnen wir zum Beispiel die Tätigkeit der inneren Organe (des Herzens, der Nieren, des Darms usw.), wenn sie auch durch Rückkopplung gesteuert werden, nicht als Verhalten. Ebensowenig sind auch die durch Rückkopplung gewährleistete Arbeit technischer Anlagen und erst recht nicht die Bewegung des Elektrons im Kraftfeld oder die Bewegung der Planeten und der Sterne usw. Verhalten. All diese Fälle sind durch das Fehlen der Steuerung der handelnden Organe oder der Einrichtung aufgrund eines Abbilds, des Abbilds des Feldes und der Handlung selbst gekennzeichnet. Und das Vorhandensein von Steuerung aufgrund eines solchen Abbilds, aufgrund der Orientierung in einer Situation, die sich im Abbild auftut, kann man, wie wir sahen, völlig objektiv feststellen.

Daher ist das Verhalten nicht auf seine einzelnen physischen Reaktionen zu reduzieren. In den Fällen, in denen sie vorliegen, bilden sie im Verhalten nur dessen ausführenden Teil, der an und für sich ohne den Orientierungsteil kein Verhalten darstellt. Das Verhalten braucht aber auch keinen äußeren, keinen motorischen Ausdruck zu haben, es kann gerade im Ausschließen der äußeren Reaktionen bestehen: ein Raubtier, das seine Beute belauert, unterbricht seine physischen Bewegungen; ein Mensch in einer bestimmten Situation bringt selbst nicht einmal die Worte „Das sage ich nicht!“ heraus, er antwortet überhaupt nicht und unterdrückt dadurch die äußeren Erscheinungsformen des Schmerzes, der Angst usw.

Die Psychologie untersucht nicht einfach das Verhalten und nicht das ganze Verhalten, sondern nur die aktive Orientierung des Verhaltens, die Orientierungstätigkeit aufgrund des Abbilds der vorliegenden Situation. Gerade anhand dieser Orientierung des

Verhaltens – worauf sich das Subjekt orientiert, „was es will" – urteilen wir auch über das seelische Leben dieses Subjekts; und das ist in der Tat ein weitaus zuverlässigeres Kennzeichen als seine eigenen Zeugnisse darüber. Das Verhalten ist gerade deshalb ein solch wichtiges Objekt der psychologischen Forschung, weil in ihm am besten die wahre Orientierung des Subjekts zum Ausdruck kommt. Nicht nur anderen, sondern sogar sich selbst kann der Mensch ganz ehrlich etwas sagen (oder denken), aber das, was er in Wirklichkeit ist und was er wirklich will, darüber zeugt zuverlässiger das, was er tut.

Das Verhalten des Menschen hat natürlich nicht nur diese, die psychologische Seite, sondern auch andere Seiten, sowohl natürliche (physiologische, biochemische und andere) als auch gesellschaftlich-historische (juristische, ethische, ästhetische usw.). Und diese anderen Seiten des Verhaltens können und müssen von anderen Wissenschaften untersucht werden. Für das Subjekt selbst besteht die Hauptsache aber darin, sich in einer Situation, die Handlungen verlangt, richtig zu orientieren und dann sein Verhalten richtig zu regulieren. Dies macht den Gegenstand der Psychologie aus. Daher ist gerade die Psychologie eine der hauptsächlichen, wenn nicht sogar die wichtigste Wissenschaft vom Verhalten.

Kapitel 5

Die hauptsächlichen Evolutionsstufen der Handlung

5.1. Die Umstrukturierung des Organismus als des Subjekts der zielgerichteten Handlungen

Aus dem bisher Gesagten geht hervor, daß der Begriff Subjekt für die Psychologie von grundlegender Bedeutung ist. Seine Akzeptierung oder Negierung beeinflußt entscheidend die Struktur des Bildes der psychischen Tätigkeit und den Charakter der psychologischen Anschauungen.

Wenn wir den Begriff vom Subjekt der zielgerichteten gegenständlichen Tätigkeit aus der Psychologie ausschließen, wie das die ganze „wissenschaftliche" bürgerliche Psychologie nach *Locke* getan hat, oder die Existenz des Subjekts selbst zu verneinen beginnen, worauf die klassische assoziationistische, die prinzipiell mechanistische Psychologie bewußt bestand, verwandelt sich die psychische Tätigkeit entweder in eine Abfolge von „Bewußtseinserscheinungen" oder in eine gewisse ideelle Aktivität, in ein ideelles Element. Und wie man dann auch die Bedeutung dieses ideellen Seins zu schmälern versucht, wie sehr man sich oder auch anderen einzureden versucht, dies sei nur Schein, Epiphänomen, muß festgestellt werden, daß dieses ideelle Sein in keiner Weise mit der übrigen materiellen Welt in Einklang steht und ein „idealistischer Stachel" eines jeden, sogar des materialistischen (aber mechanischen!) Systems bestehenbleibt.

Der Subjektbegriff ist einer der schwierigsten Begriffe in der Psychologie.[16] Die mechanistische Weltanschauung kann ihn nicht in ihr System aufnehmen. Entweder identifiziert sie ihn mit jedem wirkenden „Faktor", oder sie begrenzt ihn auf die juristische Kategorie der „verantwortlichen Person" (was auch eine ganze Institution sein kann) oder erklärt ihn sogar zu einer Illusion, die durch die linguistische Form („ich", „du"), jedoch nicht durch die Realität erzeugt wird. Als objektive Realität wird nur der physische Körper anerkannt, insbesondere der Organismus mit seinen physiologischen Prozessen.

Um zu einer rationalen Interpretation des Subjekts zu kommen, muß man den Unterschied der zwei hauptsächlichen Lebenstypen, des pflanzlichen und des tierischen Lebens, berücksichtigen.

1. Das charakteristische Merkmal des Lebens der Pflanzen besteht darin, daß sie sich in unmittelbarer Wechselwirkung mit ihren Existenzbedingungen befinden. Der Boden enthält Wasser und die Salzlösungen, mit denen die Wurzeln der Pflanze in Berührung kommen, in der Luft sind Gase und Strahlenenergie enthalten, mit denen die Blätter der Pflanzen eine Wechselwirkung eingehen. Die Lebensbedingungen der Pflanze – Sonnenstrahlen, Feuchtigkeit, Salzlösungen – wirken unmittelbar auf ihre Organe (Blätter, Wurzeln) und rufen ihrerseits eine Antwortreaktion hervor, die zu einer stärkeren oder geringeren Aneignung der entsprechenden äußeren Agenzien führt. So führen zum Beispiel nach der Winterperiode die Verstärkung der Sonnenbestrahlung und der Luftwärme sowie das Durchwärmen des Bodens zu einer Belebung der Lebensprozesse im Pflanzen-

[16] Wie kompliziert und schwierig der Begriff Subjekt ist, kann man aus folgenden Arbeiten ersehen: *Lektorski* 1968, Kap. III; *Abulchanowa* 1973; *Buytendijk* 1970, S. 30.

organismus. In Abhängigkeit von den inneren Prozessen einerseits und vom Wirkungsgrad dieser äußeren Agenzien andererseits vergrößert die Pflanze entweder deren Aneignung oder sie schränkt sie ein. Aber in all diesen Fällen ist gerade die äußere Wirkung das auslösende Moment. Sie reguliert die Intensität dieses physiologischen Prozesses und bestimmt größtenteils auch den Abschluß des Lebenszyklus nach Beendigung einer bestimmten Jahreszeit. Durch die Evolution gestaltet sich die anatomisch-physiologische Organisation einer jeden Pflanzenart so, daß die Wechselwirkung ihrer Organe mit den äußeren Bedingungen den für die Pflanze nützlichen Verlauf und das ihr nützliche Resultat des Prozesses gewährleistet.

Somit ist die Pflanze bereits ein Organismus mit einem inneren Zyklus von Prozessen, der beträchtlich von den äußeren Bedingungen abgesondert, aber direkt von der Wechselwirkung mit deren bestimmenden Elementen abhängig ist. Die Pflanzen weisen bereits eine verhältnismäßig gut entwickelte innere Regulierung der Beziehungen zur Umwelt auf: der Zustand des Organismus und sein Bedarf an bestimmten Elementen aus der Umwelt werden durch seinen Mangel an diesen Elementen reguliert. Jedoch betrifft diese innere Regulierung nur die Zusammensetzung und den Aneignungsgrad der äußeren Agenzien. Der Beginn der inneren Prozesse des Organismus und ihre Intensität werden bis zu einer bestimmten Grenze und bis zum Abschluß eines bestimmten Zyklus durch die Einwirkung von äußeren Agenzien reguliert. Daher kann man sagen, daß die Aktivität nicht von den Pflanzen selbst, sondern von ihrem äußeren Milieu ausgeht.

Ein weiterer wichtiger Lebensumstand der Pflanze besteht in der Übereinstimmung ihrer Existenzbedingungen und der Reizerreger ihrer Reaktionen auf das äußere Milieu. Eine Pflanze kann zum Beispiel deshalb aus dem Boden eine bestimmte Salzlösung absorbieren, weil ihre Wurzeln so aufgebaut sind, daß sie gerade diese Salze absorbieren. Ebenso verhalten sich auch die Blätter der Pflanze gegenüber den gasförmigen Komponenten und der Strahlungsenergie des sie umgebenden Luftmilieus.

Die Pflanzen verändern die Art und Weise der Wechselwirkung ihrer Organe mit den Elementen des äußeren Milieus nicht, sie verringern oder erhöhen lediglich die Intensität dieser Wechselwirkung, beeinflussen können sie diese jedoch nicht. Die Wechselwirkung wird durch die fertigen Mechanismen der pflanzlichen Organe und durch die Eigenschaften jener Elemente der Umwelt bestimmt, mit denen sie in Wechselwirkung stehen.

Ganz anders stellt sich uns die Situation bei den Tieren dar, die eine mobile Lebensweise führen. Für sie ist vor allem gerade das Fehlen der für Leben, Entwicklung und Vermehrung notwendigen Bedingungen unmittelbar „an Ort und Stelle" charakteristisch, das heißt, sie stehen mit diesen Bedingungen in keiner konstanten und direkten Wechselwirkung.

Zwischen den Tieren und ihren Existenzbedingungen besteht in der Regel ein Bruch, den das Tier zur Weiterführung seines Lebens überwinden muß. Daher ist die Mobilität das charakteristische Merkmal der überwiegenden Mehrheit der Tiere. Sie ist die Bedingung für die Überwindung dieser Diskrepanz zwischen ihnen und den Objekten ihrer Bedürfnisse, für das Suchen nach geeigneten Existenzbedingungen, deren Auffinden und für den Kampf um ihre Erlangung und Wahrung. Dies hat zur Folge, daß beim Tier besondere Reizerreger eines Verhaltens entstehen, das auf die Suche nach den notwendigen Bedingungen, nach den Mitteln der Existenz und der Vermehrung gerichtet ist. Diese Reizerreger kommen bereits nicht mehr von außen, wie bei den Pflanzen, sondern sie gehen vom Zyklus der inneren Prozesse des Organismus selbst aus; denn ihm stehen die notwendigen Bedingungen nicht unmittelbar zur Verfügung, und die anderen äußeren Bedingungen sind für ihn zu dieser Zeit indifferent. Die Reizerreger seiner Reaktionen, das Suchen nach dem Benötigten können nur vom Organismus selbst ausgehen. Solche Reizerreger sind entweder die Verringerung des Vorrats an bestimmten Stoffen im Organismus (z. B. an Nährstoffen) oder umgekehrt, es besteht ein Überschuß (z. B. an Kohlensäure im Blut). So entstehen aus dem Kreislauf der inneren Prozesse des Organismus Reizerreger, die das Tier zur Suche nach den mangelnden Existenzmitteln stimulieren.

Diese Reize können nicht direkt auf die Zentren gerichtet werden, die die Bewegungs- und Greiforgane steuern: dann wären es automatische Handlungen und hier ungeeignet. Die Reize, die durch physiologischen Mangel des Organismus ausgelöst werden, gelangen in besondere Zentren, in denen sie die Form von Bedürfnissen annehmen, die das Subjekt auf besondere Weise erlebt. Das sind bereits nicht mehr so sehr Widerspiegelungen des Körperzustands als vielmehr Stimuli zur äußeren Tätigkeit, die auf etwas gerichtet ist (oder durch die das Tier von etwas fortstrebt), aber ohne konkrete Bestimmung der Zusammensetzung und der Reihenfolge der Handlungen selbst. Aus der Klinik für nervale und seelische Erkrankungen des Menschen ist wohlbekannt, daß eine Verletzung dieser Zentren zur Störung der akutesten organischen Bedürfnisse und des entsprechenden Verhaltens führen.

Die in Stimuli zu äußeren Handlungen umgewandelten Signale über die eigenen Bedürfnisse des Organismus bilden die organischen Bedürfnisse, die Quelle der „Eigenaktivität" des Subjekts. In dieser Aktivität kommt somit eine zweifache Beziehung des Organismus zur Umwelt zum Ausdruck: einerseits ein bestimmtes Maß der Unabhängigkeit von ihren direkten Einwirkungen – der Organismus wendet sich den Dingen nur dann zu, wenn bei ihm im Verlaufe seiner inneren Prozesse ein Bedürfnis nach ihnen entsteht und nicht dann, wenn sie auftauchen; andererseits tritt in diesen Primärquellen der „Eigenaktivität des Subjekts" erneut die sehr enge Verbindung des Innenlebens eines Organismus zu seinem äußeren Milieu zutage – es ist nicht nur Handlungsschauplatz und Lieferant von Materialien für seinen Körper, sondern auch Sphäre der Objekte seiner „inneren Aktivität". Das Entstehen dieser „Eigenaktivität" bedeutet daher auch keinen Bruch der Kausalbeziehungen des Organismus zum Milieu, sondern einen neuen, höheren und freieren sowie engeren Zusammenhang zwischen ihnen.

Ein anderer wesentlicher Unterschied in der Lebensweise zwischen Pflanzen und Tieren besteht darin, daß die Organe der Pflanzen auf diejenigen Elemente der Umwelt reagieren, die unmittelbare Verbrauchsobjekte sind. Das Verhalten der Tiere dagegen, die zunächst suchen und finden müssen, um die Objekte des Verbrauchs dann zu fangen und zu verarbeiten, ist nicht auf die physikalisch-chemischen Elemente der Umwelt gerichtet, die lebensnotwendig sind, sondern auf diejenigen Eigenschaften der Objekte, die in den Handlungen berücksichtigt werden müssen und die für diese Handlungen wichtig sind. Daher fungieren die Objekte der Umwelt für die Tiere erstens als Unterscheidungsmerkmale, zweitens in bestimmten Raum- und Zeitbeziehungen und drittens in ihren möglichen Antwortreaktionen, mit einem Wort, mit Gegenstands- und Signalmerkmalen.

Die Signalbedeutung einiger Eigenschaften der Objekte der Umwelt kann bei den Tieren angeboren sein, aber je höher das Tier seiner biologischen Entwicklung nach steht und je mannigfaltiger sein Verhalten ist, eine desto größere Zahl von Merkmalen und Eigenschaften der Dinge gewinnt in der individuellen Erfahrung für dieses Tier an Bedeutung. Einige dieser Eigenschaften (von denen der Erfolg der einmaligen Handlungen in den individuell veränderlichen Situationen abhängt) müssen jedes Mal durch Abschätzen und Extrapolieren der Handlungen auf der Ebene des Abbilds exaktere Charakteristika, präzisiertere Bedeutung erhalten (ohne die, wie wir gesehen haben, eine erfolgreiche Nutzung der vergangenen Erfahrung nicht möglich ist).

Bei Tieren mit mobiler Lebensweise komplizieren sich die Beziehungen mit einigen der wichtigsten Existenzbedingungen also derart, daß ihre auf die Erlangung dieser Bedingungen gerichteten Reaktionen im äußeren Milieu eine orientierende Tätigkeit auf der Basis des Abbilds, die Steuerung der Handlungen mit Hilfe der psychischen Widerspiegelung erfordern.

Eine solche Steuerung der äußeren Reaktionen erfordert wesentliche Veränderungen im Organismus des Tieres selbst. Sie setzt vor allem voraus, daß spezielle Bewegungsorgane und Organe zum Ergreifen der Objekte sowie Organe der Verteidigung gegen Überfälle durch andere Tiere gebildet werden. Im Evolutionsprozeß werden diese Organe immer spezialisierter und die Verbindungen ihrer einzelnen Teile immer beweglicher. Zu ihrer Steuerung ist ein besonderer Apparat erforderlich. Ein derartiges Steuerungssystem basiert seinerseits auf der Koordinierung seiner Arbeit mit der Arbeit der inneren Körperorgane. Auf diese Weise erfordert der Übergang zur aktiven Existenz die Ausbildung von drei großen Systemen: das System der Bewegungs- und Greiforgane, das System der Steuerung dieser Organe sowie ein System, das die Arbeit der ersten beiden Systeme mit den physiologischen Prozessen der inneren Organe verbindet.

Das zweite dieser Systeme, in der Hauptsache das System der Steuerung der Handlungsorgane, der Organe der Fortbewegung und des Erfassens der Objekte (oder der Verteidigung gegen sie), setzt seinerseits drei große Subsysteme voraus. Eines von ihnen steuert die Ausführung der vorgesehenen Bewegungen; das ist der eigentliche Bewegungsbereich. Das andere Subsystem besteht erstens aus den Organen zur Gewinnung und Verarbeitung von Informationen über das äußere Milieu und zweitens aus Organen, die diese Informationen zur Bestimmung des Weges oder zur Bildung eines Handlungsplanes nutzen sowie zu ihrem Schutz gegen verwirrende Einflüsse der Situation; das erste von ihnen bezeichnete *Pawlow* als die Analysatoren, das zweite als die Stirnlappen; zusammengenommen umfassen sie einen großen Teil der Hirnrinde mit Ausnahme der eigentlichen Bewegungszonen. Das erste und das zweite System gewährleisten das, was *Pawlow* als die höhere Nerventätigkeit bezeichnete, die die aktive Verbindung zwischen Organismus und Umwelt herstellt (vgl. 1953 a, S. 367).

Wenn ein in das Gehirn gelangender Reiz nicht den Möglichkeiten des automatischen Reagierens entspricht, führt diese Nichtübereinstimmung zum Umschalten des Reizes auf andere Zentren. Dort wird er zum Bedürfnis transformiert. Das Bedürfnis ruft bereits nicht mehr unmittelbar eine Reaktion hervor, sondern tritt als Stimulus zur Tätigkeit auf, die der Gattung nach bestimmt ist – Nahrungs-, Verteidigungs-, Aggressionstätigkeit usw. –, der konkreten Zusammensetzung und der Reihenfolge der einzelnen Handlungen nach aber nicht völlig festgelegt ist. Diese Aufgabe wird nun jener neuen Instanz des Zentralnervensystems auferlegt, die die Bedürfniseinwirkung empfängt. Diese Instanz vertritt den Organismus in jenen Beziehungen zur Umwelt, die der Steuerung auf der Grundlage der Orientierungstätigkeit bedürfen. Es ist die Instanz der nichtautomatischen Reaktionen. Das Feld der äußeren Handlungen eröffnet sich stets vor dem Subjekt, daher gehört diese Instanz nicht zur psychischen Widerspiegelung der Situation und insbesondere nicht zum gegenständlichen Inhalt des Abbilds. Das Feld der möglichen Handlungen befindet sich stets vor dem Objekt und außerhalb von ihm.

Das dritte große System, das *Pawlow* sehr treffend als „niedere Nerventätigkeit" bezeichnete (vgl. 1953 a, S. 458), ist das Bindeglied zwischen der äußeren Tätigkeit des Organismus und seinen inneren physiologischen Prozessen. Die Prozesse dieser niederen Nerventätigkeit verlaufen in zwei Richtungen. In der einen Richtung werden die Signale aus dem Körperinneren als Stimulus zur aktiven Tätigkeit im äußeren Milieu übertragen (oder umgekehrt gibt es bei Erkrankung Signale, die diese Tätigkeit aufhalten; so ist z. B. der Schmerz in einer der Extremitäten bei einem Knochenbruch ein Signal für die Ruhigstellung dieses Körperteils). Aber dieses System arbeitet auch in der anderen Richtung. Da das Leben des Organismus im wesentlichen vom Verhalten im äußeren Milieu abzuhängen beginnt, werden diesem Verhalten die hauptsächlichen Energiereserven zur Verfügung gestellt. Das Gehirn verbraucht beispielsweise einen gewaltigen und zu seiner Masse in keinem Verhältnis stehenden Anteil an Sauerstoff, Zucker und einer Reihe anderer für seine Tätigkeit notwendiger Stoffe, während die Muskelarbeit des Rumpfes und besonders der Extremitäten einen verstärkten Zustrom an Blut erfordert, das den inneren Organen entzogen wird. Aufgabe der niederen Nerventätigkeit ist es, eine zweckmäßige Umverteilung der Ressourcen des Organismus zu gewährleisten: während des Wachzustandes auf die äußere Tätigkeit, im Ruhezustand und besonders im Schlaf auf die inneren Reproduktionsprozesse des Organismus.

Somit führt der Übergang zum aktiven Leben im äußeren Milieu zu einer radikalen Umgestaltung des Organismus selbst, zur Entwicklung einer besonderen Instanz zur Gewinnung und Verarbeitung von Signalen aus dem inneren Milieu des Organismus zu Bedürfnissen, von Signalen aus dem äußeren Milieu zu Abbildern der Situation und zu verschiedenen Handlungen auf der Ebene des Abbilds, deren gemeinsame Aufgabe es ist, die Orientierung in Situationen zu gewährleisten, in denen dem automatischen Reagieren Mißerfolg droht.

Der Organismus, der seine äußeren Reaktionen, seine Einwirkungen auf das äußere Milieu aufgrund des Abbilds dieses Milieus reguliert, ein solcher Organismus ist das Subjekt der Handlung.

Unter dem Subjekt verstehen wir einen tierischen Organismus mit qualitativ neuer Struktur, die in der Herausbildung einer obersten Nerveninstanz zur Steuerung der Reaktionen im äußeren Milieu aufgrund des Abbilds dieses Milieus und zur Verknüpfung dieser Reaktionen mit dem inneren Milieu des Organismus besteht.

Die neue Nerveninstanz wird der früheren nicht einfach hinzugefügt, sondern der gesamte Organismus erfährt eine Umstrukturierung, indem er dieser neuen Instanz untergeordnet wird. Das ist durch die Rolle bedingt, die diese Instanz im Leben des Organismus spielt. Von seiner Arbeit und der erfolgreichen Ausführung der äußeren Handlungen hängt jetzt die Existenz und die Entwicklung des Tieres ab. Daher wird das ganze Leben der inneren Organe, das vegetative („pflanzliche") Leben in den Dienst der Aufgaben des Verhaltens, der Gewährleistung der erfolgreichen Ausführung der Handlungen im äußeren Milieu gestellt.

Ein Organismus mit einer solchen obersten Instanz sowohl des äußeren Verhaltens als auch der körperinneren Prozesse ist bereits kein einfacher tierischer Organismus mehr, sondern ein Tier als Subjekt zielgerichteter Handlungen.

Die Identifizierung des Subjekts mit dem Organismus überhaupt und folglich mit einem Organismus, der über keine solche oberste Instanz verfügt, bedeutete, das Subjekt mit jedem Organismus (oder zumindest jedem tierischen Organismus) gleichzusetzen, und das wäre eine mechanische Vereinfachung. Das Subjekt ist ein besonderer Organismus, der neuartig, kompliziert und in hohem Maße organisiert ist, der die neue Fähigkeit besitzt, seine Handlungen auf der Grundlage eines Abbilds des Feldes dieser Handlungen zu steuern.

Das Subjekt ist ohne Psychisches nicht möglich, das Psychische bildet jedoch nur eine der Formen seiner gegenständlichen Tätigkeit – seine Orientierung im Handlungsfeld aufgrund des Abbilds dieses Feldes. Ebenso wie man das Subjekt nicht mit dem Organismus gleichsetzen kann, kann man es auch nicht mit dem Psychischen identifizieren; das letztere würde eine Umwandlung der psychischen Tätigkeit in eine handelnde Substanz und dabei noch in eine geistige Substanz bedeuten. Das ist eine typische idealistische Verdrehung in der Interpretation des Subjekts.

Das Subjekt ist stets Subjekt der Handlung, aber nicht einer jeden Handlung, sondern nur der zielgerichteten, das heißt einer Handlung, die aufgrund des Situationsabbilds reguliert wird. Viele physische Handlungen des Organismus sind nicht gleichzeitig Handlungen des Subjekts. Das trifft zum Beispiel auf epileptische Krämpfe zu, die motorische pathologische Reaktionen des Organismus sind. Das gleiche gilt für den Fall, wenn ein ungeschickter Bergsteiger vom Felsen stürzt. Er fällt nicht als Subjekt, sondern als physischer Körper. Sogar der Mensch ist nur in solchen Handlungen Subjekt, die er aufgrund des Abbilds des Feldes dieser Handlungen steuert. Wir haben gesehen, daß eine derartige Orientierungstätigkeit objektiv bewiesen werden kann, und nur dort, wo man ihr Vorhandensein objektiv beweisen kann, darf man vom Verhalten (im strengen Sinne) und von einem Subjekt dieses Verhaltens sprechen.

Es muß jedoch nochmals unterstrichen werden, daß dies alles nur ein Hinweis auf das ist, wodurch sich das Subjekt von einem Organismus unterscheidet (der noch nicht oder schon nicht mehr Subjekt ist). Es deckt aber nicht seine wesentlichen Merkmale und die Struktur, die Korrelation der verschiedenen Formen seiner psychischen Tätigkeit in den verschiedenen Situationen und auf den verschiedenen Entwicklungsstufen auf und stellt folglich keine vollständige Bestimmung dessen dar, was Subjekt ist. Eine solche Bestimmung bleibt Aufgabe einer speziellen Untersuchung.

5.2. Die weitere Umgestaltung des Organismus in Zusammenhang mit der Entwicklung der Persönlichkeit

Die Persönlichkeit ist ein gesellschaftlich-historisches Gebilde und natürlich Forschungsgegenstand nicht allein der Psychologie. Aber in der Entwicklungsgeschichte der Persönlichkeit und ihrer weiteren Tätigkeit spielt das Psychische als realer Prozeß der Orientierung in einer jeden Lebenssituation eine solch bedeutende Rolle, daß die Psychologie als Wissenschaft nicht umhin kann, in der komplexen Erforschung der Persönlichkeit die führende Stellung einzunehmen.

Es ist uns im Rahmen der vorliegenden Arbeit nicht möglich, selbst in allgemeinster Form den Inhalt und die Struktur dessen zu betrachten, was die „Persönlichkeitspsychologie" darstellt. Es soll lediglich auf die Frage eingegangen werden, was die Persönlichkeit vom Tätigkeitssubjekt bei den Tieren unterscheidet, und wir wollen in kurzen Zügen einige Bedingungen des Übergangs von einem solchen Subjekt zur Persönlichkeit kennzeichnen.

Ebenso wie die Entwicklung des Psychischen in der Tierwelt die Voraussetzung für die Herausbildung der menschlichen Psyche, des Bewußtseins, ist, bildet auch die allgemeine Struktur der Beziehungen des Organismus zum äußeren Milieu, die für das Subjekt der aktiven, zielgerichteten Handlungen charakteristisch ist, die Voraussetzung für die Entwicklung der Persönlichkeit und ihrer psychologischen Merkmale. Diese allgemeine Struktur besteht in der Position des Subjekts in bezug auf die Umwelt. In der psychischen Widerspiegelung der äußeren Situation kommt sie darin zum Ausdruck, daß die Welt vor dem Subjekt liegt. Alles, was ihm unmittelbar „erscheint", befindet sich außerhalb von ihm; das Subjekt als Quelle seiner Handlung „erscheint" jedoch nicht selbst: das Tier handelt in Übereinstimmung mit seinen Bedürfnissen und Befürchtungen, macht diese jedoch nicht zum Gegenstand seiner Wertung.

Eine solche Position ist für die „unmittelbare" Handlung mit den umgebenden Dingen geeignet, und dies nicht nur für das

Tier, sondern auch für den Menschen in der überwiegenden Mehrheit seiner physischen Handlungen. Aber wenn der heutige Mensch Überlegungen über sich selbst, über die Quelle seiner Aktivität und besonders natürlich seiner inneren psychischen Aktivität anstellt, kann er dies nur auf der Grundlage angeeigneter gesellschaftlicher Erfahrungen.

Es wäre allerdings ein großer Fehler, anzunehmen, daß Persönlichkeit die Summe von tierischem Subjekt und gesammelten „Kenntnissen und Fähigkeiten" wäre, die dank der gesellschaftlichen Erziehung gewonnen wurden.

Wenn sich die Umwandlung des Organismus in ein Subjekt zielgerichteter Handlungen nicht mehr auf den Erwerb der Eigenschaft beschränkt, psychische Widerspiegelungen zu produzieren, sondern tiefgehende Veränderungen im Aufbau des Organismus selbst erfordert, bedarf die Umwandlung des tierischen Subjekts in eine Persönlichkeit nicht minder tiefgehender Veränderungen. Hier betreffen sie besonders das Gehirn (und sekundär auch den Bildungs- und Umwandlungsprozeß der psychologischen Struktur des Subjekts selbst).

Einer der Widersprüche im Prozeß der Entwicklung des Menschen ist die Unvereinbarkeit der neuen gesellschaftlichen und der Produktionsbeziehungen, der biologisch nicht vererbbaren Beziehungen zur Welt mit jenen unmittelbaren tierischen Beziehungen zu ihr, die in den Instinkten zum Ausdruck kommen. Diese Unvereinbarkeit führt dazu, daß im Prozeß der Anthropogenese eine Rückentwicklung der Instinkte und eine systematische Auslese jener Populationen erfolgt, unter denen sich die Instinkte als immer schwächer erweisen und immer leichter gehemmt werden können. Das Absterben der Instinkte ist eine der Hauptaufgaben und eines der Hauptergebnisse der langwierigen und schwierigen Entwicklung des heutigen Menschen, es ist eine der Grundbedingungen für die Entwicklung der Persönlichkeit.

Rückentwicklung und Absterben der Instinkte bedeutet den Ausschluß biologischer Vorausbestimmung des Verhaltens. Aber das Fehlen der biologischen Determinanten muß durch eine Determination anderer Art ersetzt werden. Und das geschieht durch die gesellschaftliche Erziehung, durch die Aneignung der gesellschaftlichen Erfahrung. Diese Erfahrung ist ihrem Umfang und ihrer Mannigfaltigkeit nach jedoch so groß und die Bedingungen, Mittel und Triebkräfte ihrer Aneignung – die gesellschaftlichen Beziehungen, die Arbeit und die Sprache – sind so charakteristisch für jede Tätigkeitssphäre, daß sie gewaltige Veränderungen des Arbeitsorgans dieser mannigfaltigen Tätigkeit – des Gehirns – verlangen, dessen Umfang und Struktur somit das menschliche Gehirn vom Gehirn des am weitesten entwickelten Tieres – des Affen – unterscheidet. Dies ist die zweite, zur ersten parallel verlaufende Voraussetzung der Entwicklung des heutigen Menschen und dessen, was heute als Persönlichkeit bezeichnet wird.

In jeder menschlichen Gesellschaft, in allen Gesellschaftsformationen wird anerkannt, daß die Persönlichkeit bei der Geburt nicht fertig ausgebildet ist, daß sie sich in der individuellen Entwicklung formt und sowohl „reif" als auch „unreif" sein kann. Die Bestimmung des Reifegrades bildet eine gesellschaftlich derart wichtige Aufgabe, daß sie mit Hilfe bestimmter Kriterien, durch bestimmte Prüfungen, das heißt auf der Grundlage des Verhaltens in bestimmten Situationen festgelegt wird. Im wesentlichen wird die Reife einer Persönlichkeit durch eine Wertung ihrer Handlungen im System der Beziehungen festgelegt, die in der jeweiligen Gesellschaft vorliegen. Der Mensch wird in diese Beziehungen einbezogen, er wächst gleichsam in sie hinein und wird danach bewertet, in welchem Maße er die ihm übertragenen Aufgaben bewältigt.

Ein Übereinstimmen mit diesen Forderungen bedeutet natürlich auch eine bestimmte Aneignung der Normen und Formen des gesellschaftlichen Bewußtseins. Der Begriff „Gesellschaftliches Bewußtsein" und seine verschiedenen Arten – das Rechtsbewußtsein, das sittliche, das wissenschaftlich-technische, das ästhetische Bewußtsein usw. – wird in den Gesellschaftswissenschaften, im historischen Materialismus betrachtet (vgl. *Kölle/Kowalson* 1959); für unsere Zwecke genügt es, folgendes zu betonen: erstens, das gesellschaftliche Bewußtsein reduziert sich nicht auf ein System von Vorstellungen und Verhaltensregeln, wie es in der bürgerlichen Soziologie der Fall ist. Zweitens reduziert sich das gesellschaftliche Bewußtsein nicht auf den Bewußtseinsbegriff, wie er in der bürgerlichen Psychologie verwendet wird. In dieser wird das Bewußtsein durch zwei Merkmale charakterisiert: 1. ist es gleichsam ein Licht, in dem ein bestimmter Kreis von Objekten auftritt, und 2. ist es die Empfindung der eigenen psychischen Tätigkeit (Bewußtsein). Was das „Licht" betrifft, so ist dies nichts anderes als die Bezeichnung der Tatsache, daß „dem Subjekt ein Feld von Objekten erscheint", es ist also das allgemeine Merkmal des Psychischen, das auch dem Psychischen der Tiere eigen ist; es unterscheidet sich nicht vom menschlichen Bewußtsein und ist für das Bewußtsein nicht spezifisch. Was jedoch das „Bewußtsein" betrifft, so ist es ein Produkt der gesellschaftlichen Erziehung, das nur in dem Maße realisiert wird, in dem bei jedem Menschen, bei jedem Mitglied der Gesellschaft die Kontrolle über sich selbst, über seine eigene psychische Tätigkeit erzogen wird. Wenn man sich der Selbstbeobachtung zuwendet, tritt dieses Merkmal natürlich stets in den „Bewußtseinserscheinungen" zutage. Es ist aber wohlbekannt, daß im Psychischen bei weitem nicht alles durch Selbstbeobachtung aufgedeckt wird. Das Bewußtsein ist ein Merkmal, das tatsächlich für die gesellschaftliche Psyche des Menschen, für sein Bewußtsein charakteristisch ist; es ist aber auch für dieses bei weitem nicht universell.

Das Bewußtsein in seiner marxistisch-leninistischen Interpretation bildet tatsächlich eine wesentliche und von der Persönlichkeit untrennbare Eigenschaft (vgl. *Leontjew* 1979). Aber das Bewußtsein charakterisiert die Persönlichkeit nicht an und für sich, sondern im System jener gesellschaftlichen Beziehungen, in die der Mensch objektiv einbezogen ist, und besonders jenes Teils dieser Beziehungen, in denen er aktiv handelt.

Persönlichkeit ist ohne Bewußtsein nicht möglich. Wo es gestört ist, ist auch die Persönlichkeit gestört oder verlorengegangen. Wenn eine medizinische Spezialuntersuchung an einem psychisch Kranken den Schluß ergibt, daß dieser unzurechnungsfähig ist, können wir nicht von einem normalen Bewußtsein sprechen, obwohl einzelne Formen der psychischen Tätigkeit, einschließlich des formalen Denkens, nicht wesentlich gestört sind. Ein solcher Mensch kann das, was ihn umgibt, richtig sehen, kann formal richtige Schlußfolgerungen ziehen, und auch seine Erinnerung an frühere Ereignisse und an früher erworbenes Wissen braucht keine wesentlichen Störungen aufzuweisen. Und dennoch ist dieser Mensch nicht in der Lage, sowohl seine eigenen Handlungen als auch die Handlungen anderer Menschen und die objektiven Ereignisse so einzuschätzen, wie dies normale Menschen tun. Er kann die objektiven gesellschaftlichen Kriterien dieser Erscheinungen nicht nutzen und insofern sein Verhalten nicht richtig steuern. Er bleibt Handlungssubjekt, ist aber schon nicht mehr Persönlichkeit und verantwortet nicht mehr sein Verhalten. Auch ein Kind gilt bis zu einem bestimmten Alter als für seine Handlungen nicht verantwortlich. Die Erzieher tragen die Verantwortung, und es wird als eine heranwachsende, aber noch nicht entwickelte Persönlichkeit betrachtet. Und das ist ein sehr gutes Kennzeichen dafür, daß wir die Persönlichkeit nicht als ein angeborenes, sondern als ein sich entwickelndes gesellschaftlich-historisches Gebilde betrachten und dem Prozeß seiner Formung einen beträchtlichen Zeitraum zumessen.

Persönlichkeit ist ohne Bewußtsein unmöglich, reduziert sich jedoch nicht auf dieses. Bewußtsein ist nicht mit Persönlichkeit gleichzusetzen. Nicht das Bewußtsein handelt, sondern die Persönlichkeit, die ihre Handlungen auf der Grundlage des Bewußtseins reguliert, das die Basis des orientierenden Teils seiner Handlungen bildet. Um eine Persönlichkeit zu sein, muß man Subjekt sein, bewußtes, gesellschaftlich-verantwortliches Subjekt. Das gesellschaftliche Bewußtsein ist, wenn es angeeignet wurde, die wichtigste, die führende Struktur im System der Verhaltenssteuerung durch den Menschen.

An dieser Stelle müssen wir nochmals betonen, daß wir nicht definieren, was Persönlichkeit und was Bewußtsein ist. Alles oben Gesagte ist nur ein Hinweis darauf, wodurch sich die Persönlichkeit vom Handlungssubjekt unterscheidet, das nicht (noch nicht oder nicht mehr) Persönlichkeit ist.

5.3. Das Schema der grundlegenden Handlungsstufen

Wir betrachten das Psychische, genauer die Orientierungstätigkeit, als den wichtigsten Hilfsapparat des Verhaltens, als den

Apparat der Verhaltenssteuerung. Dieser Apparat entsteht auf jener Entwicklungsstufe der aktiven Tiere, auf denen sie sich durch ihre Mobilität und die wachsende Veränderlichkeit der Beziehungen zwischen ihnen und den Objekten der Umwelt in ständig sich verändernden, individuellen, einmaligen Situationen befinden. Von dieser Stufe an entsteht die Notwendigkeit, die Handlungen an diese einmaligen Bedingungen anzupassen. Eine solche Anpassung wird durch Abschätzen, Extrapolieren und Korrigieren der Handlungen auf der Ebene des Abbilds der vorliegenden Situation erreicht und bildet die Lebensfunktion der Orientierungstätigkeit. Man kann die allgemeine Evolutionslinie der Handlungen – von der anorganischen Welt bis hin zum Menschen – schematisch in vier große Stufen einteilen, von denen jede einem bestimmten Handlungstyp entspricht: die physische Handlung, die physiologische Handlung, die Handlung des Subjekts und die Handlung der Persönlichkeit.

1. *Die Stufe der physischen Handlung.* Wir haben keinen Grund, die Handlung der physischen Körper aus der Gruppe jener Erscheinungen auszuschließen, die in allen Sprachen mit dem Wort „Handlung" bezeichnet werden. Umgekehrt, die physische Handlung bildet den Hauptinhalt des Begriffs „Handlung"; er muß von uns als Ausgangsbegriff akzeptiert werden. Die Besonderheit und die Begrenztheit der physischen Handlung in dem uns interessierenden Aspekt besteht darin, daß in der anorganischen Welt der Handlungen hervorbringende Mechanismus seinen Resultaten gegenüber indifferent ist. Das Resultat übt auf die Erhaltung des ihn erzeugenden Mechanismus nur einen zufälligen Einfluß aus. Wir sagen: „Steter Tropfen höhlt den Stein". Das Ergebnis dieser Handlung ist dem Tropfen gegenüber jedoch indifferent, es verstärkt weder seine Existenz noch Wirkung. Die Existenz eines Stromes, der sich seinen Weg durch Felsen bahnt, hängt durchaus nicht von diesem Weg ab, sondern davon, daß das Wasser immer wieder den Strom füllt.

Die von Menschenhand geschaffene Maschine kann man mit einem Steuerungsprogramm und einem Rückkopplungsmechanismus ausrüsten, mit deren Hilfe die Handlung dieser Maschine reguliert wird. Aber das Resultat, das Objekt der Rückkopplung ist, verstärkt die Existenz dieser Maschine in keiner Weise.

Es reguliert lediglich ihre Arbeit. Die Arbeit der Maschine und dieses Regulierungsmechanismus' führt jedoch zu ihrer Abnutzung, zu Störungen, zum Verschleiß. Wird die Maschine sich selbst überlassen, so liefert sie zusammen mit ihrem Regulierungsmechanismus schließlich ein Produkt, das vom Gesichtspunkt des Konstrukteurs dieser Maschine nutzlos ist. Nicht das Resultat der Handlung der Maschine, sondern der Mensch, der an diesem Resultat interessiert ist, sorgt sich um die Erhaltung dieses Mechanismus (oder darum, daß er durch einen vollkommneren ersetzt wird); das Handlungsergebnis der Maschine verstärkt nicht ihre Existenz.

Die Stufe der physiologischen Handlung. Hier haben wir es mit Organismen zu tun, die nicht nur Handlungen im äußeren Milieu ausüben, sondern auch an bestimmten Resultaten dieser Handlungen und folglich auch an ihren Mechanismen interessiert sind. Hier regulieren die Handlungsergebnisse nicht nur die Ausführung der Handlungen, sondern, sind diese Resultate positiv, verstärken sie auch den Mechanismus, der sie produziert.
Für diese neue Entwicklungsstufe der Handlungen ist jedoch eine wesentliche Einschränkung charakteristisch – die Resultate wirken erst, wenn sie physisch erreicht sind. Einen solchen Einfluß kann auch das Zwischenresultat haben, wenn es materiell bereits erreicht wurde. Auf der Stufe der rein physiologischen Beziehungen reicht eine solche Korrektur völlig aus.

Die Stufe der Handlungen des Subjekts. Wie wir bereits gesehen haben, führen die Bedingungen der mobilen Lebensweise in einem kompliziert gegliederten Milieu das Tier ständig zu solchen einmaligen Situationsvarianten, in denen die vergangene Erfahrung für eine erfolgreiche Ausführung der Handlungen unzureichend ist. Die Reproduzierung der Handlungen in der Form, in der sie bereits einmal erfolgreich waren, können unter neuen, etwas veränderten Bedingungen sogar zum Mißerfolg führen. Hier ist eine Anpassung der Handlung sowohl vor ihrem Beginn als auch im Verlaufe ihrer Ausführung, unbedingt aber vor ihrer Beendigung, unumgänglich. Hierzu müssen die Handlungen abgeschätzt oder auf der Ebene des Abbilds extrapoliert werden. Erst dadurch wird es möglich, die notwendigen Korrekturen vor der physischen Ausführung der Handlungen oder zumindest vor ihrer Vollendung anzubringen und damit ihren Erfolg zu sichern.

Die prinzipielle Bedeutung der Erweiterung der Anpassungsmöglichkeiten des Tieres auf dieser Handlungsstufe besteht gerade darin, daß das Tier die Möglichkeit erhält, die Tauglichkeit einer Handlung zu bestimmen und Änderungen noch vor ihrer physischen Ausführung oder Vollendung vorzunehmen. Hier wirken ebenfalls die Prinzipien der Rückkopplung, der notwendigen Korrekturen und der Bekräftigung erfolgreich ausgeführter Handlungen, sie wirken jedoch nicht nur im physischen Bereich, sondern auch auf der Abbildebene. Die neuen mehr oder weniger veränderten Bedeutungen der Objekte (im Vergleich zu jenen Bedeutungen, die sie in der vergangenen Erfahrung hatten) werden ohne ihre Festigung nur ein einziges Mal verwendet. Aber dafür kann die Prozedur jedes Mal leicht wiederholt und die Handlung den individuellen einzelnen Umständen angepaßt werden; und das erfolgreiche Ergebnis bekräftigt nicht nur den ausführenden, sondern auch den steuernden Handlungsmechanismus.

Die Stufe der Handlung der Persönlichkeit. Wenn sich die Handlung eines Tieres von den rein physiologischen Beziehungen zur Umwelt dadurch unterscheidet, daß ihre Korrekturen auf der Ebene des Abbilds, der Wahrnehmung der sich vor dem Tier eröffnenden Umwelt möglich sind, so bedeutet die Handlung der Persönlichkeit einen prinzipiell neuen Schritt voran. Hier berücksichtigt das Handlungssubjekt nicht allein die Wahrnehmung der Gegenstände, sondern auch die von der Gesellschaft angesammelten Kenntnisse über sie, und nicht nur ihre natürlichen Eigenschaften und Beziehungen, sondern auch ihre soziale Bedeutung und die gesellschaftlichen Formen der Beziehung zu ihnen. Der Mensch ist nicht auf die individuelle Erfahrung beschränkt. Er eignet sich die gesellschaftliche Erfahrung jener sozialen Gruppe an, in der er erzogen wird und in der er lebt, und nutzt sie.

Bei den zielgerichteten gegenständlichen Handlungen bleiben auch beim Menschen die Prinzipien der kybernetischen Steuerung völlig erhalten. Die gesellschaftliche Wertung und die Charakteristik der Ziele, der Dinge und der antizipierten Handlungen bilden vor allem die Bedingungen dieser Handlungen, die Faktoren, auf die sich eine solche Steuerung stützt. Beim Tier fungiert der vorweggenommene Handlungsplan nur als unmittelbar wahrnehmbarer Weg inmitten der Dinge; beim Menschen wird dieser Plan aber bewußt erarbeitet und zu einem selbständigen Objekt neben der Welt der Dinge, mit denen es zu handeln gilt. Auf diese Weise entsteht im Rahmen der natürlichen Dinge ein neuer „Sachverhalt" – der Plan der menschlichen Handlung. Und mit ihm auch das Ziel im direkten Sinne des Wortes, das heißt also das, was in fertiger Form noch nicht vorliegt, das erst getan, produziert werden soll.

Der Zusammenhang der grundlegenden Evolutionsstufen der Handlung. Jede höhere Entwicklungsstufe der Handlung schließt unbedingt die vorhergehenden ein. Die Stufe der physiologischen Handlung schließt natürlich die physische Wechselwirkung und die physischen Mechanismen der Handlung ein. Die Stufe des Tieres als des Handlungssubjekts schließt die physiologischen Mechanismen ein, die nur die physiologische Wechselwirkung mit dem äußeren Milieu gewährleisten; über diesen werden jedoch physiologische Mechanismen höherer Ordnung aufgebaut, die die psychischen Widerspiegelungen der objektiven Realität und die psychische Steuerung der Handlungen realisieren. Schließlich werden auf der Stufe der Persönlichkeit sowohl physische als auch physiologische und psychische Mechanismen genutzt. Bei der Persönlichkeit herrscht über all dies jedoch eine neue Instanz – die Handlungsregulation auf der Grundlage des Bewußtseins der gesellschaftlichen Bedeutung der Situation und der gesellschaftlichen Mittel, Muster und Handlungsweisen.

Daher kann und muß man jede höhere Form der Handlung von den an ihr beteiligten einfachen Mechanismen her untersuchen. Die Erforschung der einfacheren Mechanismen allein reicht jedoch für die Erforschung einer jeden höheren Gruppe prinzipiell nicht aus. Dies ist nicht so zu verstehen, daß diese höheren Mechanismen nicht aus den einfacheren entstehen können, sondern in dem Sinne, daß die Bildung der höheren aus den einfacheren nicht nach dem Schema der einfacheren Mechanismen verläuft, sondern eine neue Ebene ihrer Entstehung darstellt.

Diese neue Ebene entsteht durch das Einbeziehen in neue Bedingungen, in neue Relationen. Die Entstehung der Lebewesen ist mit neuen Beziehungen zwischen dem Mechanismus einer Handlung und ihrem Resultat verbunden. Es entwickelt sich ein Mechanismus, der eine nützliche Reaktion bekräftigt. Die Entstehung der individuell veränderlichen einmaligen Situationen macht die Anpassung der vorliegenden Reaktionen auf der Abbildebene und folglich die Notwendigkeit der psychischen Widerspiegelung notwendig. Die Entstehung solcher gesellschaftlicher Formen schließlich, die gemeinsame Tätigkeit zur Gewinnung von Existenzmitteln und zum Kampf gegen Feinde erfordert, führt zur Ausbildung von Arbeit und Sprache, von gesellschaftlichem Bewußtsein.

Auf diese Weise zeichnen die grundlegenden Evolutionsstufen der Handlung eigentlich die Grundlinie der Entwicklung der Materie vor: von ihren anorganischen Formen zu den Lebewesen, den Organismen, dann zu den Tieren, die mit Psychischem ausgestattet sind, und von ihnen zum Menschen mit seinem gesellschaftlichen Bewußtsein. Und das Bewußtsein, wie *Lenin* treffend bemerkt, „widerspiegelt nicht nur die objektive Welt, sondern schafft sie auch" (1973 b, S. 203). Es schafft sie in dem Maße, in dem die Widerspiegelung des gesellschaftlichen Lebens immer vollständiger und tiefgreifender wird und sich zu einem führenden Element der gesamten menschlichen Tätigkeit herausbildet.

Anhang

1. Das Tätigkeitsproblem in der sowjetischen Psychologie[17]

Über 30 Jahre – seit Beginn der 30er bis Mitte der 60er Jahre – wurden in der sowjetischen Psychologie Untersuchungen zum Tätigkeitsproblem angestellt. Anstoß dazu war der revolutionäre Aufschwung der Volksmassen und die darin zum Ausdruck kommende große Kraft des Klassenbewußtseins der Arbeiter und Bauern, die es ihnen unter Führung der Partei der Bolschewiki ermöglichte, die den außenstehenden Beobachtern unüberwindlich erscheinenden Schwierigkeiten zu meistern und Dinge zu vollbringen, die für unmöglich gehalten wurden. Das Bewußtsein, das sich als eine große Kraft erwies, rückte damals,

[17] Aufsatz aus dem Sammelband „Das Tätigkeitsproblem in der sowjetischen Psychologie". Thesen der Vorträge auf dem V. Allunionskongreß der Psychologischen Gesellschaft. Teil I. Moskau 1977.

in den 20er Jahren, in den Mittelpunkt der sowjetischen psychologischen Forschung.

Der erste Schritt in der Interpretation des Wesens des Bewußtseins kam in der These „Wie die Lebensweise, so das Bewußtsein“ zum Ausdruck. Das war jedoch noch keine Psychologie, sondern eher eine Periphrase der grundlegenden Thesen des historischen Materialismus. Den ersten und tatsächlich kühnen Schritt zu einer eigentlich psychologischen Bewußtseinstheorie tat *Wygotski*. Die spezifisch menschlichen psychischen Funktionen, sagte er, entstehen aus den Formen des Verkehrs zwischen den Menschen durch „Hineinwachsen von außen nach innen“ und durch Verwandlung zuerst in die Formen „des Verkehrs des Menschen mit sich selbst“ und dann auch in die eigentlich psychischen Prozesse. Ähnlich wie der Gebrauch von Werkzeugen die Hauptform der menschlichen Tätigkeit – die Arbeit – von der Tätigkeit des Tieres unterscheidet, so unterscheidet sich auch die psychische Tätigkeit des Menschen durch den Gebrauch psychologischer Werkzeuge, also jeder Art von Zeichen, von der psychischen Tätigkeit der Tiere. Unter ihnen nehmen, was Umfang, Bedeutung und systematische Verwendung anbetrifft, natürlich die Sprachzeichen den ersten Platz ein.

Der Verlauf „von außen nach innen“, die Umwandlung der äußeren in eine psychische Tätigkeit, die werkzeuggebundene Struktur der letzteren – dies alles führte zum Durchbruch einer völlig neuen Interpretation der psychischen Tätigkeit des Menschen, die jedoch noch mit den Begriffen der „Bewußtseinspsychologie“ zum Ausdruck gebracht wurde: das Wesen des Zeichens besteht in der Bedeutung (die dem Begriff gleichgesetzt wurde); Bedeutungen entwickeln sich und damit auch die Begriffe; der Begriff ist „die Zelle des Bewußtseins“, und die Entwicklung der Begriffe entspricht der Entwicklung der Bedeutungs- und der Systemstruktur des Bewußtseins. Hauptproblem blieben Struktur und Entwicklung des Bewußtseins, das heißt, die Psychologie blieb weiterhin eine Bewußtseinspsychologie. Diese Beschränkung auf das Bewußtsein – ohne prinzipielle Abgrenzung gegen seine frühere Interpretation – führte zu einer Reihe von Widersprüchen zwischen dem Neuen und dem Alten. Es wurde notwendig, sich von den Fesseln der klassischen „Bewußtseinspsychologie" zu befreien, und das wurde zur Aufgabe der folgenden Periode.

Zu Beginn der 30er Jahre wurde unter dem Einfluß der „Philosophischen Hefte" *Lenins* und der Manuskripte aus dem „Marx-Engels-Archiv", die damals erstmalig in russischer Sprache veröffentlicht wurden, das „Tätigkeitsproblem", genauer das Problem der „bewußten Tätigkeit", aufgeworfen. Es bezeichnete nicht einfach eines der großen Probleme der Psychologie oder eines ihrer möglichen Forschungsobjekte, sondern ein gewisses Prinzip, ein generelles Herangehen an die Wissenschaft vom Seelenleben. Wie eine konvexe Linse vereinigte das „Tätigkeitsproblem" alle ungelösten Fragen und bot gleichzeitig die Möglichkeit und Perspektive für deren Lösung.

In der äußeren „bewußten Tätigkeit" sahen wir vor allem ein Mittel, die Psychologie aus der abgeschlossenen Welt des Bewußtseins, aus der Gefangenschaft der Selbstbeobachtung herauszuführen. Im Gegensatz zur traditionellen Psychologie, in der es weder den Inhalt der psychischen Prozesse noch ihre Existenz selbst (außer den Wechsel der „Bewußtseinserscheinungen") irgendwie nachzuweisen gelang, war die äußere, „gegenständliche", bewußte Tätigkeit des Menschen ein objektiver Prozeß. Ihren psychologischen Inhalt zu bestimmen stand natürlich noch bevor, aber gedacht wurde er völlig definitiv, da die objektive Realität selbst definiert ist, auch wenn sie nicht erkannt ist. Es wurde angenommen, daß im System dieser objektiv bewußten Tätigkeit auch ihr Bestandteil – die psychische Tätigkeit – potentiell eine inhaltliche Bestimmtheit erlangt und der objektiven Forschung zugänglich wird.

Die äußere, gegenständliche Tätigkeit wurde als bewußt definiert, erstens, um ihren Unterschied zur Tätigkeit der Naturkräfte zu zeigen (die auch eine allerdings spontane Tätigkeit ist), und zweitens, um diese Interpretation der behavioristischen gegenüberzustellen, die das Psychische und mit ihm auch die Bewußtheit von vornherein aus dem Verhalten ausschloß. „Bewußte Tätigkeit" bedeutete „Tätigkeit zusammen mit dem Psychischen", das heißt, es wurde die Forderung erhoben, das Verhalten nicht nur von der physischen, sondern gerade von der psychischen Seite, vom „Bewußtsein" her zu untersuchen. Es genügte nicht mehr, das Psychische lediglich als „Bewußtseinserscheinung“ zu erfassen, sondern eben in bezug auf seine Beteiligung an der Tätigkeit und über die Tätigkeit. Das Problem der vernünftigen Tätigkeit ist die Besonderheit der sowjetischen und nur der sowjetischen Psychologie.

Diese als „gegenständlich“ bezeichnete bewußte Tätigkeit erschöpft sich nicht im mündlichen Verkehr, sondern ist vor allem wirkliche, produktive Tätigkeit, eine Tätigkeit, die tatsächlich etwas vollbringt, mit deren Hilfe das Ausgangsmaterial zweckmäßig in ein zuvor skizziertes Produkt umgewandelt wird. Indem eine solche Tätigkeit das Milieu ändert, zwingt sie auch das handelnde Subjekt selbst zur Änderung. Die unumstößlichen Tatsachen, das heißt das, was in der zielgerichteten Umgestaltung der Dinge möglich ist und was nicht, werden im Bewußtsein widergespiegelt und bestimmen die psychische Tätigkeit. Dadurch wird die äußere, die gegenständliche, die bewußte Tätigkeit zur echten Grundlage der psychischen Entwicklung.

Tätigkeit setzt einen Tätigen voraus, da dies aber auch Naturkräfte sein können, bedeutete im Unterschied zu ihnen die Bezeichnung „bewußte Tätigkeit“ auch, daß weder ein unpersönlicher Prozeß noch die Reaktion des physiologischen Mechanismus auf Stimuli Gegenstand der Psychologie ist, sondern allein die Tätigkeit des Subjekts. Die Tätigkeit des Subjekts wird nicht nur durch dessen physische Möglichkeiten bestimmt, sondern auch dadurch, in welchem Maße es seine Aufgabe, seine Interessen und diese Möglichkeiten selbst erfaßt (oder nicht erfaßt). Die Bezeichnung „bewußte Tätigkeit“ schloß die Absicht ein, alle Formen der psychischen Tätigkeit, sogar die anscheinend unwillkürlichsten (Wahrnehmung, Gedächtnis, Fertigkeiten), als Erscheinungsformen einer nicht bewußten, aber zielgerichteten und gegenständlich-inhaltlichen Aktivität des Subjekts zu betrachten. Die „bewußte Tätigkeit“ kennzeichnete den Menschen als einen aktiv Tätigen in der Welt, der auf die eine oder andere Weise die Lage der Dinge, seine Aufgaben und seine Möglichkeiten durchdenkt.

Und schließlich war das „Tätigkeitsproblem“ dazu geeignet, darauf hinzuweisen, daß nicht „die innere Welt des Bewußtseins“, sondern diese bewußte gegenständliche Tätigkeit die wahre Existenz des Menschen und seine tatsächliche Verbindung zur Welt darstellt. Nicht nur das Erleben und nicht allein die Übertragung der äußeren Einwirkungen über die Sinnesorgane in das Gehirn und von diesem auf die motorische Peripherie, sondern die zielgerichtete Einwirkung auf diese und ihre zweckmäßige Umgestaltung dient dem Subjekt als wahre Quelle der Erkenntnis der Welt und dem Psychologen als Quelle für die Erkenntnis des Psychischen. Die „bewußte Tätigkeit“ ist der Haupt-„Kanal“ für die Erkenntnis des seelischen Lebens.

Nicht „Bewußtseinserscheinung“ und nicht behavioristisch interpretiertes „Verhalten“ – nicht „Bewußtsein ohne Tätigkeit“ und nicht „Tätigkeit ohne Bewußtsein“, wie *Rubinstein* es gern ausdrückte –, sondern „bewußte, äußere, gegenständliche Tätigkeit“ muß zum Ausgangspunkt der psychologischen Forschung werden. Und nicht bewußte Tätigkeit schlechthin, sondern die Tätigkeit des Subjekts in ihrer bewußten Form. Das Psychische ist nicht als „Erscheinung“ an sich zu untersuchen, sondern in der Tätigkeit, in bezug auf seine Rolle in dieser Tätigkeit, in Abhängigkeit von ihrem Charakter und ihrer Struktur.

Das waren etwa die Aspekte, unter denen seinerzeit das „Tätigkeitsproblem“ in der Psychologie betrachtet wurde, das waren die Hoffnungen und Erwartungen, die es auslöste. Und heute, eine Generation später, fragen wir uns: in welchem Maße ist es gelungen, diese Verpflichtungen zu erfüllen, diesen ganzen Komplex von Problemen, die in dem Problem „bewußte Tätigkeit“ eingebunden sind, zu lösen oder die Lösung zu skizzieren?

Diese zu erörternden Probleme lassen sich (bedingt) in zwei Gruppen einteilen: in die eigentlich psychologischen Probleme und in die philosophisch-methodologischen Probleme. Mit der Lösung der ersten Problemgruppe befaßte sich hauptsächlich die Schule *Leontjews*, mit der der zweiten vorwiegend die Schule *Rubinsteins*.

Von den eigentlich psychologischen Aufgaben wurden zwei in den Vordergrund gestellt: 1. die Präzisierung des Begriffs „Bewußtheit“ und 2. der experimentelle Nachweis der Abhängigkeit der psychischen Prozesse vom Charakter und von der Struktur der „äußeren, gegenständlichen, bewußten Tätigkeit“. Die erste

Aufgabe wurde von *Leontjew* und seinen Mitarbeitern folgendermaßen gelöst: Nachdem sie die Begriffe Motiv und Ziel neu definiert hatten, wurde es möglich, den Begriff Sinn (Bedeutsamkeit) als Beziehung zwischen Ziel und Motiv auszudrücken und damit gleichsam den Sinn nach dem Grad der Übereinstimmung beider zu messen. Auf der Grundlage dieser Begriffe wurde auch die Unterscheidung der Begriffe *Tätigkeit, Handlung* und *Operation* umrissen, die in der sowjetischen Psychologie bis heute beibehalten wird.

Die zweite Aufgabe – der experimentelle Nachweis, daß sich das Psychische nicht irgendwo „im Bewußtsein" befindet, nicht nach besonderen „inneren" Gesetzen lebt und nur sekundär, von innen heraus, die äußere Tätigkeit beeinflußt, sondern umgekehrt, daß das Psychische in diese äußere Tätigkeit einbezogen ist und von ihrem Charakter und ihrer Struktur abhängt – wurde in einer umfangreichen Serie von Untersuchungen unter der Leitung von *Leontjew* realisiert. Diese bekannten Untersuchungen brachten der sowjetischen Psychologie allgemeine Anerkennung. Eine andere Untersuchungsserie diente der Erforschung von Prozessen der Herausbildung und Ablösung der Motive, des Erwerbs und Verlustes der „personalen Bedeutsamkeit" durch eine Aufgabe und eine Tätigkeit. Diese Untersuchungen zu Problemen der Erziehung wurden unter der Leitung von *Leontjew* begonnen und danach selbständig von *Boshowitsch* fortgesetzt und weiterentwickelt.

Den philosophischen, methodologischen Problemen der Tätigkeit galt die ständige Aufmerksamkeit *Rubinsteins*. Sein Verdienst besteht darin, die falschen Lösungsvorschläge des Problems „Psychisches und Tätigkeit" einer kritischen Analyse unterzogen zu haben. Die Formel „Einheit von Psychischem und Tätigkeit" (oder auch „Einheit von Bewußtsein und Tätigkeit") ermöglichte es *Rubinstein*, erfolgreich sowohl gegen eine idealistische Gegenüberstellung von „Psychischem und Physischem" als auch gegen eine mechanistische Negierung des Psychischen (oder seiner Rolle in der Tätigkeit) sowie gegen ihre eklektische Versöhnung (nach dem Prinzip „sowohl Psychisches als auch Tätigkeit") zu kämpfen.

Dies alles war in den 30er und 40er Jahren sowohl wichtig als auch notwendig und fruchtbar, es war jedoch nur ein Teil großen Fragestellung der „Psychologie der bewußten Tätigkeit". Viele andere Fragen, so auch die nach dem gegenständlichen, dem operativen Inhalt der Tätigkeit, wurden theoretisch nicht bearbeitet. Wenn auch „bewußte Tätigkeit" Durchdenken und folglich Beteiligung des Denkens bedeutete, wurde sie psychologisch nur von seiten der Motivation charakterisiert. Selbst die Unterscheidung von Tätigkeit, Handlung und Operation erfolgte nur nach Motivationskriterien: als Tätigkeit wurde das bezeichnet, worin Ziel und Motiv übereinstimmen; Handlung wurde damit charakterisiert, daß ihr Resultat ein Zwischenziel bildet und mit dem Motiv bereits nicht mehr zusammenfällt; als Operation wurde derjenige unselbständige, automatisierte Teil einer Handlung bezeichnet, dessen Resultat bereits kein einzelnes Ziel mehr darstellt. Später, in den 40er Jahren, schlug *Leontjew* die Einteilung in „objektive Bedeutung" und „personale Bedeutung" vor. Lediglich die „personale Bedeutsamkeit", die durch eine Beziehung von Ziel und Motiv charakterisiert wurde, blieb Gegenstand der psychologischen Forschung. Die Einteilung der Tätigkeit in einen Motivations- und einen Operationsaspekt beschränkte die „Tätigkeitspsychologie" noch mehr auf ihre Motivationsseite.

Der gegenständliche, operative Inhalt der Tätigkeit fiel aus der psychologischen Theorie heraus. Dies geschah nicht zufällig, nicht aus Versehen, sondern weil er uns damals als etwas offensichtlich Unpsychologisches, nicht zur Psychologie Gehörendes erschien.[18] In experimentellen Untersuchungen betrachteten wir die äußere, bewußte Tätigkeit des Probanden als die determinierende Bedingung. Wir bemühten uns, sie so zu organisieren, daß sie den gewünschten Einfluß auf seine psychische Tätigkeit ausübte. So wurde zum Beispiel ein Proband im voraus darauf hingewiesen, daß ihm ein Gefahrensignal (ein Stromstoß)

[18] Ich sage „wir" und „uns", da ich aktiv an der Erarbeitung dieser Interpretation der „bewußten Tätigkeit" beteiligt war und die Analyse dieser Interpretation vor allem als den Versuch betrachte, mir über meine eigenen Ansichten jener Zeit klarzuwerden.

gegeben wird. Der Proband begann dieses Warnsignal zu suchen und die Wirkung der Lichtstrahlen (nur der Lichtstrahlen!) auf der Handfläche zu unterscheiden. Warnte man ihn aber nicht, so blieb die Suche nach dem Warnsignal natürlich aus und die Empfindung der Lichtwirkung auf der Haut bildete sich nicht heraus (Versuche von *Leontjew*). Bei einem Versuch von *Karpowa* (unter der Leitung von *Lurija*) begann ein fünfjähriges Kind mit Hilfe von Stoffstückchen einzelne Wörter aus einem gesprochenen Satz zu unterscheiden, ohne diese Hilfestellung war es dazu jedoch nicht in der Lage. Weitere Versuche wurden von *Gippenrejter* und *Owtschinnikowa* unter der Leitung von *Leontjew* durchgeführt. Durch das Singen eines bestimmten Tones und dadurch, daß der geformte Laut einer vorgegebenen Tonhöhe angeglichen wurde, erlernten die Probanden das Differenzieren dieser Tonhöhe mit einer Genauigkeit, daß sie sich schließlich fast nicht mehr von Menschen mit „absolutem Gehör" unterschieden. Ohne dieses Singen blieben sie jedoch fast auf demselben Niveau, auf dem sie vor dem Unterricht waren. In all diesen Fällen hatte die Organisierung der äußeren Tätigkeit einen erstaunlichen Einfluß auf die psychische Tätigkeit der Probanden. Dies zeugt offensichtlich von einer wesentlichen inneren Abhängigkeit ihrer psychischen Tätigkeit von der äußeren gegenständlichen Tätigkeit.

Aber weder die experimentelle noch die theoretische Forschung kam über die Konstatierung dieser Abhängigkeit hinaus. Es blieb ungeklärt, wie und auf welche Weise die Suche des Signals den nichtspürbaren Reiz spürbar macht, wie Stoffstückchen helfen, ein Wort aus dem Lautstrom einer Rede auszusondern, und warum das Singen eines Tones seine Wahrnehmung verbessert (wenn auch das Singen selbst sich auf die Wahrnehmung des Lautmusters einstellt). Ohne Antwort auf all diese Fragen war jedoch der inhaltliche Zusammenhang zwischen psychischer und „gegenständlicher" Tätigkeit und folglich auch der Inhalt der psychischen Tätigkeit selbst nicht zu erklären. Die Schwierigkeit bestand darin, daß der gegenständliche Inhalt der äußeren Tätigkeit etwas unbestreitbar Nichtpsychologisches darstellt, während der „wahre Inhalt" der psychischen Tätigkeit nichtgegenständlich ist. Diese Tatsache bildete bei der Lösung der wichtigsten Aufgabe im „Tätigkeitsproblem" – der Interpretation der psychischen Tätigkeit als einer durchaus inhaltlichen und folglich auch „gegenständlichen" Tätigkeit – eine unüberwindliche Barriere. Die psychische Tätigkeit selbst blieb der objektiven Analyse nach wie vor unzugänglich.

Infolgedessen reduzierte man auch die Rolle der äußeren Tätigkeit in der psychischen Tätigkeit und ihre Entwicklung objektiv auf die These von einem System von Bedingungen, mitunter sogar von einzelnen „Faktoren". Zuvor war sie unberücksichtigt geblieben, das war jetzt jedoch nicht mehr möglich. Aber das Äußere blieb äußerlich, und das Innere innerlich. Sogar die Verwendung der Zeichen als Werkzeuge der psychischen Tätigkeit und ihr „Hineinwachsen von außen nach innen" (d. h. die Verwendung „für sich" und „im Geiste") – ohne zu erklären, welche Prozesse dabei eigentlich ablaufen, wie sich dabei sowohl die äußere Tätigkeit als auch die inneren Werkzeuge ändern – konnte die bestehenden Ansichten über das Psychische nicht verändern. Die Formen der äußeren Tätigkeit, darunter auch der sprachlichen Kommunikation, bleiben auch „im Innern", in der Vorstellung äußerlich; daher kennzeichnete man andererseits in der äußeren Tätigkeit ihre „eigentlich psychologische Seite". So wurde die Bedeutung aus dem psychologischen „Werkzeug", dem Zeichen, herausgelöst. Die Weiterentwicklung der Ideen *Wygotskis* beruhte auf der Lehre von der Entwicklung der Bedeutungen, der Begriffsentwicklung. Aus der „vernünftigen Tätigkeit" wurde das herausgelöst, was ihr Sinn, das heißt „personale Bedeutsamkeit" verlieh. Die Weiterentwicklung der Ideen *Leontjews* basierte auf der Lehre von den Motiven und der Motivation der Tätigkeit. Der prozessuale Inhalt der gegenständlichen Tätigkeit blieb außerhalb der Psychologie, so wie der Inhalt der psychischen Tätigkeit selbst außerhalb des gegenständlichen Inhalts blieb. Ohne Einbeziehung des gegenständlichen Inhalts der äußeren Tätigkeit in die Sphäre des „Psychischen" blieb das Problem der bewußten Tätigkeit prinzipiell unabgeschlossen und konnte in der Psychologie keine prinzipielle Bedeutung erlangen.

Im Jahre 1957 machte *Rubinstein* auf das Fehlen des operativen Inhalts der Tätigkeit aufmerksam und schlug vor, Tätigkeit und

Prozesse überhaupt zu unterscheiden (vgl. 1970, S. 233). Am deutlichsten brachte er diesen Unterschied am Beispiel des Denkens zum Ausdruck: „So betrachten wir zum Beispiel das Denken als Tätigkeit, wenn die Motive des Menschen, sein Verhältnis zu den Aufgaben berücksichtigt werden ... Denken erscheint als Prozeß, wenn ... die Prozesse der Analyse, Synthese und Verallgemeinerung durch Denkaufgaben gelöst werden" (ebenda). *Rubinstein* bringt die bestehende Sachlage zum Ausdruck, wenn er die Tätigkeit auf den Motivationsaspekt einengt; bei Betonung der Notwendigkeit, den anderen, den operativen Inhalt desselben Objekts zu untersuchen, bezeichnet er diesen aber nicht einmal als Tätigkeit. Da *Rubinstein* mit weitaus allgemeineren Fragen beschäftigt war, beschränkte er sich bedauerlicherweise nur darauf, auf die Prozesse der Analyse, der Synthese, der Abstraktion und der Verallgemeinerung hinzuweisen, ohne zu erklären, warum er sie nur anführt und nicht ihren konkreten Inhalt aufdeckt. Den Unterschied zwischen ihnen und – der Bezeichnung nach – ebensolchen Prozessen in der Logik und der Lehre von der höheren Nerventätigkeit skizzierte *Rubinstein* am Unterschied ihrer Anwendungsgebiete, anhand der Forschungsobjekte dieser Wissenschaften. Die Prozesse selbst wurden nur der Bezeichnung nach definiert und folglich nur nach ihrer Bestimmung unterschieden: Analyse ist ein Prozeß, der zur Aufteilung dessen führt, was im Ausgangsmaterial nicht unterschieden wurde; Synthese ist ein Prozeß, durch den die Vereinigung der Anfangsdaten zu einem neuen Produkt erfolgt; Abstraktion führt zur Abtrennung bestimmter Merkmale (Eigenschaften, Beziehungen) des Objekts und zu ihrer Umwandlung in ein neues Objekt der geistigen Tätigkeit usw. Der eigentliche prozessuale Inhalt dieser Prozesse – und nicht nur ihr Endergebnis im Vergleich zu den Ausgangsobjekten – blieb ungeklärt.

Es wäre falsch und ungerechtfertigt, wenn wir jetzt, zu Beginn einer neuen Periode der sowjetischen Psychologie, bei der Charakterisierung der Begrenztheit unserer früheren theoretischen Interpretation der „bewußten Tätigkeit" vergessen würden, den günstigen Einfluß der „Tätigkeitskonzeption" auf die psychologische Forschung jener Zeit zu erwähnen. Der intuitiv erfaßte Inhalt dieser „Konzeption" zwang die sowjetischen Psychologen, die psychische Tätigkeit als eine Variante der „gegenständlichen" Tätigkeit des Subjekts zu betrachten und zum Beispiel die objektiven Seiten der Orientierung des Subjekts (in Aufgaben des Einprägens, der Aufmerksamkeit, der richtigen Erfüllung physischer Handlungen, in Willensentscheidungen usw.) hervorzuheben und die Abhängigkeit der psychischen Prozesse vom Charakter und von der Vollständigkeit dieser Orientierung zu bestimmen. Und dies führte die sowjetischen Psychologen zur inhaltlichen Analyse (wenn nicht der psychischen Tätigkeit selbst, so doch ihrer Voraussetzungen) und zu der Überlegung, daß es zwischen dem äußeren Verhalten und der psychischen Tätigkeit keinen absoluten Unterschied gibt (worauf die bürgerliche Psychologie bestand und besteht), daß diese zwei Tätigkeitsgattungen im Gegenteil sowohl genetisch als auch der Struktur nach innerlich zusammenhängen und eine wirkliche Einheit bilden.

Es muß nochmals betont werden: die These von der Herausbildung der psychischen Tätigkeit durch „Hineinwachsen von außen nach innen" war ein entscheidender Schritt – sie durchbrach die Bastionen der Lehre von einer ursprünglich „inneren" Natur des Psychischen, den althergebrachten Solipsismus der bürgerlichen Psychologie. Die These von den Werkzeugen der psychischen Tätigkeit war ebenfalls ein wichtiger Schritt. Er zerstörte die Vorstellung von den geistigen Akten, die nach dem Modell eines biblischen „Es werde sein" konstruiert worden waren, und besagte, daß die psychische Tätigkeit des Subjekts ebenso gegenständlich-inhaltlich und gegenständlich-begrenzt ist wie jede andere Tätigkeit des Subjekts, daß sie eine bestimmte Struktur hat, durch die auch ihre Möglichkeiten bestimmt werden, und daß sie beim Menschen ebenso der Werkzeuge bedarf wie seine materielle Tätigkeit. Die These von der „äußeren bewußten Tätigkeit" – nicht nur von der Anwendungssphäre, sondern auch von der Quelle und dem Nährboden des seelischen Lebens – war ebenfalls ein bedeutender Fortschritt: sie besagte, daß die psychische Tätigkeit keine abgesonderte Innenwelt darstellt, die mit den Rechten einer selbständigen Instanz Beziehungen zum äußeren Verhalten aufnimmt, sondern daß das Psychische lediglich ein Hilfsapparat des Verhaltens ist, das aus seinen Bedürfnissen entsteht, seine Widerspiegelung ist, durch seine Interessen lebt und zur Erfüllung seiner Aufgaben beiträgt.

Dies alles waren jedoch Extrapolationen intuitiver Vorstellungen, ohne Beweiskraft und ohne klare Vorstellung von ihrer Realisierung. Es war sogar ratsam, sie nicht vollständig zu entwickeln, solange die traditionelle Vorstellung vom Psychischen bestand, solange „Bewußtseinserscheinungen“ als das einzige unmittelbare Wissen über das Psychische und als sein Etalon betrachtet wurden. Kurz: die Lehre von der Interiorisierung, der Werkzeugvermittlung, der bestimmenden Rolle der äußeren, der „gegenständlichen“, bewußten Tätigkeit – dies alles war nur unter der Voraussetzung von prinzipieller Bedeutung, daß sich daran eine grundlegende Umgestaltung der Vorstellung vom Psychischen anschloß.

Aber gerade danach, direkt nach dem Gegenstand der Psychologie wurde nicht gefragt! Es gab natürlich auch ohne diese Frage genügend brennend aktuelle und komplizierte Probleme. Aber ohne das Psychische zu erklären, war es nicht möglich, das Hindernis zu beseitigen, das es nicht gestattete, den gegenständlichen Inhalt, den operativen Inhalt der äußeren Tätigkeit in den Kreis der eigentlich psychologischen Erscheinungen einzubeziehen. Und tatsächlich gehört sie ihrem objektiven Inhalt nach nicht zur Psychologie: der äußere „gegenständliche“ Inhalt der Tätigkeit – die materielle Einwirkung auf ein materielles Objekt und dessen sukzessive Umwandlungen –, was ist das für eine Psychologie? Natürlich ist dies an und für sich etwas „Gegenständliches“ und nicht etwas „Psychisches“, das ist keine Psychologie!

Lange Zeit haben wir uns damit beruhigt, daß im dialektischen und im historischen Materialismus die grundlegenden methodologischen Fragen der Psychologie letzten Endes eine wissenschaftliche Lösung erfuhren. Wir haben nicht bemerkt, daß die verborgene Quelle für die subjektive Überzeugungskraft der idealistischen Lehre vom Psychischen in der „empirischen“ Demonstration des Erlebens als „unmittelbarer Bewußtseinsdaten“ und des Wesens des „Psychischen“ besteht. Begeistert von der Perspektive einer objektiven Untersuchung der gegenständlichen Tätigkeit des Subjekts, berücksichtigten wir nicht, daß das „Tätigkeitsproblem“ innerlich mit der folgenschweren

Frage nach dem Gegenstand der Psychologie zusammenhängt, und gaben uns mit seiner intuitiven Interpretation zufrieden. Wir vernachlässigten die theoretische Überwindung seiner traditionellen Interpretation, die nach und nach, aber hermetisch den Weg zur weiteren Ausarbeitung der Probleme der „bewußten Tätigkeit" versperrte.

In unserer philosophischen Literatur wurde mehr als einmal die Frage gestellt: wie hängt das Psychische mit dem Gehirn zusammen, wenn das Gehirn ein materieller Körper ist, während das Psychische etwas Ideelles darstellt. Aber kein einziges Mal wurde danach gefragt, was das Psychische selbst ist.

Hinter diesem systematischen Abgehen von der Frage nach dem Gegenstand der Psychologie verbirgt sich eine eigene und nicht einfache Geschichte. Nach dem Zusammenbruch der grobbiologischen, grobphysiologischen (reflexologischen) und eklektischen (reaktologischen) Richtungen der 20er Jahre, nach der Entlarvung der naiven und mechanistischen Versuche des Behaviorismus, den Gegenstand der Psychologie radikal zu ändern, versuchte man diese Frage auf jede Art und Weise zu umgehen. Man hielt sie für theoretisch hoffnungslos und für praktisch unwichtig und war der Ansicht, daß eine experimentelle Untersuchung auch ohne ihre Beantwortung auskommen kann. In seinem Werk „Grundlagen der allgemeinen Psychologie", das 1946 erschien, wiederholt *Rubinstein* den Hinweis auf die Bewußtseinserscheinungen als den Gegenstand der Psychologie und tut dies so, als riefe diese „empirische" Vorstellung keinerlei Zweifel hervor. Im Hochschullehrbuch des Jahres 1962 wird der Gegenstand der Psychologie ebenso bezeichnet, nur mit der Einschränkung, daß die Idealisten in den „Bewußtseinserscheinungen" Erscheinungsformen der Seele sehen, während die Materialisten sie als eine Funktion des Gehirns und die Widerspiegelung der Außenwelt bezeichnen; die Interpretation des Gegenstands der Psychologie, der Wege und Möglichkeiten ihrer Erkenntnis blieben unverändert.

Natürlich ist das ein sehr wesentlicher Unterschied: ob man die „Bewußtseinserscheinungen" (als die „andere Seite" der Gehirnprozesse) als absolut andersartig hinsichtlich der gesamten materiellen Welt ansieht oder nicht, aber auch ob man sie nur als ein Produkt der Gehirntätigkeit oder auch als ein natürliches Glied im Verhalten des Subjekts betrachtet. Für die auf den Positionen des dialektischen Materialismus stehenden Forscher ist das Psychische eine neue Qualität in der Entwicklung der Formen der Materie, aber keineswegs eine „Substanz", die sich absolut von ihnen unterscheidet, sie hängt *auf natürliche Weise* mit der Tätigkeit des Subjekts zusammen. Für die sowjetischen Psychologen existiert nicht nur kein prinzipielles theoretisches Hindernis, diesen Zusammenhang zu erforschen, sondern gibt es einen direkten Hinweis auf die Notwendigkeit einer solchen Forschung (vgl. *Lenin* 1973, Kap. 1.1.). Und das schafft natürlich ein völlig anderes „Klima" für die Psychologie und die psychologische Untersuchung.

Aber solange man bei der Annahme bleibt, daß die einzige direkte Quelle des Wissens über das Psychische die Selbstbeobachtung ist, daß die „Bewußtseinserscheinungen" die primären psychologischen Tatbestände bleiben und in ihnen das eigentlich Psychologische nur das „Erleben" ist, kann man ferner davon ausgehen, daß sich dadurch die „Bewußtseinserscheinungen" von allen anderen Erscheinungen in der Welt absolut unterscheiden, bleibt die faktische Sachlage hinsichtlich des Gegenstands der Psychologie unverändert. Die Möglichkeiten der Psychologie als einer objektiven Wissenschaft werden dadurch jedoch keineswegs prinzipiell besser. Wenn die frühere „empirische" Interpretation des Psychischen und die frühere „physikalistische" Interpretation der äußeren Tätigkeit beibehalten werden, ist ihre Einheit prinzipiell unmöglich und kann man sie natürlich nicht aufzeigen. Bei einer solchen Interpretation – sowohl des Psychischen als auch der Tätigkeit – ist die dialektisch-materialistische Interpretation der „Einheit" auf sie nicht anwendbar. Sie bleibt ein Wunsch und keine theoretische Lösung.

Vom Standpunkt des dialektischen Materialismus realisiert die „Einheit" die Grundfrage, in deren Rahmen Gegensätze auftreten. Wenn Psychisches und Physisches als ideelles und materielles Sein verstanden werden – wie sie in der bürgerlichen Philosophie seit *Descartes* dargestellt wurden –, würde ihre „Einheit" einen gewissen noch grundlegenderen Prozeß bezeichnen, der in diesem Fall weder psychisch noch physisch, sondern „psychophysisch neutral" wäre – und das ist eine typisch empiriokritische, machistische Darstellung, die *Lenin* entschieden zurückweist (vgl. 1973, Kap. 1).

Das Fehlen einer psychologischen Theorie vom „gegenständlichen", operativen Inhalt der Tätigkeit (und folglich das Fehlen seiner psychologischen Untersuchung) wurzelte in der nicht überwundenen „klassischen" Vorstellung vom Gegenstand der Psychologie. Infolgedessen konnte das „Tätigkeitsproblem" in der Psychologie nicht weiterentwickelt werden. Allmählich verlor es seine ursprüngliche allgemeine Bedeutung und lief objektiv auf die These von der wichtigen, aber speziellen Lehre von den Motiven hinaus. Während sich die Psychologie faktisch änderte, blieb sie ihrer früheren Interpretation des „Psychischen", des „Bewußtseins", ihres Gegenstands theoretisch verhaftet.

Dies war auch die Ursache dafür, daß die sowjetischen Psychologen, als in den 50er Jahren erneut die Forderung gestellt wurde, die Psychologie auf der Basis der materialistischen Lehre von der höheren Nerventätigkeit umzugestalten, darauf nicht vorbereitet waren, obgleich die Frage nach der Beziehung des Psychischen zu seiner materiellen, physiologischen Grundlage für die Psychologie durchaus nicht neu war. Aber die früheren Antworten taugten nichts, und eine neue gab es deshalb nicht, weil es keine neue Interpretation des „Psychischen" selbst gab.

Die Aufgabe, die Lehre von der höheren Nerventätigkeit als die physiologische Grundlage der Psychologie zu akzeptieren, veranlaßte die sowjetischen Psychologen dazu, die reflektorische Natur der psychischen Prozesse aufzudecken, zu zeigen, daß sie sich nach dem allgemeinen Schema einer jeden reflektorischen Tätigkeit des Organismus aufbauen. Das war ebenfalls wichtig und notwendig und trug wesentlich dazu bei, die Vorstellung von den psychischen Prozessen als von Prozessen sui generis (völlig eigener Art) zu beseitigen. Es führte übrigens unvermeidlich auch zu folgenden Erwägungen: 1. Wenn die psychische Tätigkeit eine Variante der reflektorischen Tätigkeit ist, reduziert auch sie sich nicht auf „Bewußtseinserscheinungen" oder deren Wechsel, da weder das eine noch das andere Tätigkeit ist. 2. Wenn die psychische Tätigkeit reflektorische Tätigkeit ist, kann man nicht annehmen (wie dies früher getan wurde), daß das Gehirn sie als ein Epiphänomen produziert, als etwas, das zu nichts anderem mehr taugt. Wenn das Psychische tatsächlich ein Epiphänomen ist, wie wird dann die reflektorische Tätigkeit des Gehirns für dieses nutzlose Produkt bekräftigt? Das Gehirn arbeitet ja nicht ohne Bekräftigung; ein nutzloses Resultat würde es nicht so beharrlich, systematisch und in ständig wachsendem Umfang produzieren, wie dies in der Evolution der Tierwelt, in der Entwicklung der menschlichen Gesellschaft und in der individuellen Entwicklung eines jeden Menschen der Fall ist.

Somit spitzten die Psychologen bei der Aufdeckung der physiologischen Struktur der psychischen Tätigkeit, einer Struktur, die sie mit jeder reflektorischen Tätigkeit des Organismus gemeinsam hat, die Frage noch mehr zu: warum produziert denn das Gehirn ein „subjektives Abbild der objektiven Realität" *(Lenin)*; worin unterscheidet sich trotz allem die psychische Tätigkeit von der eigentlich physiologischen Tätigkeit; worin unterscheidet sich das Subjekt vom Organismus und die Persönlichkeit vom Subjekt (als welches bereits das Tier erscheint, das ebenfalls auf der Grundlage „subjektiver Abbilder der objektiven Realität" handelt); und wenn schon Psychisches, ist dies psychische Tätigkeit, und „Tätigkeit" bezeichnet kein Epiphänomen, keinen einfachen Wechsel von „Bewußtseinserscheinungen", was bringt sie denn tatsächlich hervor?

Die Grundfrage kehrt zurück, und um sie erneut zu beantworten, muß man vor allem klären, was das Psychische selbst, was psychische Tätigkeit ist.

In den 50er und zu Beginn der 60er Jahre vertrat *Rubinstein* mit aller Energie die Behauptung, daß die psychischen Prozesse Analyse und Synthese, Abstraktion und Verallgemeinerung sind. Und man muß bedenken, der Sinn dieser Behauptung besteht nicht darin, daß die psychische Tätigkeit auf diese Prozesse beschränkt ist oder auf sie reduziert wird, und noch weniger darin, daß diese Prozesse eine passive Begleiterscheinung der Prozesse der höheren Nerventätigkeit sind; diese Behauptungen sagen aus, daß das Psychische eine reale Tätigkeit hinsichtlich der Durchführung von Analyse und Synthese, hinsichtlich der Produktion von Abstraktion und Verallgemeinerung wie sonst auch anderer „Arbeiten“ ist. Aber wenn das „Psychische“ nicht dasselbe wie „Bewußtseinserscheinungen“ und „psychische Tätigkeit“ ist, nicht einfach der Wechsel dieser „Erscheinungen“, mit einem Wort, wenn sowohl das eine wie auch das andere kein Epiphänomen der Prozesse der Nerventätigkeit ist, was tut es dann? Denn nur dies würde seine Existenz rechtfertigen. Vom psychologischen Gesichtspunkt aus ist es sogar das Wichtigste: was bildet seinen prozessualen, seinen operativen Inhalt, der seine Charakteristik als die einer Tätigkeit rechtfertigen würde?

Oft wurde früher folgendermaßen geurteilt: „einerseits“ – Prozesse der höheren Nerventätigkeit als der physiologischen Grundlage der psychischen Prozesse, „andererseits“ – Bewußtseinserscheinungen als Produkte dieser Nervenprozesse und die Widerspiegelung der objektiven Realität; noch früher fügte man hinzu, daß „dies ein und dasselbe ist und es von zwei verschiedenen Seiten“ oder in zwei verschiedenen Beziehungen „betrachtet wird“. Wenn dies tatsächlich alles wäre, was wir über das „Psychische“ wissen, würden wir uns unabhängig von unserem Wunsch auch heute im Grunde, im Prinzip nicht weit weg von einem auf das Niveau von *Fechner* gesunkenen *Hobbes* und *Spinoza* befinden. Aber jetzt wissen wir, daß dies eben „nicht alles“ ist, daß hier die Hauptsache ausgelassen wurde, die Hauptfunktion der psychischen Tätigkeit, daß gerade das Fehlen der naturwissenschaftlichen Vorstellung von dieser Rolle entweder zu einer offen idealistischen oder verborgen-idealistischen, epiphänomenalistischen Interpretation des Psychischen führt. Mehr noch, die bittere Erfahrung der „empirischen“, der „physiologischen“ und anderer sowohl vorausgehender als auch folgender „Psychologien“ hat uns erstens gelehrt, daß man die psychische Tätigkeit nicht in der Selbstbeobachtung finden kann und darf; zweitens, daß aus den „Bewußtseinserscheinungen“ an sich keine Tätigkeit zu erhalten ist, die etwas bewirkt, und drittens, daß man allein durch Hinzufügen dieser „Erscheinungen“ zum Organismus ebenfalls weder ein Subjekt noch eine Persönlichkeit, noch eine äußere gegenständliche Tätigkeit erhalten kann, welche Psychisches objektiv benötigen würde.

„Erscheinungen“ sind und bleiben „Erscheinungen“, wir brauchen aber keine „Erscheinungen“ der psychischen Tätigkeit, sondern die psychische Tätigkeit selbst, und zwar eine Tätigkeit, die etwas bewirkt und nicht nur „erlebt wird“.

Wir wissen, daß eine solche Tätigkeit weder die höhere Nerventätigkeit noch die äußere physische Tätigkeit sein kann, weder das eine noch das andere, weder einzeln noch zusammen oder in irgendeiner „Beziehung“, weil dies alles keine psychische Tätigkeit ist. Mit einem Wort, die Entwicklung des „Tätigkeitsproblems“ in der Psychologie und mit ihr auch die Entwicklung der Psychologie selbst führen uns dicht an die Frage heran: was ist psychische Tätigkeit?

Das intensive Studium der Theorie *Pawlows* führte zu einer weiteren sehr wichtigen Folgerung: Sie führte eine Reihe von Psychologen – *Saporoshez*, *Elkonin*, *Galperin* mit ihren Mitarbeitern – zur systematischen Erforschung der Rolle der orientierend-untersuchenden Tätigkeit bei der Herausbildung der verschiedenen theoretischen und praktischen Handlungen bei Kindern, Jugendlichen und Erwachsenen. Die Untersuchungsergebnisse gestatten es, die verschiedenartigen, in zahlreichen experimentellen Untersuchungen auch anderer Autoren erhaltenen Fakten zu vereinigen. Von dem uns interessierenden Gesichtspunkt aus muß man hier besonders die Untersuchungen des willkürlichen Gedächtnisses (*Smirnow*) und des unwillkürlichen Gedächtnisses (*Sintschenko* mit seinen Mitarbeitern), die Untersuchungen der Bewegungsfertigkeiten (*Asnin* und *Sokolow*), der Produktionsgewohnheiten (*Schwarz*, *Tschebyschew*, *Reschetowa* und *Satschko*) und der Schreibfertigkeiten (*Gurjanowa* und *Pantina*) erwähnen. Unter Berücksichtigung der Rolle der orientierend-untersuchenden Tätigkeit lassen sich auch die experimentellen Untersuchungen des Tierverhaltens, die sowohl in der Schule von *Pawlow* als auch von amerikanischen Tierpsychologen durchgeführt wurden, einheitlich erklären. Schließlich erlaubt es das theoretische Durchdenken dieses umfassenden Faktenbereichs, die experimentellen Untersuchungen mit den Schlußfolgerungen aus einer über 50jährigen Verarbeitung der marxistisch-leninistischen Grundlagen der Psychologie zu vereinigen. Heute kann man bereits eine neue Lösung der Frage nach dem Gegenstand der Psychologie skizzieren, die einen Ausweg aus den früheren Schwierigkeiten eröffnet. Ihre konsequente Darlegung würde uns jedoch weit von unserem Thema abführen, und wir sind in diesem Aufsatz gezwungen, uns auf einige Thesen zu beschränken, die eine Antwort auf einige der oben berührten Fragen erlauben.

Den gegenständlichen Inhalt der Tätigkeit (im weiteren werden wir von Handlung als der konkreten Erscheinung sprechen) kann man von verschiedenen Seiten her untersuchen. Viele Wissenschaften (die Mechanik, die Mathematik, die Physik) erforschen ihren eigentlich gegenständlichen Inhalt als außersubjektiven, nichtpsychologischen Prozeß. Sogar die Widerspiegelung dieses gegenständlichen Inhalts im Bewußtsein kann man als das ideelle Modell seines außerhalb des Bewußtseins befindlichen Prototyps erforschen (z. B. in der Erkenntnistheorie, der Ästhetik, der Heuristik usw.). Es ist nicht nur so, daß die Abstraktion von seiner psychologischen Rolle und damit seine Verwandlung in eine ideelle Erscheinung nicht stört, sondern diese trägt sogar direkt zu seiner Untersuchung bei.

Aber der Gesichtspunkt der Psychologie ist der Gesichtspunkt des Lebens, der realen Funktion, und hier ist eine solche Abstraktion unzulässig. In der Psychologie ist nicht der Inhalt der gegenständlichen Handlung an und für sich von Bedeutung (wie er in den Wissenschaften von derartigen Handlungen betrachtet wird), sondern die Tatsache, wie dieser Inhalt vom Subjekt interpretiert wird, ihm erscheint und ihm als Grundlage für die Ausführung einer Handlung dient. Ein Abstrahieren von dem unbestreitbaren Fakt, daß sich der Inhalt einer gegenständlichen Handlung dem Subjekt auftut und nur in dieser Form von ihm im Verhalten genutzt wird, ist in der Psychologie unzulässig. Als psychologische Wirklichkeit existiert der gegenständliche Inhalt einer Handlung nur als Widerspiegelung, als Inhalt eines Abbilds – psychologische Wirklichkeit ist in diesem Falle das Abbild mit eben diesem Inhalt. Daher lautet unsere nächste Frage: wie ist denn das Abbild des gegenständlichen Inhalts einer Handlung an ihrer Ausführung beteiligt, wozu ist das Abbild der Handlung nötig?

Grundlage für eine Antwort auf diese Frage sind die folgenden zwei Thesen: 1. In jenen Beziehungen zum äußeren Milieu, die erfolgreich durch die Wechselwirkung allein der materiellen Elemente eines Systems geregelt werden, ist ein Abbild völlig unnötig. 2. Das Abbild taucht in den Situationen auf, in denen es an ausgereiften automatischen Regulationen mangelt, wo etwas Neues und womöglich, wie *Lenin* zeigte, Gefährliches entsteht; wo es deshalb fernerhin vor der Erkundung der Umstände besser ist, auf die Ausführung einer automatischen Handlung zu verzichten. Die entgegengesetzte These: je nach dem, wie die automatische Regulation in Fluß kommt (z. B. bei der Herausbildung von Fertigkeiten), erlischt das Abbild, wird es gehemmt. In allgemeiner Form bedeutet dies, daß das Auftauchen eines Abbildes mit einer Verzögerung oder Verlangsamung der Handlung einerseits und mit der Abwicklung oder Verstärkung der orientierend-untersuchenden Tätigkeit andererseits, mit der Erkundung der Situation und der Steuerung der Handlung aufgrund einer neuen, noch nicht fixierten Bedeutung der Dinge zusammenhängt.

Welche Rolle spielt dabei das Abbild? Es enthüllt dem Subjekt das Bild der Situation (einschließlich des Bildes der auszuführenden oder zu skizzierenden Handlung). Und das ist bereits alles! Wenn das Abbild aufgetaucht ist, hat es seine Rolle schon gespielt, hat es seine Aufgabe damit erfüllt, daß es dem Subjekt das Feld der auszuführenden oder der möglichen Handlung aufdeckte. Im weiteren handelt schon nicht mehr das Abbild, sondern das Subjekt – nicht die Handlung benötigt das Abbild, sondern das Subjekt. Das Subjekt braucht das Bild des Handlungsfeldes, um sich in den Umständen zurechtzufinden, um die Effektivität der skizzierten (oder ausgeführten, aber noch nicht beendeten) Handlung vorauszusehen und, falls erforderlich, Korrekturen anzubringen. Das Abbild ermöglicht es also, dies in den individuell veränderlichen Situationen zu tun. Daher wird das Abbild des Feldes von einer bestimmten Entwicklungsstufe an zur notwendigen Bedingung eines effektiven Verhaltens. Und da das Verhalten die Hauptverantwortung für das Erlangen der Existenzmittel und für die Lebenserhaltung trägt, wird in sich ändernden Situationen die richtige Orientierung in der Situation und die richtige Orientierung der Handlung während ihrer Ausführung zur Haupt- und Lebensaufgabe.

Der gegenständliche Inhalt einer Handlung muß in der Psychologie nicht an und für sich betrachtet werden, sondern als Grundlage für die Orientierung des Subjekts in einer Situation und für die Steuerung der Handlungsausführung. Ist das der Fall, so wird die psychologische Bedeutung dieses gegenständlichen Inhalts, der in der Widerspiegelung dargestellt ist, im Prinzip sowohl verständlich als auch unbestreitbar. In der Psychologie darf man insbesondere nicht vergessen, den „Hauptmangel alles bisherigen Materialismus – den Feuerbachschen mit eingerechnet“ zu erklären, wie dies von *Marx* in der ersten These über *Feuerbach* getan wird: den gegenständlichen Inhalt eines Abbilds muß man nicht „nur unter der Form des *Objekts,* oder der *Anschauung*“ fassen, sondern „. . . als *menschliche sinnliche Tätigkeit, Praxis,* nicht subjektiv“, das heißt als Element der Wirklichkeit, das im Kopf des Menschen widergespiegelt ist und als solche Widerspiegelung die Voraussetzung seiner bewußten Tätigkeit bildet. Dann kann innerhalb des psychologischen Mechanismus zur Steuerung eben dieser materiellen Handlung ihr ganzer operativer Inhalt erneut und vollständig der Psychologie zurückgegeben werden. Kurz gesagt, der gegenständliche Inhalt, der sich im Abbild entdeckte, das sind nicht nur Gegenstände, sondern das sind auch die mit ihnen in der früheren Erfahrung zusammenhängenden Bedeutungen dessen, was das Subjekt in seiner gegenständlichen Handlung berücksichtigen muß und wie dies geschehen soll.

Die psychische Tätigkeit selbst (nicht das, als was sie in der Selbstbeobachtung „erscheint“, sondern als das, was sie in Wirklichkeit ist) ist ihrer allgemeinsten und ihrer hauptsächlichsten Lebensfunktion nach nichts anderes als eine orientierende Tätigkeit. Bei den aktiven Lebewesen wird sie zur führenden Tätigkeit, da das Wichtigste und Schwierigste im Verhalten darin besteht, sich in den Handlungen erfordernden Umständen richtig zu orientieren und danach diese Handlungen richtig zu orientieren.

Es ist wohlbekannt, daß die Menschen dies häufig nicht auf die beste Weise oder auch völlig falsch tun. Hierin eben ist die Ursache für die Mehrzahl ihrer Mißerfolge und ihres gegenwärtigen Elends zu suchen. Das Unvermögen, sich in den Umständen richtig zu orientieren – seien dies die Bedingungen einer theoretischen Aufgabe oder einer lebensgefährlichen Situation –, lastet auf den Menschen als ihr „Schicksal". In der Selbsterkenntnis und der Selbstbeherrschung erwarten die Menschen Hilfe von der Psychologie, Hilfe dabei, wie man richtig lernt und lehrt, sich in dem zurechtzufinden, was man erwarten kann und worauf man nicht zu hoffen braucht, wie man, Gewohnheiten folgend, nicht in ihre Gewalt gerät und wie man sich in unerwarteten und extremen Situationen verhalten soll.

Die Hauptaufgabe der Psychologie besteht darin, die Struktur, die Gesetze und die Bedingungen der Orientierungstätigkeit, ihre Herausbildung, ihre Besonderheiten auf den verschiedenen Entwicklungsetappen der Persönlichkeit zu erforschen. Allgemein (und darauf müssen wir uns beschränken) kann man sagen, daß es jedesmal um die folgenden grundlegenden Komponenten der Orientierungstätigkeit geht: um ihre Motivation, ihre Abbilder (einschließlich der Begriffe), um Handlungen auf der Ebene der Abbilder (d. h. um ideelle Abbilder) und verschiedene Werkzeuge, von denen die verschiedenen Möglichkeiten dieser ideellen Handlungen abhängen. Natürlich hängen alle diese Komponenten miteinander zusammen und setzen eine bestimmte Organisation, eine Struktur voraus. Sie ist es auch, die die Möglichkeiten der Orientierung und letztlich die Effektivität des Verhaltens bestimmt.

Die Struktur der Orientierungstätigkeit zeigt sich weder in der inneren noch in der äußeren Beobachtung. Das ist keine „Erscheinung", sondern ist das „Wesen". Gerade die Struktur des Orientierungsteils einer jeden Handlung bildet deren psychologische „Mechanismen", die psychologischen Mechanismen des Verhaltens. Diese Mechanismen muß man erforschen, bestimmen, herausbilden! Die Struktur der Orientierungstätigkeit – ihre Herausbildung, Entwicklung und ihre charakteristischen Besonderheiten auf jeder Etappe der Entwicklung einer Funktion in einer jeden Lebensperiode des Subjekts – das ist der wirkliche Gegenstand der Psychologie.

Über die Art und Weise der Untersuchung dieser Struktur kann man vor allem eine negative Schlußfolgerung ziehen: mit den heutigen Untersuchungsmethoden ist eine Analyse der ausgereiften Formen der Orientierungstätigkeit nicht möglich. Wenn uns bereits ihre genetisch entstandene hierarchische Struktur bekannt ist, können wir natürlich ihren Stand bei dem gegebenen Subjekt prüfen (anhand der funktionalen Indizes eines jeden Niveaus und einer jeden Eigenschaft); aber das ist eher eine Diagnostik der vorhandenen Möglichkeiten als die Erforschung noch unbekannter Zusammenhänge. Wenn jedoch die Struktur der Orientierungstätigkeit nicht bestimmt ist, ist ihre Erforschung in „fertiger" Form deshalb nicht möglich, weil im Herausbildungsprozeß eine systematische Veränderung ihrer Formen, ihrer Zusammensetzung und ihrer Struktur erfolgt. Diese Veränderungen der Orientierungstätigkeit kommen beim Menschen im Übergang vom Inhalt des ersten Signalsystems zu dem des zweiten Signalsystems und des letzteren vom ausgedehnt-verbalen zum symbolischen Inhalt, vom ausgedehnt-symbolischen zum Signalinhalt zum Ausdruck; bei den Tieren beschränken sich diese Veränderungen auf den Übergang von der ausgedehnt-gegenständlichen Orientierung zur Verkürzung – zur Signalorientierung. Sie bestehen jedoch sowohl beim Menschen als auch bei den Tieren außerdem in den sogenannten Verkürzungen der Orientierungstätigkeit, die man nicht reproduzieren kann, wenn man nicht weiß, wie sie entstanden sind.

Hieraus ergibt sich eine positive Schlußfolgerung: grundlegende Methode zur Untersuchung der Orientierungstätigkeit ist die Erforschung ihrer Herausbildung (oder, wie man früher nicht ganz exakt sagte, ihrer Entwicklung).

Die Veränderung der Formen der Orientierungstätigkeit besteht im Übergang von der materiellen – und insofern kontrollierbaren – Tätigkeit zur ideellen, die bereits nicht mehr faßbar und kontrollierbar ist. Wenn wir jedoch mit Hilfe bestimmter Verfahren planmäßig, Schritt für Schritt, die materielle Tätigkeit zuerst in der sprachlichen Form und über sie in der ideellen Form reproduzieren, behalten wir in bestimmtem Maße die Kontrolle auch über diese; wenn jedoch ein solcher Übergang „spontan" erfolgt, wissen wir weder, was noch wie es geschehen ist. Indem wir die Kontrolle über den Prozeß verlieren, können wir ihn auch nicht mehr verstehen.

Damit der Prozeß der Herausbildung der Orientierungstätigkeit zugleich auch faßbar wird, muß er steuerbar sein. Nur wenn wir feststellen, daß bestimmte Bedingungen systematisch zu vorher skizzierten Ergebnissen führen, eröffnet sich die Möglichkeit, die gesetzmäßigen Zusammenhänge und Beziehungen zwischen ihnen festzustellen und zu formulieren. Daher ist nicht einfach die Herausbildung von „geistigen Handlungen“, Abbildern und Begriffen, womit sich jeder Unterricht befaßt, sondern auch ihre Herausbildung mit vorgegebenen Eigenschaften ein Mittel zur Erforschung dieses Prozesses. Und erst wenn wir sie steuern können, erhalten wir die Möglichkeit, Struktur, Abhängigkeiten und Gesetze der Orientierungstätigkeit selbst zu bestimmen.

Und es gibt nur einen einzigen Weg ihrer steuerbaren Herausbildung – das ist der Weg „von außen nach innen“: zuerst als Prozeß im äußeren Milieu, der in bezug auf alle uns interessierenden Indikatoren kontrollierbar ist, und danach die Reproduktion dieses äußeren Prozesses – über eine Reihe bestimmter Zwischenformen – auf der ideellen Ebene (der Wahrnehmung, der Rede und „im Geiste“). Eine solche Reproduktion führt unausweichlich zu fortlaufenden Umwandlungen aller Komponenten der Orientierungstätigkeit bis zu ihrem abschließenden Zustand, der in der Selbstbeobachtung als ein „rein psychischer“ erscheint. Gegenwärtig verfügen wir zur Gewährleistung (und folglich auch zur Kontrolle) aller dieser Umwandlungen bereits über recht zuverlässige Mittel.

Wenn wir also ernsthaft, entschieden, konsequent und in vollem Umfange als allgemeine Grundlage der Psychologie die kurze These von *Marx* nehmen: Das Ideelle ist „. . . nichts anderes als das im Menschenkopf umgesetzte und übersetzte Materielle“ (*Marx/Engels* 1975, S. 27), findet die Lehre von der „bewußten Tätigkeit“ ihren ersten Abschluß, hört sie auf, ein Problem zu sein und wird sie zur Grundlage der Psychologie, einer wirklichen Psychologie – der objektiven Wissenschaft von der „subjektiven Welt“ des Menschen (und der Tiere).

2. *Zur Frage der Instinkte beim Menschen*[19]

Die Frage nach den Instinkten beim Menschen ist Teil des großen Problems – „das Biologische in der psychischen Entwicklung des Menschen und in der Struktur seines Psychischen". Ähnlich dem doppelgesichtigen Janus hat dieses Problem zwei Gesichter: das eine ist den inneren Prozessen des Organismus zugewandt, das andere seinem Leben im äußeren Milieu.

Was das innerorganische Leben betrifft, würde sicherlich niemand etwas dagegen haben, zum Beispiel das Auge eine Adlers, den Magen eines Pottwals oder das Herz einer Krähe zu besitzen (falls er damit nur tatsächlich dreihundert Jahre alt würde). Wenn wir auch von den Tieren gewisse verdrießliche Überbleibsel (z. B. den Blinddarm) ererbt haben, so werden wir uns deshalb nicht grämen, sondern uns sachlich Gedanken darüber machen, wie mit ihnen fertig zu werden ist, wenn sie „den Gehorsam verweigern" und uns zu stören beginnen.

Was das Leben im äußeren Milieu betrifft, lassen sich auch hier alle Prozesse exakt in zwei qualitativ verschiedene Gebiete einteilen. Das eine Gebiet bilden die physiologischen Beziehungen zur Umwelt, das heißt die Prozesse des Gas-, Wasser- und Wärmeaustausches, des osmotischen Drucks u. a. m. Wir müssen uns ernsthaft um die Wahrung dieser Lebensbedingungen sorgen, dies ist jedoch sozusagen eine produktionstechnische und keine moralische Aufgabe.

Das zweite Gebiet bilden jene Beziehungen des einzelnen zu den anderen Menschen, die durch die Moralnormen der Gesellschaft reguliert werden. Hier beginnt uns die Frage nach der Rolle des Biologischen in der psychischen Entwicklung des Menschen zu beunruhigen. Bringt nicht das Erbe aus der zoologischen Vergangenheit des Menschen etwas mit sich, was seiner gesellschaftlichen Natur zuwiderläuft? Theoretisch kommt dies in den Fragen nach den ererbten Fähigkeiten oder Anlagen (und mit ihnen auch der biologisch bedingten Ungleichheit der Menschen, die den einen vor den anderen gesellschaftliche Vorteile schafft) und nach den ererbten Neigungen und Abneigungen –

[19] Aus: „Вопросы психологии", № 6. Москва 1977.

den Instinkten und Emotionen – zum Ausdruck. Unter den Bedingungen des Lebens in der Gesellschaft würden diese biologischen Reaktionen natürliche, anatomisch-physiologisch vorbestimmte Neigungen zum Guten und zum Bösen bedeuten, das heißt, sie würden das Verhalten in der Gesellschaft diktieren. Wir werden hier nur auf die Frage nach den Instinkten eingehen.

Ständig hören und lesen wir, und dazu noch bei hochgeachteten Autoren, von den verschiedenen Instinkten beim Menschen; zwar größtenteils in recht „freier" Darstellung, aber mitunter auch in direktem Sinne. Eine derartige, angeblich naturwissenschaftliche Erklärung des menschlichen Verhaltens widerspricht seiner tatsächlichen wissenschaftlichen, gesellschaftlich-historischen Interpretation, widerspricht der Lehre von der Sittlichkeit und der Verantwortlichkeit des Menschen. Die Instinkte beim Menschen anzuerkennen führt mit Notwendigkeit zu dem Schluß, daß die grundlegenden Triebkräfte des Verhaltens bei Mensch und Tier gleich sind und die Kultur der Gesellschaft nur einen Umweg darstellt, der zur Befriedigung eben jener tierischen Instinkte zugelassen ist (was auch *Freud* behauptete). Verurteilung und Bestrafung würden sich demnach nur auf einen Verstoß gegen eine bestimmte Art und Weise oder auf eine Ungeschicktheit in der Befriedigung der Instinkte beziehen und nicht auf die Verhaltensmotive selbst.

Aber Tiere werden nicht vor Gericht gebracht, und sie werden weder freigesprochen noch verurteilt, wird man mit ihnen nicht anders fertig, so werden sie getötet. Nicht der Hund, der ein Kind gebissen hat, wird vor Gericht gestellt, sondern sein Herr, der nicht auf ihn achtgegeben hat. Nicht das Tier ist für sein Verhalten verantwortlich, sondern der Mensch! Wenn das Schuldmaß eines Menschen und die Strafe festgelegt werden, geht man vor allem davon aus, daß er im Normalzustand für seine Handlungen verantwortlich ist; dann wird der der Gesellschaft entstandene Schaden bedacht, und schließlich werden die Verhaltensmotive berücksichtigt. Würde das Verhalten des Menschen ebenso durch Instinkte diktiert werden wie das der Tiere, behielte sich die Gesellschaft vielleicht auch das Recht auf Abschreckung für die Vergehen vor, das Recht auf deren moralische

Verurteilung würde sie jedoch verlieren. In diesem Falle wäre auch das Gutheißen eines für die Gesellschaft nützlichen Verhaltens nicht mehr als eine bloße physiologische Bekräftigung der nützlichen Instinkte (die ein anderes Mal auch in einer anderen Richtung „arbeiten" könnten). Mit einem Wort, wenn Belohnung und Strafe nur das Unterdrücken böser und das Bestärken guter Instinkte beabsichtigen würden, müßte man das ganze System der Moral und Gesetzgebung als eine Art Dressurmaßnahme betrachten, die von praktischem Nutzen, aber ohne moralischen Wert ist.

Eine solche naturalistische Negierung der Moral trägt bereits formal einen Widerspruch in sich – indem sie den Menschen entthront, nutzt sie jenes Moralkriterium, dessen realen Wert sie negiert. Eine einzige Moralvorstellung ist jedoch ausreichend, um ihre normative Bedeutung zu bestätigen. Der Moralwert wird nicht nur nach, sondern auch vor der Ausführung einer Handlung produziert, dies hat eine Hemmung des impulsiven Stimulus und folglich die Möglichkeit seines „Verbotes" zur Folge. Ein Tier kann zwar vor einer Drohung einhalten, sein Verhalten vom Gesichtspunkt bestimmter Kriterien aus zu werten ist ihm jedoch nicht möglich, und eine solche Aufgabe existiert für das Tier überhaupt nicht. Aber der Mensch hat diese Möglichkeit. Wenn er sie in einer verantwortungsvollen Situation nicht nutzt, so trägt er nicht nur vor der Gesellschaft die Verantwortung, sondern auch vor der Motivationsinstanz seines Verhaltens, das heißt vor sich selbst.

Daher geht es nicht darum, welche Instinkte nützen und welche schaden, die Frage lautet vielmehr, ob die Instinkte mit der gesellschaftlichen Organisierung des menschlichen Lebens, mit der gesellschaftlichen Natur des Menschen, mit der sittlichen Wertung des Verhaltens und mit der Verantwortlichkeit für die Handlungen vereinbar sind. Diese Frage muß mit „nein" beantwortet werden. Das ist ein entscheidender Umstand. Um ihn deutlich darzustellen, muß man untersuchen, was Instinkt ist, das heißt, man muß jene allgemeinen Merkmale des Verhaltens einerseits und die des ihn produzierenden Mechanismus andererseits untersuchen, die ihnen beiden Instinktcharakter verleihen.

Oft – und besonders oft, wenn man von den Instinkten beim Menschen spricht – versteht man das Instinktive als das Unbewußte, Automatisierte, Gewohnte und Unkontrollierte oder andererseits als das Niedere, Lasterhafte, Unwürdige usw. Das Wort „Instinkt“ wird im Sprachgebrauch oft in übertragener Bedeutung verwendet; in diesem Sinne werden wir es nicht untersuchen. Uns interessiert die exakte Bedeutung des Terminus „Instinkt“ in der Anwendung auf jene Verhaltensformen der Tiere, auf denen sie objektiv basiert und die lediglich einer adäquaten begrifflichen Erläuterung bedarf.

Der wissenschaftliche Begriff Instinkt bei Tieren macht gegenwärtig eine tiefgreifende Krise durch. Hervorgerufen wurde sie durch den Zusammenbruch der bisher herrschenden motorischen Instinkttheorie. Nach dieser Theorie sind Instinkte motorische Kettenreaktionen, artbedingt (und daher stereotyp), ererbt (und daher ohne Erlernen ausführbar), die durch Reifung bestimmter physiologischer Mechanismen einerseits und die Wirkung bestimmter unbedingter Reizerreger andererseits auftauchen und „blind“ ausgeführt werden (und deshalb nur unter bestimmten, eng begrenzten Bedingungen zweckmäßig sind, an die diese Reaktionen durch die Artauswahl angepaßt wurden). Nach langjährigen und mannigfaltigen Untersuchungen wurde festgestellt, daß diese Kriterien des Instinktverhaltens entweder keiner strengen Prüfung standhalten oder aber überhaupt nicht überprüft werden können. Darüber schreibt ausführlich und ausdrucksvoll *Dembowski* in seiner Tierpsychologie. Die Schwierigkeiten der „rein motorischen“ Instinkttheorie erwiesen sich sogar bei den Tieren als so groß, daß einige Forscher (darunter auch *Dembowski* selbst) vorschlagen, auf den Terminus „Instinkt“ überhaupt zu verzichten.

Natürlich kann man auf das Wort „Instinkt“ leicht verzichten, die objektive Realität, die mit diesem Wort von alters her bezeichnet wird, sowie jene gewaltige Problematik, die mit dieser Realität zusammenhängt, kann dadurch jedoch weder beseitigt noch verändert werden. Da die „rein motorische“ Instinkttheorie unhaltbar ist, muß man also nicht auf die Instinkte verzichten, sondern auf diese ihre falsche, vereinfachte, mechanistische Interpretation.

Beschränkt man sich nicht auf die motorische Seite des Verhaltens, so müssen sogar die Forscher, die wegen der Divergenz zwischen der motorischen Theorie und den Fakten in Verzweiflung geraten, zumindest folgende charakteristische Merkmale eines jeden Instinktverhaltens anerkennen: Erstens hängt es stets mit einem aktuellen Bedürfnis des Organismus zusammen. Zweitens ruft dieses Bedürfnis an sich, das heißt, bevor das Tier auf einen bestimmten unbedingten Reizerreger des äußeren Milieus trifft, nur ein unspezifisches Verhalten, ein Suchverhalten, ein sogenanntes Appetitverhalten hervor. Drittens beginnt das für einen bestimmten Instinkt charakteristische Verhalten erst in dem Augenblick, in dem das Tier in die Wirkungssphäre eines spezifischen Reizerregers gerät und sich auf ihn zu oder von ihm fort bewegt. Viertens wird bei jedem Instinkt, bei allen motorischen Varianten, ein charakteristischer spezifischer Abschluß dieses Verhaltens, die sogenannte „abschließende Reaktion", beibehalten.

Diese vier Besonderheiten des Instinktverhaltens erlauben es, seinen inneren Mechanismus in allgemeinen Zügen zu skizzieren. Die erblich vorbestimmte Beziehung zum unbedingten Reizerreger des äußeren Milieus setzt im zentralen Mechanismus des Instinktverhaltens ein besonderes „Zentrum" oder eine besondere Instanz voraus – die Instanz der spezifischen Sensibilität gegenüber diesem Reizerreger. Das Vorhandensein einer solchen Instanz ist keine ausschließliche Besonderheit der Instinkte. Im Gegenteil, alle unbedingten Reaktionen, und damit auch die Instinkte, setzen eine spezifische Sensibilität gegenüber ihrem unbedingten Reizerreger voraus. Eine solche erblich gefestigte selektive Sensibilität gegenüber einem bestimmten Reizerreger setzt fernerhin voraus, daß der Träger dieses Reizerregers für den Organismus von großer Bedeutung ist. Daher muß sich seine Wirkung im Organismus mit der positiven oder negativen Beziehung zu bestimmten Objekten, den Trägern des unbedingten Reizerregers, verbinden. Diese Beziehung muß natürlich sowohl im Verhalten als auch im Erleben, wo sie als Emotion auftritt, widergespiegelt werden.

Die Instanz der spezifischen Sensibilität kann also nicht „rein gnoseologisch", sozusagen kontemplativ bleiben, sie muß sich mit der Instanz der spezifischen Beziehung zum reizerregenden Objekt verbinden und mit ihr zu einem einheitlichen Gebilde werden. Insgesamt ist dies ein recht kompliziertes „Zentrum“, in dem sich der Funktion nach deutlich unterscheiden: a) der rezeptorische Teil – die Instanz der spezifischen Sensibilität; b) der effektorische Teil, der die Einstellung des animalischen und des vegetativen Nervensystems auf einen bestimmten Typ des Reagierens gewährleistet, und c) der Orientierungsteil, der im Psychischen durch die Emotionen vertreten ist, die die psychische Tätigkeit auf die Informationsverarbeitung in Richtung auf eben diese Beziehung zum Objekt einstellen. Der Kürze halber werden wir den zentralen Nervenmechanismus als „Instanz der spezifischen Beziehung“ (zu bestimmten Objekten des äußeren Milieus) bezeichnen.

Damit dieser Mechanismus zweckmäßig arbeiten kann, muß er sich in einem ebensolchen erblich fixierten Zusammenhang mit einer anderen Instanz befinden, in der ein bestimmtes Bedürfnis widergespiegelt wird. Die Aktualisierung dieses Bedürfnisses versetzt die Instanz der spezifischen Beziehung und vor allem jenen Teil, der die spezifische Sensibilität gewährleistet, in einen aktiven Zustand. Das hat zur Folge, daß der unbedingte Reizerreger des Milieus erst dann seinen Einfluß auf das Verhalten auszuüben beginnt, wenn dies dem aktuellen Bedürfnis des Organismus entspricht.

Gerade der Zusammenhang zwischen dem Bedürfnis und der Instanz der spezifischen Beziehung orientiert das Verhalten des Tieres auf bestimmte Objekte des äußeren Milieus. Was die Realisierung dieser Beziehung betrifft, so nutzt das Tier dazu alle motorischen Ressourcen sowie jene Möglichkeiten ihrer individuellen Anpassung, über die es beim Entstehen des jeweiligen Bedürfnisses verfügt.

Auf diese Weise sind am zentralen Mechanismus des Instinktverhaltens stets drei Glieder beteiligt: a) die Instanz des organischen Bedürfnisses, b) die Instanz der spezifischen Beziehung zu den Objekten (den Trägern des unbedingten Reizerregers) und c) die Instanz des effektorischen Teils des Verhaltens, seiner motorischen, innerorganischen und psychologischen Gewährleistung.

Rolle und Bedeutung dieser Komponenten bei der Charakterisierung des Instinktverhaltens sind durchaus nicht gleich. Das organische Bedürfnis bildet die Hauptquelle der Aktivität des Tieres, jedoch nicht sie ist es, die dem Verhalten seinen spezifischen Instinktcharakter verleiht. Das Bedürfnis nach Nahrung und die Stimulierung zu seiner Erlangung ähneln sich beim Menschen und bei vielen Tieren im Grunde sehr, das Nahrungsverhalten bei verschiedenen Tieren und um so mehr beim Menschen weist jedoch wesentliche Unterschiede auf; bei allen Tieren ist es instinktiv, beim Menschen aber nichtinstinktiv.

Der effektorische, der ausführende Teil des Verhaltens kann angeboren und erworben, teilweise angeboren und teilweise erworben sein (besonders wenn dieser Instinkt beim Tier im reifen Alter zutage tritt); das Verhalten kann sowohl stereotyp als auch variabel sein, sowohl „blind" (in bezug auf die Handlungsbedingungen) als auch unter Berücksichtigung der objektiven Beziehungen zwischen diesen Bedingungen ausgeführt werden und sogar wie eine „vernünftige Aufgabenlösung" wirken. Aber stets und unabhängig von diesen Unterschieden ist das Verhalten der Tiere vom unauslöschlichen Stempel der Instinktivität – der erblich vorbestimmten Beziehung zu bestimmten Objekten – geprägt. Dieser Stempel wird ihm allein durch den Umstand aufgedrückt, daß das Verhalten dem Tier zwingend durch die Wechselwirkung zwischen der Instanz der spezifischen Beziehung und dem unbedingten Reizerreger diktiert wird. Diese Wechselwirkung ist durch die Beziehung des Tieres zu bestimmten Objekten des äußeren Milieus bereits vorbestimmt. Gerade dieses Mittelglied des zentralen Mechanismus verleiht dem Verhalten der Tiere seinen spezifischen Instinktcharakter, der in der direkten und unmittelbaren Abhängigkeit von den Naturkräften (das betrifft die Stimulierung des organischen Bedürfnisses im Tier selbst und die Wirkungen des unbedingten Reizerregers aus dem äußeren Milieu) und in der direkten und unmittelbaren Beschränkung auf ihre aktuelle Wechselwirkung zum Ausdruck kommt.

Diese Wechselwirkung der Naturkräfte verurteilt sozusagen das Tier zu einem bestimmten Verhalten. Das Tier kann nicht anders handeln, wie es auch nichts anderes sein kann als das, was es ist.

In bezug auf das Objekt – den Träger des unbedingten Reizerregers – ist das Instinktverhalten erzwungen. Es vom moralischen oder juristischen Gesichtspunkt aus zu werten würde dasselbe sein, als würde man die Resultante mechanischer Kräfte für ihre Richtung loben oder tadeln. Daher tragen in einer Gesellschaft, deren kulturelle Entwicklung weit genug vorangeschritten ist, um diesen Umstand berücksichtigen zu können, Tiere für ihr Verhalten keine Verantwortung. Das Tier ist auch nicht dafür verantwortlich, daß es seine Handlung unterbricht (vielleicht, vom menschlichen Gesichtspunkt aus, zu einem ungelegenen Zeitpunkt), da das Bedürfnis erlischt oder die Wirkung des unbedingten Reizerregers aufhört. Vom Tier zu verlangen, es solle sich unabhängig von dieser direkten Wechselwirkung – zwischen dem aktuellen Bedürfnis und dem unbedingten Reizerreger – verhalten, würde bedeuten, daß sich das Tier über jene Stufe der Natur erheben soll, auf der es sich objektiv befindet.
Daher ist es auch ungerechtfertigt, das Instinktverhalten als altruistisch oder egoistisch zu werten. Eine solche Wertung setzt einen gesellschaftlichen Standpunkt voraus. Eigene Interessen werden mit fremden Interessen verglichen und erst danach wird dem einen der Vorzug vor dem anderen gegeben. Bei den Tieren gibt es solche Gegenüberstellung nicht. Sie handeln nur unter dem Druck der unmittelbar von ihnen erlebten Einwirkung des Bedürfnisses und der äußeren Reizerregung, unabhängig davon, wem die Ergebnisse des Verhaltens zum Nutzen gereichen. Die Glucke, die die Kücken aufopferungsvoll gegen die Krähe oder den Habicht verteidigt, opfert durchaus nicht die eigenen Interessen um der Interessen der Jungen willen. Sie unterwirft sich lediglich der Wirkung des unbedingten Reizerregers, der eine unbedingte Verteidigungsreaktion hervorruft. Schaltet man diesen unbedingten Reizerreger aus, wie dies auch in dem bekannten Versuch von *Uexküll* getan wurde (der das Kücken unter einer schalldichten Glasglocke verbarg), blieb die Glucke gleichgültig und unternahm keinen Versuch, dem Kücken zu Hilfe zu kommen, obwohl sie seine verzweifelten Versuche sah, aus der durchsichtigen Falle herauszukommen (vgl. *Leontjew* 1964, S. 162). Ein Tier reagiert nicht auf fremde Not, sondern auf denjenigen Reizerreger, dessen Wirkung es selbst erfährt. Würde

sich ein Mensch mit seinen von der Gesellschaft anerzogenen Motiven in einer analogen Situation befinden, so müßte man seinen Kampf für einen anderen, dazu noch unter Gefahr für sich selbst, tatsächlich als altruistisches Verhalten werten.

Ein Verhalten wird nicht nach seinen Ergebnissen an sich als altruistisch oder egoistisch gewertet, sondern vor allem nach seinen moralischen Grundlagen. Und dies setzt das Recht der Wahl zwischen ihnen voraus. In bezug auf die Tiere, die dieses „Recht" nicht haben, ist eine solche Wertung ein typischer Anthropomorphismus. Das Kind erlangt schon sehr zeitig die Möglichkeit dieser Wahl, zuerst in einem eng begrenzten und dann in einem sich immer mehr erweiternden Bereich der Beziehungen zu den anderen Menschen. Und erst wenn sich diese Möglichkeit auf den gesamten Bereich der grundlegenden menschlichen Beziehungen erstreckt, erhält es das Recht der Staatsbürgerschaft und der Verantwortung. Dies bedeutet, daß ihm die Freiheit der Wahl seines Verhaltens zuerkannt wird, die Freiheit von jener starren Notwendigkeit, durch die ein Instinktverhalten „ein für allemal" bestimmt ist.

Stellt die Wertung des Instinktverhaltens als altruistisch oder egoistisch einen naiven Anthropomorphismus dar, so ist die Reduzierung des menschlichen Verhaltens auf schlechte oder gute Instinkte ein spezieller Fall der naturalistischen, der biologisierenden Erklärung gesellschaftlicher Erscheinungen durch „natürliche Eigenschaften" des menschlichen Organismus.

Das Leben in der menschlichen Gesellschaft fordert von jedem ihrer Mitglieder die Berücksichtigung nicht nur der natürlichen Eigenschaften der Dinge und Menschen, sondern in erster Linie auch ihrer gesellschaftlichen Wertung und der gesellschaftlichen Verhaltensformen und Verhaltensweisen. Die für das bedürfnisverspürende Tier so charakteristische direkte, instinktive Beziehung zum äußeren Milieu, einschließlich zu seinen Artgenossen, ist mit der Beziehung des Menschen zu den Objekten seiner Bedürfnisse unvereinbar, da diese Beziehung durch die gesellschaftlichen Bedingungen bestimmt ist. Und in dem Maße, in dem sich der Mensch aus dem Tierreich abzuheben begann, in dem er „vermenschlichte", mußten die Instinktbeziehungen zum äußeren Milieu und zueinander aktiv gehemmt werden. Da der Übergang zur gemeinsamen Tätigkeit zur Erlangung von Existenzmitteln, zu ihrer gesellschaftlichen Verteilung, zum gemeinsamen Schutz gegen Feinde, zu Tätigkeitsarten, die auf gesellschaftlichen und nicht auf biologischen Beziehungen beruhten, zur Hauptbedingung für das Überleben und die Erhaltung der Art wurde, konnten nur jene Vorfahren des Menschen, bei denen diese Hemmung immer besser gelang und bei denen sie letzten Endes zum Absterben der Instinkte führte, dem Druck der natürlichen Auswahl erfolgreich widerstehen.

Man muß daher annehmen, daß die Veränderung des Organismus im Prozeß der Anthropogenese nicht nur in der Erlangung neuer Eigenschaften, sondern auch im Absterben der von den Tieren übernommenen Eigenschaften bestand, die die Entwicklung neuer, eigentlich menschlicher Beziehungen störten. Natürlich betraf dies vor allem jene Körperorgane und -systeme, deren Tätigkeit das Verhalten unmittelbar gewährleistete. Daher bestand eines der wichtigsten Ergebnisse der Anthropogenese darin, aus dem zentralen Verhaltensmechanismus jenes Glied auszuschalten, das dem Verhalten einen biologisch vorbestimmten, instinktiven Charakter verlieh. Diese Änderung erstreckte sich folgerichtig auf jene Lebenssphären der sich entwickelnden Menschen, die von der sich herausbildenden Gesellschaft zum Zwecke der eigenen Sicherstellung gewählt und kontrolliert wurden.

Wenn wir uns den zentralen Mechanismus des Instinktverhaltens so vorstellen, wie dies oben beschrieben wurde, können wir in groben Zügen auch den allgemeinen Verlauf dieser systematischen Hemmung der Instinkte skizzieren. In der Periode der Gesellschaftsentwicklung wurde bei der heranwachsenden Generation von Anfang an eine bestimmte Beziehung zu den Objekten des äußeren Milieus erzogen. Wurde das Bedürfnis nach ihnen aktuell, so begannen diese Objekte Instinktreaktionen hervorzurufen, die jedoch kategorisch verboten und schonungslos bestraft wurden. Dadurch verwandelten sich die stimulierenden Objekte in stark hemmende Faktoren für jene Instanz, auf die sie ursprünglich als unbedingte Reizerreger wirkten, für die Instanz der spezifischen Sensibilität. Ihre systematische Hemmung einerseits und die systematische Befriedigung des dahinter stehenden Bedürfnisses auf andere, gesellschaftlich bestimmte

Weise andererseits führten zu einer tiefreichenden Unterdrükkung dieser Instanz. Da im Verlauf der Anthropogenese auch noch die Gesetze der biologischen Auswahl wirkten, überlebten jene Individuen und Gruppen, bei denen die Vererbung der Instanz der spezifischen Sensibilität immer schwächer wurde, ihre Hemmung immer besser gelang und sich die neuen Formen der nichtinstinktiven Kooperation (und die darauf beruhenden verschiedenen sekundären Beziehungen) immer leichter und erfolgreicher entwickelten. Dies jedoch – zunächst die Hemmung und Abschwächung und schließlich das Absterben der Instanz der spezifischen Sensibilität – genügte zur Befreiung von den Instinkten und zur Bekräftigung einer neuen, einer gesellschaftlichen Lebensweise.

Nachdem die Instanz der spezifischen Sensibilität aus dem zentralen Verhaltensmechanismus ausgeschlossen war, befreiten sich die organischen Bedürfnisse von deren unabwendbaren orientierenden Einfluß. Die zur Handlung stimulierenden Bedürfnisse bestimmten bereits weder die Objekte, die sie befriedigen würden, im voraus noch die Art und Weise ihrer Erlangung sowie die Art und Weise der Befriedigung. Noch weniger wurde dies alles durch die von den unbedingten Reizerregern befreiten effektorischen, insbesondere motorischen Reaktionen bestimmt, die in dem Maße, in dem sie den vorgeschriebenen gesellschaftlichen Modellen entsprachen, genutzt oder nicht genutzt wurden.

Der Prozeß der Anthropogenese konnte erst enden, als aus der ganzen Sphäre des gesellschaftlich geregelten Lebens der sich herausbildenden Menschen die Instinktbeziehungen zum äußeren Milieu und zwischen den Mitgliedern der Gruppe völlig beseitigt waren. Zahlreiche Gründe lassen vermuten, daß gerade die machtvolle Entwicklung der gesellschaftlichen Beziehungen (am Übergang vom mittleren zum oberen Paläolithikum) den sogenannten „zweiten Sprung“ im Prozeß der Anthropogenese bedingte: „Sprung“ in dem Sinne, daß in einer relativ kurzen Zeit (insgesamt mehrere Dutzend Jahrtausende – im Vergleich zu vielen Hunderttausenden und vielleicht anderthalb Millionen Jahren der vorausgehenden Entwicklung) bei relativ geringer Veränderung der Arbeitswerkzeuge (vom späten Moustier bis zum Aurignac) umfassende und tiefgreifende Veränderungen in der Organisation der Gesellschaft und im physischen Äußeren der Menschen vor sich gingen. Gerade in dieser Zeit, in der sich die Kultur in hohem Maße entwickelte (die Kunst, die magischen Religionen, die Kulthandlungen), bildet sich endgültig der physische Typ des heutigen, des sogenannten Cro-Magnon-Menschen heraus.

Eine der wichtigsten Besonderheiten des heutigen Menschen – eben als einer besonderen biologischen Art! – bildet somit das Fehlen der Instinkte, das Fehlen der direkt in der Struktur des Organismus erblich fixierten Beziehung zu bestimmten Objekten des äußeren Milieus. Die grundlegenden organischen Bedürfnisse werden natürlich beibehalten, aber ähnlich wie Wasserstoff und Sauerstoff, die bei der Zerlegung von Wasser frei werden, bereits weder Teilchen des Wassers noch seine Reste sind und andere, sogar entgegengesetzte Eigenschaften aufweisen, so bilden auch die Bedürfnisse, die von ihrem Zusammenhang mit der Instanz der spezifischen Sensibilität befreit wurden, weder Reste noch Teilchen von Instinkten. Sie hängen bereits nicht mehr – vor jeder Erfahrung! – mit bestimmten unbedingten Reizerregern des äußeren Milieus zusammen und sind nicht an sie gebunden. Sie zeigen vielmehr neue Eigenschaften, insbesondere eine unersättliche Affinität und eine stabile Fixierung auf Objekte, die ihnen eine erste Befriedigung gewähren. Und da die Befriedigung der menschlichen Bedürfnisse unter gesellschaftlichen Bedingungen erfolgt, werden die organischen Bedürfnisse bei den Menschen zu gesellschaftlichen Bedürfnissen. In der Form, in der sie vererbt werden, sind dies schon nicht mehr tierisch-biologische, sondern nur organische (aber menschliche) Bedürfnisse.

Es braucht nicht hervorgehoben zu werden, wie wichtig es ist, diese äußerlich ähnlichen, ihrem Wesen nach jedoch so unterschiedlichen Gebilde zu unterscheiden. Um den Unterschied zwischen ihnen zu fixieren, ist es zweckmäßig, sie mit den Wörtern biologisch und organisch zu bezeichnen. Biologisch ist das, was infolge einer bestimmten Struktur des Organismus den Lebens- und Verhaltenstyp vorbestimmt, während organisch das ist, was ebenfalls durch die Struktur des Organismus bedingt ist, die aber bereits eine andere, weder den Lebens- noch den Verhaltenstyp bestimmende Struktur ist. Demnach sind a) organische Bedürfnisse, die mit dem Mechanismus der spezifischen Beziehung zum äußeren Milieu erblich zusammenhängen und damit den Lebenstyp vorbestimmen, biologische Bedürfnisse im eigentlichen Sinne des Wortes; b) die gleichen organischen Bedürfnisse, die nicht mit dem Mechanismus der spezifischen Beziehung zum äußeren Milieu zusammenhängen und daher den Lebenstyp nicht vorbestimmen, jedoch schon nicht mehr biologisch in diesem Sinne. Sie sind lediglich Bedürfnisse des Organismus, organische und nicht biologische Bedürfnisse.

Da die biologischen Bedürfnisse den Verhaltenstyp im Milieu durch die Erbstruktur des Organismus vorausbestimmen, schließen sie unbedingt den gesellschaftlichen Lebenstyp aus, sie sind nicht mit ihm vereinbar. Die organischen Bedürfnisse bestimmen jedoch den äußeren Lebenstyp nicht voraus. Sie sind mit jedem Lebenstyp vereinbar, sobald er die Befriedigung dieser Bedürfnisse gewährleistet. Die bei Mensch und Tier gleichen organischen Bedürfnisse „in reiner Form" hängen beim Tier strukturell aufs engste mit der Instanz der spezifischen Beziehung zum äußeren Milieu zusammen, während der Mensch über eine solche Erbinstanz bereits nicht mehr verfügt; beim Tier wird durch sie das Verhalten vorausbestimmt, beim Menschen nicht; bei den Tieren sind sie biologisch, beim Menschen nur organisch. Der Mensch hat keine biologischen Bedürfnisse – keine Instinkte.

Wenn gesagt wird, daß der Mensch biologische Bedürfnisse und Grundinstinkte hat, so ist dies das Ergebnis einer fehlenden Differenzierung zwischen Biologischem und Organischem. Die Ähnlichkeit der Bedürfnisse selbst fällt ins Auge, aber die innere Struktur ihres zentralen Mechanismus, das Vorhandensein oder das Fehlen der Instanz der spezifischen Sensibilität bleibt verborgen. Das Nichtunterscheiden von Biologischem und Organischem ist das Haupthindernis für die Beantwortung der Frage nach den Instinkten beim Menschen, es ist die Hauptursache der häufigen und ergebnislosen Rückkehr zu diesem Thema.

Selbst seine Bezeichnung als „Biologisches und Soziales in der Entwicklung des Menschen" ist falsch, da sie gleichsam von vornherein das Vorhandensein eines biologischen Faktors in der Struktur und der Entwicklung des Psychischen beim Menschen anerkennt. Der Mensch hat nichts „Biologisches“ (in dem Sinne, in dem dies für die Tiere charakteristisch ist). Offensichtlich muß man auch die Fragestellung ändern: nicht „Biologisches und Soziales“, sondern „Organisches und Soziales“ in der Entwicklung des Menschen. „Organisches“ – das enthält bereits nicht mehr den Hinweis auf das „Tierische im Menschen“ und berührt auch das Problem Moral und Verantwortung nicht. Der Begriff „Organisches“ weist lediglich auf die Grenze der anatomisch-physiologischen Möglichkeiten des Menschen und auf die völlig unbestrittene Rolle der physischen Entwicklung in seiner Gesamtentwicklung hin. Sie ist sehr wichtig und in bestimmten Situationen entscheidend, bleibt aber stets unspezifisch und relativ.

Sie ist unspezifisch, weil die physischen Eigenschaften des Menschen auf unterschiedliche Weise genutzt werden können und weil sich auf der Basis ein und derselben Eigenschaften äußerst unterschiedliche Handlungsweisen und Verhaltensformen herausbilden. So kann zum Beispiel die schnelle und stabile Bildung von bedingten Verbindungen zur Herausbildung und Fixierung spezifischer und wenig produktiver Arbeitsweisen führen (die zudem unerkannt bleiben); in diesem Fall wird die Herausbildung weiterer, effektiverer Verfahren der geistigen oder der praktischen Tätigkeit äußerst erschwert. Andererseits können sich bei gewöhnlicher, „mittlerer“ Geschwindigkeit und bei stabiler Bildung bedingter Verbindungen – dieser physiologischen Grundlage eines jeden Unterrichts – einfache und genaue Verfahren zur Unterscheidung von Wesentlichem und Unwesentlichem entwickeln, so daß das weitere Lernen auf jedem Gebiet leicht vorangeht und außergewöhnliche Fähigkeiten zutage fördert.

Die Rolle der anatomisch-physiologischen Besonderheiten in der psychischen Entwicklung des Menschen ist – in bezug auf die Forderungen der Gesellschaft einerseits und auf ihre Erziehungsmittel andererseits – relativ. In Situationen, in denen die natürlichen Eigenschaften nicht genügen, können sie durch technische Mittel und Methoden des Unterrichts ersetzt werden.

Eines der anschaulichsten Beispiele hierfür ist das Unterrichten von gehörlos-blinden Kindern. Ohne speziellen Unterricht bleiben sie weitgehend Invaliden, durch eine spezielle Ausbildung wird jedoch nicht nur eine normale Entwicklung gewährleistet, sondern absolvieren sie sogar mit Erfolg Hochschulen und erwerben wissenschaftliche Grade. Die modernen technischen Mittel zur Übertragung von direkter Information, Rückinformation und „wechselseitiger" Information (zwischen den Mitgliedern einer Unterrichtsgruppe) geben die Möglichkeit, solche Kinder frontal, als Gruppe zu unterrichten (anstelle des ermüdenden Einzelunterrichts, wie er bis vor kurzer Zeit noch notwendig war) und auf diese Weise den Unterricht dem normalen Schulunterricht anzunähern.
Ein und derselbe physische Defekt, oder umgekehrt ein und derselbe physische Vorzug, kann sich in der psychischen Entwicklung und sogar im Schicksal eines Kindes auf unterschiedliche Art und Weise widerspiegeln. Angeborenes Hinken, ein „Muttermal" im Gesicht, ein Buckel führen bei dem einen zu Verbitterung, bei dem anderen zu Geringschätzung der physischen Seite des Lebens, zu Wohlwollen und Aufgeschlossenheit auf geistigem Gebiet; ein schönes Gesicht dagegen, gute Umgangsformen erzeugen leicht das Gefühl der Überlegenheit und führen zu unangebrachten Ansprüchen, die später im Leben zumeist mit Enttäuschung und Verbitterung enden. Alles hängt davon ab, wie die physischen Vorzüge oder Mängel von den Erziehern berücksichtigt und vom Kind selbst gewertet werden, wie sie im Unterricht genutzt oder überwunden werden, und vor allem, welche Beziehung das Kind selbst zu diesem Defekt oder Vorzug entwickelt. Von den angeborenen physischen Eigenschaften des Organismus wird nur das eine gefordert – nicht allzu weit über die Grenzen dessen hinauszugehen, was heute durch die vorhandenen Ausbildungs- und Erziehungsmittel vervollständigt werden kann.
Natürlich muß man als normales Individuum der biologischen Art homo sapiens geboren werden, um unter den Bedingungen seiner Gesellschaft ein Mensch, eine aktive und verantwortungsvolle Persönlichkeit zu werden. Das ist jedoch nur eine Möglichkeit, die in Abhängigkeit davon realisiert wird, in welcher

Form und Qualität die Kultur der Gesellschaft in die Struktur der Persönlichkeit, in den Inhalt und Aufbau ihrer psychischen Tätigkeit umgewandelt wird.

Jetzt können wir in neuer Bedeutung das direkt zu Beginn Gesagte wiederholen: niemand hätte etwas dagegen, das Auge eines Adlers, den Magen eines Pottwals, das Herz einer Krähe usw., das heißt eine „tierische" Gesundheit und eine „tierische" physische Arbeitsfähigkeit zu besitzen. Aber die menschliche Gesellschaft hätte sich nicht entwickeln können, wenn die tierischen Beziehungen zu den Dingen und zueinander bei den Menschen beibehalten worden wären. Diese Beziehungen zur Welt hätten sowohl die Gesellschaft als auch das menschliche Element in uns selbst zerstört. Der Mensch hat nichts „Biologisches" im einfachen und grundlegenden Sinne dieses Terminus – nichts Tierisch-Biologisches. Die biologischen Besonderheiten des Menschen bestehen gerade darin, daß er keine von den tierischen Instinktformen ererbte Tätigkeit und kein entsprechendes Verhalten aufweist. Die anatomisch-physiologischen Eigenschaften des menschlichen Organismus bestimmen weder die Art noch den Charakter, noch die äußersten Möglichkeiten des Menschen im voraus und sind in diesem Sinne schon nicht mehr biologische, sondern nur organische Eigenschaften. Sie sind nicht die Ursache, sondern nur die conditio sine qua non (die unabdingbare Voraussetzung) der Entwicklung des Menschen.

Kein einziges Tier außer dem Menschen kann zum Menschen werden, der Mensch kann jedoch Mitglied einer jeden Gesellschaft werden und innerhalb seiner physischen Möglichkeiten zu jedem Tier und sogar schlimmer als jedes Tier. In dieser Freiheit der Entwicklung besteht auch die biologische Besonderheit der Art „Mensch". Aber erst wenn sich das Kind die moralischen Grundlagen des Verhaltens als eines Leitfadens im „Ensemble der gesellschaftlichen Verhältnisse" (*Marx/Engels* 1969, S. 543) zu eigen gemacht hat, die nach *Marx* das Wesen des Menschen ausmachen, wird es zum Menschen. Dann kann es die Verantwortung bereits nicht mehr von sich abwälzen, indem es auf die Herkunft von den Tieren, auf „seine Instinkte" verweist, die es gar nicht hat.

Zum Autor[20]

Pjotr Jakowlewitsch Galperin, der bekannte sowjetische Wissenschaftler, Psychologe und Pädagoge, Theoretiker und Experimentator, der Begründer einer neuen Richtung in der sowjetischen Psychologie, die unter der Bezeichnung „Theorie der etappenweisen Ausbildung geistiger Prozesse" in die Geschichte der sowjetischen Psychologie eingegangen ist, wurde am 2. Oktober 1902 geboren.
Nach Abschluß des Studiums am Medizinischen Institut Charkow (Fachrichtung Psychoneurologie) arbeitete er in der Klinik des Psychoneurologischen Instituts Charkow und leitete danach am selben Institut das Labor für Psychophysiologie. In dieser

[20] Zum 75. Geburtstag *P. J. Galperins* (gekürzt). Aus: «Вопросы психологии", № 1. Москва 1976.

Zeit begann seine systematische wissenschaftliche Tätigkeit, er beschäftigte sich zunächst mit psychologisch relevanten Fragen wie den Problemen der Suggestion und der Halluzination.

Im Jahre 1931 ging *Pjotr Jakowlewitsch Galperin* an das neu geschaffene Institut für Psychologie an der Akademie für Psychoneurologie in Charkow und widmete seine Untersuchungen wichtigen psychologischen Problemen. Zusammen mit *Leontjew*, *Lurija* und *Saporoshez* arbeitete er an Untersuchungen zum Problem der Tätigkeit, insbesondere zur Rolle der gegenständlichen Handlungen in der psychischen Entwicklung.

In seiner Dissertation zum Thema „Der psychologische Unterschied zwischen den Werkzeugen des Menschen und den Hilfsmitteln der Tiere und ihre Bedeutung" (1936) wies er experimentell nach, daß sich ein Kind bei der Anwendung eines Werkzeugs gesellschaftlich erarbeitete Verfahren aneignet, indem es sich auf die in diesen Verfahren fixierten Eigenschaften orientiert und ihnen seine Bewegungen unterordnet. Während das Hilfsmittel bei den Tieren lediglich eine Fortsetzung seiner natürlichen Organe ist, ist die Aneignung des Werkzeugs beim Kind bereits der Logik des Werkzeugs untergeordnet, die in der Form seiner gesellschaftlichen Verwendung fixiert ist. Es konnte also nachgewiesen werden, daß die Gleichsetzung der Werkzeuge des Menschen mit den Hilfsmitteln der höheren Affen (diese Auffassung vertrat ja beispielsweise *Köhler*) ungerechtfertigt war. Damit wurde auch die These von einer angeblich bestehenden Kontinuität in der Entwicklungslinie des Intellekts der höheren Affen und des Menschen widerlegt. Diese Arbeit hat durch die antinaturalistische Ausrichtung in der Interpretation der Entwicklung des Intellekts und der ganzen psychischen Entwicklung des Menschen bis heute nicht an Bedeutung verloren.

In den ersten Jahren des Großen Vaterländischen Krieges (1941–1943) arbeitete *Pjotr Jakowlewitsch* in Evakuierungshospitälern. In einem Rehabilitationshospital im Ural untersuchte er zusammen mit *Leontjew*, *Saporoshez* und anderen die psychologischen Grundlagen der Heilgymnastik sowie der Arbeitstherapie. Diese Arbeit fand ihren Ausdruck in den Aufsätzen „Psychische Faktoren der Heilgymnastik" und „Effektivität von Bewegungen in Aufgaben unterschiedlichen Typs", die einen wesentlichen Beitrag zum Erfassen der Struktur der Tätigkeit leisteten.

Seit 1943 ist *Pjotr Jakowlewitsch Galperin* an der Moskauer Staatlichen Lomonossow-Universität tätig, wo er zunächst als Dozent und Professor am Lehrstuhl für Psychologie der Philosophischen Fakultät arbeitete. Seit 1971 leitet er den Lehrstuhl für Erwachsenenpsychologie der Psychologischen Fakultät. Neben seiner Tätigkeit in der Lehre arbeitet er intensiv theoretisch und experimentell an den aktuellsten Fragen der Psychologie.

In den Jahren 1943–1944 untersuchte *Galperin* die theoretischen Grundlagen der Korrelation der physiologischen Mechanismen der höheren Nerventätigkeit, die in der Schule von *Pawlow* ausgearbeitet worden waren, und des Verhaltens in konkreten Situationen. Die Ergebnisse dieser Untersuchung veröffentlichte er in einem Aufsatz (1944), in dem theoretisch bewiesen wurde, daß sich die Dynamik der nervalen Prozesse entsprechend den objektiven Beziehungen aufbaut, die sich im Verhalten der Tiere und des Menschen in Abhängigkeit von der Aufgabe und von den Bedingungen für ihre Verwirklichung herausbilden.

Ende der 40er Jahre begann *Galperin* in schöpferischer Weiterentwicklung der Ideen von *Wygotski* mit seinen Mitarbeitern eine Reihe von Untersuchungen, deren Ergebnisse es ihm ermöglichten, die Hypothese von der etappenweisen Ausbildung geistiger Handlungen und von Begriffen aufzustellen. Danach wird das Psychische als Orientierungstätigkeit betrachtet, die auf der Grundlage der materiell-gegenständlichen Tätigkeit entsteht und in ihr eine orientierende und regulierende Funktion ausübt. Die ersten Ergebnisse dieser Untersuchungen wurden im Jahre 1953 veröffentlicht.

Der theoretischen und experimentellen Arbeit an der Theorie der etappenweisen Ausbildung geistiger Handlungen widmete *Pjotr Jakowlewitsch Galperin* etwa 30 Jahre, in denen er sie ständig entwickelte, vertiefte und an unterschiedlichem Material prüfte. Zahlreiche Untersuchungen seiner Mitarbeiter, durchgeführt am Material der Ausbildung von Begriffen und geistigen Handlungen aus den verschiedensten Wissensgebieten (Mathematik, Linguistik, Geometrie, Biologie usw.) und in verschiedenen Altersstufen (im Vorschulalter und im Schulalter), befaßten sich mit den Möglichkeiten der Ausbildung geistiger Handlungen und von Begriffen mit vorgegebenen Eigenschaften, sowie ihre Verallgemeinerung, Verkürzung und Aneignung. Alle diese Untersuchungen basierten auf der theoretischen Vorstellung von der psychischen Tätigkeit als einer Orientierungstätigkeit. Zentrales Glied einer jeden Handlung, so auch der geistigen, ist nach *Galperin* die Orientierungsgrundlage der Handlung. Allein eine Orientierung auf die in dieser Grundlage enthaltenen objektiven Eigenschaften und auf die Beziehungen zwischen diesen im Gegenstand und in der Situation kann zu einer erfolgreichen Verwirklichung der Handlung führen.

In einer Reihe von verallgemeinernden Aufsätzen in den Sammelbänden „Ergebnisse der sowjetischen Psychologie" (Moskau 1959 und Berlin 1967) und „Untersuchungen des Denkens in der sowjetischen Psychologie" (Moskau 1966, Berlin 1967) sowie in dem Vortrag „Die Hauptergebnisse der Untersuchungen zum Problem ‚Ausbildung geistiger Handlungen und Begriffe'" (1966), vertiefte und präzisierte *Galperin* die Hauptthesen seiner Konzeption und verwies auf eine Reihe neuer Probleme, die einer weiteren Bearbeitung bedurften. 1966 erwarb er den akademischen Grad eines Doktors der psychologischen Wissenschaften.

Wenn *Galperins* Konzeption in den ersten Entwicklungsetappen von vielen nur als eine Theorie der Ausbildung geistiger Handlungen und Begriffe verstanden wurde, die sich vor allem auf Unterrichtsprobleme bezieht, wurden bereits nach 1958 und besonders in den letzten Jahren die unter seiner Leitung durchgeführten Untersuchungen bedeutend erweitert. Sie gingen über den Rahmen der Untersuchung nur intellektueller Prozesse hinaus und erfaßten einen weiten Kreis von psychischen Prozessen und Fähigkeiten wie die Wahrnehmung und ihre Haupteigenschaften, die Aufmerksamkeit, die motorischen Fertigkeiten, das Sprachbewußtsein usw.

1976 veröffentlichte *Galperin* das vorliegende Buch „Zu Grundfragen der Psychologie".

Von *Pjotr Jakowlewitsch Galperin* stammen über 100 Arbeiten. Viele von ihnen sind übersetzt und im Ausland erschienen – in Polen, der DDR, Bulgarien, den USA, in England, Japan usw.

Er ist aktiver Teilnehmer der Allunionskongresse der Psychologen, vieler Konferenzen und Symposien, mehrerer internationaler Kongresse.
Einen großen Platz in seinem Leben und seiner Tätigkeit nehmen die Lehrtätigkeit und die Ausbildung von Fachpsychologen ein. Viele Jahre bereits liest er den Grundkurs Psychologie an der Philosophischen Fakultät und an der Psychologischen Fakultät der Lomonossow-Universität. Seine Vorlesungen werden stets nicht nur von Psychologiestudenten, sondern auch von Philosophen sowie Psychologen, die bereits ihre psychologische Ausbildung abgeschlossen haben, und anderen Fachleuten besucht.
Als Kenner der Geschichte der Psychologie las *Pjotr Jakowlewitsch Galperin*, ausgehend von den Positionen des Marxismus-Leninismus, lange Jahre das Fach Geschichte der Psychologie. Alljährlich leitet er in Weiterbildungslehrgängen verschiedene Spezialkurse und Spezialseminare für Psychologen und Psychologiedozenten. Die Vorlesungen von *Pjotr Jakowlewitsch Galperin* sind durch hohes theoretisches Niveau, Gedankenfülle und ihren Problemcharakter gekennzeichnet. In ihnen führt er die Hörer in die kompliziertesten Probleme der heutigen Wissenschaft ein. Viel Kraft und Aufmerksamkeit widmet er der Jugend, so betreute er beispielsweise über 20 Dissertationen. Er ist stets von Jugend umgeben und steht allen, die sich an ihn wenden, mit Rat und Tat zur Seite.
Pjotr Jakowlewitsch Galperin ist Mitglied der KPdSU seit 1940. Er leistet umfangreiche gesellschaftliche Arbeit, und die von ihm durchgeführten methodologischen Seminare erfreuen sich großer Popularität.
Er arbeitet trotz seines hohen Alters weiter aktiv auf dem Gebiet der grundlegenden methodologischen Probleme der Psychologie sowie an einer Reihe anderer entscheidender psychologischer Fragen.

Literatur

Adrian, E.: The consciousness. In: „Brain and Conscious experience". Berlin (W) 1966.

(Anochin) Анохин, П. К.: Узловые вопросы в изучении высшей нервной деятельности. В сб.: Проблемы высшей нервной деятельности. Изд-во АМН СССР, М. 1949.

(Anochin) Анохин, П. К.: Особенности афферентного аппарата условного рефлекса и их значение для психологии. «Вопросы психологии», № 6. М. 1955.

(Anzyferowa) Анцыферова, Л. И.: О закономерностях элементарной познавательной деятельности. Изд-во АН СССР, М. 1961.

(Arsenjew) Арсеньев, В. К.: Сквозь тайгу. Госиздат, М. 1949.

(Bassin) Бассин, Ф. В.: О развитии взглядов на предмет психологии. «Вопросы психологии», № 4. М. 1971.

(Bassin) Бассин, Ф. В.: «Значение» переживания и проблема собственно-психологической закономерности. «Вопросы психологии», № 3. М. 1972.

(Bernstejn) Бернштейн, Н. А.: Очерки по физиологии движений и физиологии активности. Изд-во Медицина, М. 1966.
Boring, E.: A history of experimental Psychology. N. Y. 1929.
(Borowski) Боровский, В. М.: Поведение цыплят, выведенных в инкубаторе. В сб.: Рефлексы, инстинкты и навыки. М. 1936.
Buytendijk, F. J.: Mensch und Tier. Organismus und Subjekt. Hamburg 1970.
Buytendijk, F. J.: The mind of the dog. London 1935.

Du Bois Reymond, E.: Über die Grenzen des Naturerkennens. Die Sieben Welträtsel. Leipzig 1916.
(Durow) Дуров, В. Л.: Дрессировка животных. Психологические наблюдения над животными, дрессированными по моему методу (40-летний опыт). М. 1924.

Eccles, J. C.: The neurophysiological basis of mind. Oxfort 1953.
(Elkonin) Эльконин, Д. Б.: Экспериментальный анализ начального обучения чтению. В кн.: Вопросы психологии учебной деятельности младших школьников. Изд-во АПН РСФСР, М. 1962.
(Elkonin) Эльконин, Д. Б.: Некоторые вопросы психологии усвоения грамоты. «Вопросы психологии», № 5. М. 1956.

Galperin, P. Ja.: Die Entwicklung der Untersuchungen über die Bildung geistiger Operationen. In: Ergebnisse der sowjetischen Psychologie. Akademie-Verlag, Berlin 1967.
Galperin, P. Ja.: Die Psychologie des Denkens und die Lehre von der etappenweisen Ausbildung geistiger Handlungen. In: Untersuchungen des Denkens in der sowjetischen Psychologie. Volk und Wissen Volkseigener Verlag, Berlin 1967 a.
(Galperin) Гальперин, П. Я.: Управляемое развитие психических процессов. М. 1977.
(Gameso) Гамэзо, М. В.: Психология чтения проекционных чертежей и изображений. Уч. Зап. Моск. гос. ин-та, вып. 35. М. 1972.
(Grot) Грот, Н. Я.: Основания экспериментальной психологии. Предисловие к русскому переводу книги Вундта «Очерки психологии». М. 1897.

Hartley, D.: Observations on man, his frame, his duty, his expectations. London 1791.
Herbart, J. F.: Psychologie als Wissenschaft, neu gegründet auf Erfahrung, Metaphysik und Mathematik. Königsberg 1824/25.
Hull, C.: Principles of Behavior. In: An Introduction to behavior theory. N. Y. 1943.

(Iljenkow) Ильенков, Э. В.: Идеальное. В кн.: Философская энциклопедия, т. 2. Изд-во Советская энциклопедия. М. 1962.

(Iljenkow) Ильенков, Э. В.: Диалектическая логика. Очерки истории и теории. Политиздат, М. 1974.
(Iwanow-Smolenski) Иванов-Смоленский, А. Г.: Об исследовательском или ориентировочном рефлексе. «Русский физиологический журнал», т. 10, вып. 3–4. 1927.

James, W.: Das pluralistische Universum. Leipzig 1914.
(Jaroschewski) Ярошевский, М. Г.: Предмет психологии и её категориальный строй. «Вопросы психологии», № 5. М. 1971.

(Kamyschew/Lasarew) Камышев, И. А./Лазарев, В. Г.: О пространственных иллюзиях летчиков. «Вопросы психологии», № 1. М. 1973.
Köhler, W.: Intelligenzprüfungen an Menschenaffen. Berlin 1963.
(Kölle/Kowalson) Кёлле, В./Ковальзон, М.: Формы общественного сознания. Госполитиздат, М. 1959.
Kondakow, N. J.: Wörterbuch der Logik. VEB Bibliographisches Institut. Leipzig 1978.
(Krenkel) Кренкель, Э.: Мои позывные – RAEM. Изд-во Новый мир. № 10, 1970.
Kretschmer, E.: Medizinische Psychologie. Leipzig 1922.
(Kroughford) Кроукфорт, П.: Артур, Билл и другие. (Все о мышах). «Мир», М. 1970.
(Kruschinski) Крушинский, Л. В.: Формирование поведения животных в норме и патологии. М. 1960.
(Kruschinski) Крушинский, Л. В.: Проблема экстраполяции в физиологии высшей нервной деятельности. В сб.: Достижения современной физиологии. Изд-во Наука, М. 1970.

Lektorski, W. A.: Das Subjekt-Objekt-Problem in der klassischen und modernen bürgerlichen Philosophie. VEB Deutscher Verlag der Wissenschaften, Berlin 1968.
Lenin, W. I.: Werke, Bd. 14. Dietz Verlag, Berlin 1973.
Lenin, W. I.: Werke, Bd. 32. Dietz Verlag, Berlin 1973 a.
Lenin, W. I.: Werke, Bd. 38. Dietz Verlag, Berlin 1973 b.
(Leontjew) Леонтьев, А. Н.: Развитие памяти. Экспериментальное исследование высших психических функции. М.-Л. 1931.
Leontjew, A. N.: Probleme der Entwicklung des Psychischen. Volk und Wissen Volkseigener Verlag, Berlin 1975.
Leontjew, A. N.: Tätigkeit, Bewußtsein, Persönlichkeit. Volk und Wissen Volkseigener Verlag, Berlin 1979.

Marx, K., F. Engels: Werke, Bd. 3. Dietz Verlag, Berlin 1969.
Marx, K., F. Engels: Werke, Bd. 23. Dietz Verlag, Berlin 1975.
(Meschtscherski) Мещерский, Б. В. (ред.): Английские материалисты XVII–XVIII вв. т. II. Изд-во Наука. М. 1967.
Mill, J. S.: System der deductiven und inductiven Logik. Eine Darle-

gung der Prinzipien der wissenschaftlichen Forschung, insbesondere der Naturforschung. Braunschweig 1877.
(Narbutowitsch/Podkopajew) Нарбутович, И. С./Подкопаев, Н. А.: Условный рефлекс как ассоциация. «Труды физиологических лабораторий академика И. П. Павлова». Т. 6., вып. 2, 1936.
(Nowoselowa) Новоселова, С. Л.: Развитие и структура интеллектуальной деятельности обезьян. Канд. дисс. МГУ 1968.

Pawlow, I. P.: Sämtliche Werke, Bd. III/1. Akademie-Verlag, Berlin 1953.
Pawlow, I. P.: Sämtliche Werke, Bd. III/2. Akademie-Verlag, Berlin 1953 a.
Pawlow, I. P.: Sämtliche Werke, Bd. 4. Akademie-Verlag, Berlin 1953 b.
(Petrowski) Петровский, А. В.: История советской психологии. Изд-во Просвещение, М. 1967.
Petrowski, A. W.: Allgemeine Psychologie. Volk und Wissen Volkseigener Verlag, Berlin 1976.
(Ponomarjow) Пономарёв, Я. А.: Психология и объективная реальность. «Вопросы психологии», № 6. М. 1971.
(Priestley) Пристли, Д.: Избранные сочинения, раздел V. «Вводные очерки к ‚Теории человеческого духа Гартли'». М. 1934.

Ribot, Th.: La psychologie anglaise contemporaine. Paris 1870.
Rubinstein, S. L.: Prinzipien und Wege der Entwicklung der Psychologie. Akademie-Verlag, Berlin 1969.
Rubinstein, S. L.: Sein und Bewußtsein. Akademie-Verlag, Berlin 1970.
(Rubinstein) Рубинштейн, С. Л.: Проблемы общей психологии. Изд-во Педагогика, М. 1973.
Rubinstein, S. L.: Grundlagen der Allgemeinen Psychologie. Volk und Wissen Volkseigener Verlag, Berlin 1977.

(Saporoshez) Запорожець, А. В.: Інтелектуальни моменти в повединку тварини. «Наукови записки Харкивского Державного Педагогичного институту» 1941, Т. VI.
(Saporoshez) Запорожец, А. В.: Развитие произвольных движений. Изд-во АПН РСФСР, М. 1960.
Sherrington, C. S.: The brain and its Mechanisms. Cambridge 1934.
Sherrington, C. S.: Man on his Nature. Cambridge 1940.
(Shurawlew) Журавлев, Г. Е.: О «гипнотическом» взгляде змей. «Вопросы психологии», № 5. М. 1969.
(Sintschenko) Синченко, П. И.: Непроизвольное запоминание. Изд-во АПН РСФСР. М. 1961.
(Sintschenko) Синченко, В. П.: Роль моторных компонентов в процессах восприятия. В кн.: Восприятие и действие. Изд-во Просвещение, М. 1967.
Skinner, B.: The Behavior of Organisms. An Experimental Analysis. New York 1938.

(Smirnow) Смирнов, А. А.: Психология запоминания. Изд-во АПН РСФСР, М. 1948.
(Smirnow) Смирнов, А. А. (ред.): Психологическая наука в СССР, тт I, II. Изд-во АПН РСФСР, М. 1959/1960.
(Sokolow/Woronin) Соколов, Е. Н./Воронин, Л. Г.: Ориентировочный рефлекс и ориентировочно-исследовательская деятельность. Изд-во АПН РСФСР, М. 1958.
(Sokolow) Соколов, Е. Н.: Нервная модель стимула. Доклады АПН РСФСР, № 4, М. 1959.
Sokolow, E. N.: Neuronal Model and the orienting Reflex. In: The Central Nervous System and Behaviour. N. Y. 1960.
Spinoza, B.: Ethik. Reclam Verlag, Leipzig 1972.

(Teplow) Теплов, Б. М.: Советская психология за 30 лет. «Правда», № 6, 1947.
Teplow, B. M.: Psychologie. Volk und Wissen Volkseigener Verlag, Berlin 1960.
Thorndike, E. L.: Human learning. Cambridge, Mass. 1966.
Tinklepaugh, O. L.: An Experimental Study of Representative Factors in *Monkeys.* „J. Compar. Psychol.", vol. 8, 1928.
Tinklepaugh, O. L.: The Multiple Delayed Reaction with Chimpanzees and Monkeys. „J. Compar. Psychol.", vol. 13, 1932.
Tolman, Ch. (ed.): Purpositive Behavior in animals and men. N. Y./London 1932.
(Troizki) Троицкий, М.: Немецкая психология в текущем столетии, тт. I, II. M. 1883.

(Wetrow) Ветров, А. А.: Замечание по вопросу о предмете психологии. «Вопросы психологии», № 2. М. 1972.
Wever, E.: Theory of Hearing. N. Y. 1970.
(Wojtonis) Войтонис, Н. Ю.: Сравнительно-психологическое изучение памяти методом отсроченных реакций. В сб.: Рефлексы, инстинкты и навыки. М. 1936.
(Wygotski) Выготский, Л. С.: Предисловие к русскому изданию кн. В. Кёлера: Исследование интеллекта человекоподобных обезьян. М. 1930
(Wygotski) Выготский, Л. С.: Развитие высших психических функций. Изд-во АПН РСФСР, М. 1960.
Wygotski, L. S.: Denken und Sprechen. Akademie-Verlag, Berlin 1964.
(Wwedenski) Введенский, А. И.: Психология без всякой метафизики. Петроград 1917.